Zur Erinnerung
an das Abendsemin[...]
am 28. November [...]
bei avio

Matthias [...]

Wolfgang Franck
Dora Linß

Emotionale Intelligenz im Verkauf

Wolfgang Franck
Dora Linß

Emotionale Intelligenz im Verkauf

verlag moderne industrie

Die Deutsche Bibliothek – CIP-Einheitsaufnahme

Franck, Wolfgang:
Emotionale Intelligenz im Verkauf / Wolfgang Franck ; Dora Linß. – 2. Aufl. –
Landsberg/Lech : mi, Verl. Moderne Industrie, 1998
ISBN 3-478-24030-1
NE: Linß, Dora:

2. Auflage 1998

Internet: http://www.mi-verlag.de

Umschlaggestaltung: Felix Weinold, Schwabmünchen
Zeichnungen: Diana Rückert, Bergrheinfeld
Fotos: Martin Sinn, Würzburg
Satz: abc Media-Services, Buchloe
Druck/Bindung: Himmer, Augsburg
Printed in Germany 240 030/119803
ISBN 3-478-24030-1

Inhaltsverzeichnis

Geleitwort

Wir haben es schon immer geahnt, und die Erfahrung hat es uns oft gelehrt: Es ist nicht nur die Intellektualität, die unseren Erfolg ausmacht. Nicht immer sind die erfolgreichsten Schüler auch die beruflich erfolgreichsten. Das ist eine alte Weisheit. Augenzwinkernd, aber mit entwaffnender Offenheit teilt uns ein altes Sprichwort mit: „Die dümmsten Bauern ernten die dicksten Kartoffeln."

Und doch formulieren Dora Linß und Wolfgang Franck den Beweis für die Fehleinschätzungen dieses Sprichwortes. Sie zeigen auf, daß Intelligenz mehr ist als angelerntes Wissen. Sie suchen nach den Ursachen des Erfolgs im Vertrieb. Sie beschreiben diese Ursache als emotionale Intelligenz. Und damit helfen sie sicher, den eigenen Erfolg des Verkäufers planbarer und steuerbarer zu machen.

Das Buch geht zwei sehr wichtige Fragen des Verkaufstrainings an:

1. Wie lerne ich erfolgreich verkaufen?
   Dieses Frage wird von Trainingsteilnehmern am Anfang eines Verkaufstrainings häufig gestellt. Ist erfolgreiches Verkaufen überhaupt erlernbar? Das Buch zeigt auf, wie auch die emotionale Intelligenz erlernbar und für das Verkaufen nutzbar zu machen ist.
2. Wie gestalte ich Beziehungen zu meinen Kunden positiv?
   Das Buch räumt gnadenlos auf mit dem Vorurteil, daß erfolgreiche Verkaufsbeziehungen nur vom Funktionieren der „Chemie" zwischen zwei Gesprächspartnern abhängig sind. „Entweder stimmt die Chemie oder sie stimmt nicht", sagt der unausgebildete Verkäufer, um seinen Beziehungscrash mit dem Kunden zu entschuldigen. Beziehungen sind sehr wohl gestaltbar, und diese Gestaltung läßt sich lernen. Was wir in vielen Verkaufstrainings ausloten, ausprobieren und üben, das haben Dora Linß und Wolfgang Franck für dieses Buch zusammengetragen.

Lernen ist ein Prozeß, der lebenslänglich fordert. Wer aufhört zu lernen, ist alt. Das Buch zeigt, daß Lernen mehr ist als das Aneignen von Wissen. Natürlich hat Verkaufen auch mit Wissen zu tun. Wer erfolgreich verkaufen will, muß wissen. Er muß Fachwissen besitzen, damit er seinen Kunden Auskunft über die Produkte und Dienstleistungen, die er verkauft, erteilen kann. Das Erwerben von Wissen ist eine wichtige Säule für den beruflichen Erfolg. Lernen besteht aber aus mehreren Säulen.

1. Säule: Wir müssen lernen, Beziehungen zu gestalten.
2. Säule: Wir müssen lernen, gezielt zu handeln.
3. Säule: Wir müssen lernen, unsere Erfahrungen mit den Anforderungen unseres Lebens zu verknüpfen.
4. Säule: Wir müssen lernen, Wissen einzusetzen.

Wo diese vier Säulen des Lernens zusammenkommen, ist Verkaufen erlernbar. Der Begriff der emotionalen Intelligenz liefert einen wichtigen und verständlichen Zugang zu den notwendigen Lernprozessen.

Viele der in diesem Buch beschriebenen Überlegungen sind mir in zahlreichen Verkaufstrainings und Gesprächen mit Verkäufern und Vertriebsführungskräften begegnet. Das Wissen um emotionale Intelligenz verschafft Zugang zu wichtigen Bereichen verkäuferischer Ausbildung und qualitativer Gestaltung der Beziehung zwischen Kunde und Verkäufer.

Verkaufen unterliegt einem ständigen Wandel. Produkte, Lösungen und sogar Dienstleistungen, die wir anbieten, werden immer vergleichbarer. Wirkliche Alleinstellungsmerkmale sind ein Vorteil, der oft nur wenige Wochen – manchmal sogar nur Tage – anhält. In einer solchen Situation ist der Verkäufer selber mit seiner Intelligenz gefordert. Die Qualität seiner Leistung ist für den Kunden ein wichtiges Unterscheidungskriterium in der Kaufentscheidung. Sie macht den Verkäufer einzigartig und ist das immerwährende Alleinstellungsmerkmal des Unternehmens. Diese Qualität zu trainieren und alle zur Verfügung stehenden Medien dabei einzusetzen ist die entscheidende Trainingsaufgabe.

Der Verkäufer ist Profi im Überschreiten von Grenzen. Er ist ein Grenzgänger in des Wortes wahrster Bedeutung. Er lebt ständig in zwei Welten – in der Welt des eigenen Unternehmens und in der Welt des Kunden.

In der Welt des eigenen Unternehmens ist er zu Hause. Er kennt die Produkte und Dienstleistungen, er kennt mögliche Lösungen, und er kennt die Aufgabe, die er mit seinem Unternehmen angehen kann.

Vor allem aber kennt er die Stärken seines eigenen Unternehmens. Er weiß um die Stärken seiner Produkte und Dienstleistungen. Der Begriff „Stärken“ ist der zentrale Begriff, wenn es um die Welt des eigenen Unternehmens geht. Die Welt des eigenen Unternehmens ist aber nicht die einzige Welt, in der der Verkäufer lebt. Sie ist auch nicht die entscheidende.

Er lebt auch in der Welt seiner Kunden. Das ist die Welt, die er kennenlernen muß. Je stärker er auch in dieser Welt zu Hause ist, desto intensiver ist die Beziehung zu seinen Kunden, und desto erfolgreicher kann er werden.

Jeder Kunde ist anders. Jeder Kunde verfügt mit seinen Aufgabenstellungen über eine eigene Welt. Es gibt gar nicht so sehr eine Branchenwelt. Es geht darum, die Welt jedes einzelnen Kunden kennenzulernen. Wer hier in Branchenwelten denkt, hat allzuschnell für die Aufgabenstellungen seiner Kunden nur noch Schubladen parat. Das Kennenlernen der Welt des Kunden ist ein Prozeß. Er braucht Zeit.

In der Welt des Kunden sind nicht mehr die Stärken des eigenen Unternehmens entscheidend. In dieser Welt müssen wir einen Schritt weiter gehen. Wichtig ist hier der Nutzen, den der Kunde von diesen Stärken hat. Was nützen dem Kunden die eben formulierten Stärken? „Nutzen" ist der zentrale Begriff in der Welt des Kunden.

Im Leben zwischen zwei Welten, der Welt des eigenen Unternehmens und der Welt des Kunden, gibt dieses Buch Hilfestellung und Anregungen. Ich hoffe, daß es vielen Lesern Nutzen verschafft. Es soll Entdeckerfreude und Forschungsdrang bei der Auseinandersetzung mit der eigenen emotionalen Intelligenz wecken. Wenn dies gelingt, bin ich sicher, daß Kundenbeziehungen und Verkaufsgespräche qualitativ gewinnen und Verkaufserfolg zum Erfolg beider – des Verkäufers und des Kunden – wird.

Ostheim vor der Rhön, im November 1998

Bruno Schmalen
SCHMALEN-Personalmanagement und Training,
Verkaufstrainer und Gewinner des
Deutschen Trainingspreises 1997 in Bronze

Einführung

Grundsätzlich möchten wir an dieser Stelle klären, daß im Sprachgebrauch dieses Buches immer von „Verkäufer“ die Rede ist. Hier ist selbstverständlich ebenso die „Verkäuferin“ gemeint. Wir haben lediglich auf die Formulierung „VerkäuferIn“ verzichtet. Gerade die Damen im Verkauf haben in bezug auf die emotionale Intelligenz einen kleinen Vorsprung gegenüber den Herren. Es gibt schon einige Außendienst-Vertriebsstrukturen, in denen ausschließlich oder in überwiegender Zahl Verkäuferinnen tätig sind. Ebenso ist bekannt, daß engagierte Damen problemlos gleiche Umsätze erreichen können wie die engagierten Kollegen.

Dieses Buch wendet sich an alle, die im Verkauf von Waren oder Dienstleistungen oder in der Verkaufsführung tätig sind und nach Möglichkeiten suchen, in einer Zeit, da die Produkte und Leistungen immer vergleichbarer werden, das Menschliche, Persönliche mehr in die Waagschale zu werfen, um die meßbare Größe Verkauf zu verbessern, gleichzeitig aber menschlicher zu verkaufen.

Aufgabe des Verkäufers ist, in einem Gespräch mit einem oder mehreren Kunden diese für sein Angebot zu interessieren und sie zum Kauf zu bewegen. Hierbei wird das Interesse regelmäßig durch das Aufzeigen von Problemen und die Lösung mit dem eigenen Angebot erreicht. Im Käufer entsteht so das Gefühl, diese Ware oder Dienstleistung zu benötigen, und aus diesem Mangelbewußtsein heraus entsteht der Kaufwunsch, der letztlich vom Verkäufer zum Verkaufsabschluß gebracht wird.

Um dieses Ziel zu erreichen, werden in systematischer Vorgehensweise alle zur Verfügung stehenden Ressourcen des Verkäufers genutzt, insbesondere seine Persönlichkeit, seine persönlichen Fähigkeiten zur Anwendung seiner Kenntnisse über Verkaufspsychologie und die Anwendung sicher beherrschter Verkaufstechniken. Für beide Bereiche ist der verstärkte Einsatz der emotionalen Intelligenz optimal, da sie gleichsam ein Bindeglied darstellt. Selbstverständlich gibt es Unterschiede im Verkauf der verschiedenen Produkte. Im Handel, ganz besonders im gelisteten Handel, spielt der Preis der Ware eine sehr starke Rolle. Trotzdem gelingt eine Plazierung der eigenen, vielleicht auch höherpreisigen Produkte, beispielsweise mit erlebnisreichen Produkteinführungen oder effizienten Marketingstrategien, Absatzförderungsmaßnahmen und Sonderaktionen. Im Bereich der Dienstleistungen zählt dagegen die Überzeugungskraft des Verkäufers zu den wesentlichen Erfolgsfaktoren.

Wir unterscheiden zwar systematisch zwischen dem Verkauf von Dienstleistungen, Gebrauchsgütern, Verbrauchsgütern und dem Verkauf von Investitionsgütern. Es gibt aber für alle diese Bereiche kein typisches Verkaufsgespräch und schon gar nicht die Super-Erfolgsformel, mit der sich alle Probleme lösen lassen.

Jeder Verkauf – ganz gleich an welchen Kundenkreis oder was auch immer verkauft werden soll – gestaltet sich individuell. Es ist die Aufgabe des Verkäufers mit seiner emotionalen Intelligenz, beispielsweise über die Empathie, sich in die Situation seines Kunden, seine Bedürfnisse und Probleme hineinzudenken und die entsprechenden Maßnahmen aus seinem Repertoire anzuwenden.

Die Verkaufsgespräche sind von den unterschiedlichsten Faktoren abhängig. Beispielsweise haben die folgenden einen Einfluß auf die anzuwendenden Techniken, den Verlauf des Gesprächs und das Gesprächsergebnis:

- Persönlichkeit des Verkäufers
- Persönlichkeit des Käufers
- Stammkunde oder Interessent
- Verlauf der bisherigen Geschäftsbeziehungen
- wirtschaftliche Situation des Käufers
- Phase des Entscheidungsprozesses beim Kunden
- Image und CI des Anbieters
- die Art des Anbietens über unterschiedliche Medien
- das Produkt selbst

Dies zeigt, daß sowohl die Fähigkeiten und Fertigkeiten des Verkäufers als auch von ihm nicht beeinflußbare Dinge eine Rolle spielen.

Im Rahmen dieses Buches wird größeres Gewicht auf den Bereich der immateriellen Verkaufseffektivität gelegt. Das sind beispielsweise die Elemente Kontaktqualität, Kommunikation, Verkaufsgesprächstechniken, Beziehungsqualität und die Kundenzufriedenheit mit dem Verkäufer. Sie lassen sich zwar nicht in Mark und Pfennig bewerten, haben aber gleichwohl einen entscheidenden Einfluß auf die materielle Verkaufseffizienz. Diese Elemente lassen sich über die emotionale Intelligenz hervorragend verbinden.

Wir empfehlen, das Buch erst einmal zügig durchzulesen und sich dann auf die Bereiche zu konzentrieren, die für Sie und Ihre persönliche Weiterbildung als Verkäufer am wichtigsten sind. Hier arbeiten Sie mit Unterstreichungen, Textmarkern und Randbemerkungen. Wenn es aber um Änderungen im Verhalten geht, nehmen Sie sich bitte nicht zuviel vor. Auch hier gilt: „Gut Ding will Weile haben."

Teil I

Die emotionale Intelligenz

Was ist Intelligenz?

Ein hoher IQ ist kein Garant für Erfolg im Beruf

In der Werbung hat vor kurzem der Versuch stattgefunden, den Erfolg eines Menschen im Leben der Wahl der richtigen Bank zuzuschreiben. Vielleicht erinnern Sie sich an: „Mein Haus, mein Auto, mein Swimmingpool, meine Pferde und meine Pferdepflegerinnen!" Auch wenn Sie zu jenen Menschen gehören, die der Werbung vertrauen, werden Sie dennoch nicht glauben oder sich davon überzeugen lassen, daß der Erfolg im Leben von der Qualität einer Bank abhängig ist. Sie werden sich sicher auch schon überlegt haben, daß andere Faktoren den Erfolg bestimmen. Welche das sind, wollen wir in diesem Buch darstellen.

Ein junger Mann trifft seinen alten Lehrer wieder. Der junge Mann im Maßanzug steigt gerade aus seinem Jaguar. Der Lehrer fragt erstaunt: „Wie hast du das nur geschafft? Du warst doch beileibe nie ein guter Schüler." Der ehemalige Schüler antwortet nonchalant: „Ich handle mit Fischkisten. Zuerst kaufe ich die Kisten für eine Mark ein, dann schlage ich zwei Prozent drauf und verkaufe sie für drei Mark. Ich mache Gewinn, und mein Geschäft läuft bestens." Dieser junge erfolgreiche Geschäftsmann ist weiß Gott eine Niete in Mathematik, aber trotzdem erfolgreich im Beruf. Anders ausgedrückt: Es mangelt ihm an intellektueller Intelligenz, aber er scheint über Fähigkeiten zu verfügen, die es ihm ermöglichen, ein erfolgreicher Geschäftsmann zu sein. Diese Fähigkeiten bezeichnen wir als praktische Intelligenz.

Wissen und emotionale Fähigkeiten müssen vereint werden.

Dieses Buch möchte Ihnen den Weg aufzeigen, wie Sie erfolgreicher im Beruf und im Leben sein können, indem Sie Ihr Wissen zusammen mit Ihren emotionalen Fähigkeiten anwenden.

In vielen Untersuchungen wurde längst bewiesen, daß viele Führungskräfte und Manager in hohen Positionen nicht zu den Menschen gehören, die über einen extrem hohen IQ verfügen, und sich trotzdem hervorragend bewähren.

Umgekehrt gibt es genügend Beispiele dafür, daß nachweislich hochqualifizierte Manager Unternehmen in den Konkurs oder führende Politiker einen Staat aufgrund ihrer unterentwickelten emotionalen Intelligenz in den Ruin führen. Meist handelt es sich dabei um Menschen, die sich von ihren Mitmenschen, sprich Mitarbeitern, „abheben", dadurch den Bezug zu ihnen verlieren und ohne menschliches Einfühlungsvermögen, selbstsicher auf ihre Qualifikation bauend, ihre einsamen Entscheidungen treffen. Bei einer solchen Arroganz wird die Verbindung der Führungsebene zur Basis unterbrochen. Die Möglichkeit der Kommunikation ist nicht gegeben, in häufigen Fällen sind diese Führungskräfte nicht einmal in der Lage oder vielleicht auch gar nicht gewillt, eine Gesprächsebene mit ihren Angestellten und Arbeitern zu finden.

Arroganz ist eine nicht selten vorkommende Eigenschaft hochintelligenter Menschen. Sie leben ihr eigenes Leben unter ihresgleichen und distanzieren sich „vom Rest der Welt". Schlimm ist es, wenn „wirklich intelligente" Menschen unter einem „dummen" Chef arbeiten müssen. Mit „dumm" ist hierbei nicht die intellektuelle Intelligenz gemeint, sondern die emotionale Unfähigkeit, sich in seine Mitarbeiter hineinzuversetzen und bei seinen Entscheidungen die Bedürfnisse und Ansprüche der Mitarbeiter miteinzubeziehen.

Verständnis für andere, Selbstbeherrschung, Fleiß und Beharrlichkeit sind wichtige Elemente der emotionalen Intelligenz.

Zur Verdeutlichung und zum besserem Verständnis, was die Zielsetzung dieses Buches betrifft: Erinnern Sie sich an Ihre Schulzeit! Wer von Ihnen kann sich nicht an einen Klassenkameraden erinnern, der als Schüler immer sehr erfolgreich war und deshalb als höchst intelligent galt. Jeder ging davon aus, daß er eines Tages auch im Berufsleben aufgrund seiner Intelligenz Erfolg haben würde und für höhere und höchste Positionen prädestiniert sei. Das Leben zeigte es aber anders!

Ein anderer Schüler, der die ganze Schulzeit ausschließlich schlechte Noten einstecken mußte, der von seinen Mitschülern gehänselt und verlacht wurde und als Beispiel für Dummheit dienen mußte, erscheint eines Tages auf dem Klassentreffen selbstsicher, gewandt, als erfolgreicher Unternehmer.

Vielleicht war es gerade seine Situation als Schüler, in der er sich wichtige Elemente der emotionalen Intelligenz angeeignet hat, nämlich Verständnis für andere, Selbstbeherrschung, Fleiß und Beharrlichkeit.

Emotionen können blockieren oder fördern.

Viele kleine und große Geschehnisse in unserem alltäglichen Leben fordern unsere Entscheidungsfähigkeit und sofortiges Handeln. Meist bleibt nicht die Zeit, die Situation zu analysieren, Vor- und Nachteile oder mögliche Konsequenzen lange abzuwägen.

Stellen Sie sich z.B. vor, ein Kunde setzt Sie im Abschlußgespräch mit dem preisgünstigen Angebot eines Wettbewerbers unter Druck. Eine schnelle Entscheidung und Entscheidungskompetenz sind jetzt gefordert, wobei Ihre Emotionen mit über den weiteren Verlauf entscheiden. Sie stehen vor der Wahl:

1. Sie verschieben das Gespräch auf einen späteren Zeitpunkt, um Ihr Angebot neu zu überdenken. Der Nachteil: Das Geschäft macht zwischenzeitlich ein anderer, schnellerer Wettbewerber. Bei dem nächsten Telefonat, um einen Termin mit diesem Kunden zu vereinbaren, erfahren Sie, daß die Entscheidung zugunsten eines anderen getroffen wurde. Viele Stunden Arbeit müssen in diesem Fall abgeschrieben werden. Der damit verbundene Ärger ist verständlich.

2. Sie lassen sich unter Druck setzen und entscheiden sich, auf die neuen Forderungen einzugehen. Jetzt haben Sie vielleicht den Abschluß in der Tasche, aber Sie erreichen unter Umständen den vorgesehenen Deckungsbeitrag nicht, und Ihre Provision wird gekürzt. Frust und Ärger kommen auf.

3. Sie entscheiden sich, konsequent auf Ihren Bedingungen zu beharren. Dadurch werden Sie auf das Geschäft verzichten und dem Wettbewerber den Vortritt lassen müssen.

Bei keiner dieser drei Möglichkeiten werden Sie sich wohl fühlen und angenehme Gefühle nach außen transportieren können. Egal für welchen dieser drei Fälle Sie sich entscheiden, Ihre persönlichen Fähigkeiten können tagelang blockiert sein, und das wird mit hoher Wahrscheinlichkeit Ihre nächsten Verkaufsgespräche beeinträchtigen und Ihren Erfolg reduzieren.

4. Eine weitere Möglichkeit ist, sich nicht unter Druck setzen zu lassen und den spontanen Emotionen nicht freien Lauf zu lassen. Sie können dann mit dem Kunden ohne Hektik und Druck in absoluter „Gemütsruhe" noch einmal in die Argumentationsphase des Gesprächs zurückgehen und seine erkennbaren Vorteile und seinen konkreten Nutzen durch Ihr Angebot aufzeigen. Erkennt der Kunde seinen Vorteil und fällt trotzdem seine Entscheidung zugunsten des Wettbewerbers, dann haben Sie alles Erforderliche getan und können die Entscheidung des Kunden akzeptieren. Es wird bei Ihnen zwar keine Freude aufkommen, aber Sie werden souverän aus dem Gespräch herausgehen, weil Sie die momentan aufsteigenden Emotionen gezügelt haben und weil Sie wissen, daß Sie alles getan haben. Vielleicht haben Sie sich dadurch die Tür für eine nächste Chance bei dem Kunden offengehalten.

Kein anderer Berufsstand muß mit soviel „Nein" des Geschäftspartners leben wie der des Verkäufers. Aber das ist auch gut so, denn sonst gäbe es diesen Beruf nicht. Für das einfache Verteilen von Waren gibt es sicher günstigere Vertriebswege.

Ein guter Verkäufer versteht es, die durch das „Nein" der Kunden entstehenden Emotionen zu beherrschen oder wenigstens damit umzugehen. Gerade dieser Aspekt macht seine Stärke und seine soziale Kompetenz aus.

Der Intelligenzquotient ist nur zu 20 Prozent am Erfolg beteiligt.

Ein anderes Beispiel für die Entscheidungskraft der Emotionen ist ein Unglück, bei dem ein Mensch sofort handeln und eventuell sogar lebensrettende Maßnahmen ergreifen muß. Befragt man im nachhinein die Person, die in dieser Notsituation absolut richtig und anscheinend überlegt gehandelt hat, ist sie meist nicht in der Lage, ihre

Vorgehensweise zu erklären oder gar zu begründen. Sie handelte intuitiv, aus dem Gefühl heraus.

Dr. Daniel Goleman, Harvard-Psychologe, der sich seit Jahren der Erforschung der emotionalen Intelligenz widmet, legt in seinem Buch „Emotionale Intelligenz“ dar, daß der IQ bestenfalls zu 20 Prozent für den Erfolg im Leben verantwortlich ist, die restlichen 80 Prozent sind in den meisten Fällen dem Zufall überlassen. Er weist aber auch darauf hin, daß dies nicht dem Zufall überlassen bleiben muß, wenn Eltern ihren Kindern schon ab dem frühesten Alter die Fähigkeiten beibringen, die die emotionale Intelligenz ausmachen.

IQ + EQ = Erfolg

In den vergangenen Jahrzehnten hat man den IQ viel zu sehr betont und als richtungweisend und bestimmend für die spätere Laufbahn gesehen. Angefangen mit den Schuleintrittstests über die zahlreichen Einstellungstests bis hin zu den Qualifikationstests im Assessment Center. Die neue Formel in der Verhaltensforschung heißt: „IQ ist gut, EQ ist besser, IQ plus EQ ist ideal!"

Die emotionale Intelligenz gepaart mit der rationalen Intelligenz ist der Schlüssel zum Erfolg. Überlassen Sie die oben genannten 80 Prozent nicht dem Zufall!

Intelligenz und Intelligenzbestimmung

Das Substantiv Intelligenz, ebenso das Adjektiv intelligent, ist jedem Menschen bekannt und wird auch von jedem ganz selbstverständlich gebraucht. Jeder Mensch verbindet etwas damit, da er eine bestimmte Vorstellung über den Sinn und die Bedeutung dieser zwei Wörter hat. Darüber jedoch, welche Bedeutung das Wort intelligent hat, gibt es unterschiedliche Ansichten.

Intelligenz ist vielseitig.

Was meinen Sie, wenn Sie einem Menschen Intelligenz zuordnen? Ist die Intelligenz eine Begabung, oder handelt es sich um eine Fähigkeit, ist sie eine Fertigkeit, handelt es sich um ein Erbgut, oder ist sie etwas Erlernbares? Hängt Intelligenz von der sozialen Schicht ab, in die ein Mensch geboren wird, oder von der Schulbildung? Ist Intelligenz bereits beim Neugeborenen vorhanden, oder entwickelt sich die Intelligenz im Laufe des Lebens? Gibt es eine Grenze wie für das körperliche Wachstum, oder sind dem Intelligenzwachstum keine Grenzen gesetzt?

Zur Beantwortung solcher Fragen können Sie auf Aussagen von Psychologen, Psychiatern, Soziologen, Verhaltensforschern oder Testleitern zurückgreifen. In zunehmendem Maße fällt es jedoch auch den Fachleuten immer schwerer, eine Definition für die Intelligenz zu finden. Auf eine einheitliche Definition konnten sich die Experten bisher schon gar nicht festlegen.

Der Begriff Intelligenz ist abgeleitet von dem lateinischen Wort intellegentia, was übersetzt wird mit Idee, Einsicht, Verständnis und Verstand. Der Brockhaus beschreibt Intelligenz als den „Komplex von Fähigkeiten, der die Lösung konkreter oder abstrakter Probleme und damit die Bewältigung neuer Anforderungen und Situationen ermöglicht, im reinsten Fall ohne probierendes Verhalten". Andere Definitionen bezeichnen Intelligenz als rasche Auffassungsgabe, Klugheit, Denkkraft, Lernfähigkeit, geistige Begabung und Verstandeskraft. In fast allen Fällen wird die Intelligenz dem Verstand, das heißt dem denkenden Hirn, dem sogenannten Neokortex zugeordnet.

Die Soziologie umfaßt mit dem Begriff Intelligenz die Berufsgruppen mit theoretischen Tätigkeiten, die vornehmlich produktiv geistige Fähigkeiten voraussetzen wie in Wissenschaft, Forschung, Führungsetagen, Verbänden, Schulen, Literatur und Kunst. Allgemein gesagt, grenzt sie denkende gegenüber manuellen oder kaufmännischen Tätigkeiten ab.

Vor nicht allzu vielen Jahren war da auch noch der gesellschaftliche Aspekt. Vergleicht man die Anzahl der Schüler, die in den sechziger Jahren das Gymnasium besuchten, mit der heutigen Anzahl, so wird man feststellen, daß sich die Zahlen nicht nur verdoppelt, sondern verdreifacht haben. Heißt das, die Schüler der neunziger Jahre sind intelligenter?

Vergleicht man nun die Gesellschaftsschichten, die im Gymnasium vertreten waren, so zeigt sich, daß zum damaligen Zeitpunkt das Gymnasium die Schule der „höheren Gesellschaftsschichten“ war.

Sind die Kinder von Akademikern intelligenter als andere Kinder? Nein! Der einzige Unterschied liegt, wie man heute weiß, in der sprachlichen Entwicklung. Da aber das Sprachvermögen noch eine wesentliche Rolle bei der heutigen Intelligenzfeststellung spielt, reduziert sich der IQ bei Kindern, die in der Sprache ungeübt sind. Der IQ macht also auch hier keine relevante Aussage über die tatsächlich vorhandene Intelligenz.

Das Verstehen komplexer Zusammenhänge und rationale Logik alleine reichen im Verkauf nicht aus.

Kennen Sie auch noch die Aussagen: „Wozu braucht ein Handwerker eine höhere Schulausbildung?“ „Wozu braucht ein Mädchen Abitur?“ „Wir sind einfache Leute, wir brauchen kein Abitur.“

Daß solch ein Schubladendenken heute keine Berechtigung mehr hat, steht außer Frage. In unserer komplizierten Welt, in der immer mehr Bereiche miteinander verflochten sind, die charakterisiert ist durch einen immer schnelleren Paradigmenwandel und eine täglich zunehmende Informationsflut, die ständig Anpassung an neue Situationen erfordert, reichen Abstraktionsvermögen, rationale Logik und das Verstehen komplexer Zusammenhänge nicht mehr aus.

Der traditionelle Begriff Intelligenz muß neu definiert werden. Es gibt kaum eine Berufssparte, in der nicht Engagement, Kreativität, Motivation, Beharrlichkeit, Fleiß oder Einfühlungsvermögen gefordert sind. Besonders sind diese Eigenschaften aber auch im Berufsbild des Außendienstverkäufers gefragt.

Unterschiedliche Faktoren beeinflussen die Intelligenzentfaltung.

Einig sind sich die Fachleute darüber, was die Intelligenzentfaltung günstig und negativ beeinflußt. Das sind das Milieu des Elternhauses, der seelische und körperliche Zustand und der angewandte Erziehungsstil mit den daraus resultierenden Gefühlen der Angst und der Ablehnung oder des Angenommenseins und der Selbstsicherheit. Ist die Erziehung mehr auf Strafe und diktatorische Maßnahmen ausgerichtet statt auf Lob und Dialog, wird die mögliche Entfaltung der Intelligenz eingeschränkt.

Schaut man sich die Intelligenztests an, zeigt sich hier eine Ausrichtung auf die Leistung unserer beiden Hirnhälften, oftmals wird aber hauptsächlich die linke Hirnhälfte „abgefragt", nämlich die sprachlichen und logisch-mathematischen Fähigkeiten. Fast alle Lernsysteme zielen heute noch schwerpunktmäßig auf die Ausbildung der linken Hirnhälfte, das Zentrum der sprachlichen und logischen Fähigkeiten. Trotz der neuen Erkenntnisse über die Arbeitsweise unserer beiden Hirnhälften, die unterschiedlichen individuellen Lernvoraussetzungen und die Beteiligung der Emotionen ist das Lehren auch in den Schulen und Universitäten heute noch hauptsächlich „linksseitig" ausgerichtet. Dementsprechend werden die Menschen, was ihre Intelligenz betrifft, kategorisiert.

Während die Kinder und Schüler diesen Lernsystemen ausgeliefert sind, können wir Erwachsenen uns die Freiheit nehmen, auf die Art und Weise zu lernen, die uns am besten anspricht – ganz gleich ob der Lernvorgang mit oder ohne Musik, über Suggestopädie oder durch visuelle Lerntechniken als vorteilhaft empfunden wird.

Intelligenz ist das, was ein Intelligenztest mißt.

Ein Psychologe gab mir eine sehr einfache Erklärung: „Intelligenz ist das, was ein Intelligenztest mißt." Das würde aber auch bedeuten, daß Intelligenz als Größe gar nicht meßbar ist, sondern nur bestimmte Teilbereiche der Intelligenz, die vom jeweiligen Intelligenztest erfaßt werden. Der IQ gibt somit keine Auskunft über die Intelligenz, sondern nur über bestimmte Komponenten einer intelligenten Denkweise. Nicht erfaßt werden in den Intelligenztests auch testfremde Einflüsse, wie der Gesundheitszustand, Streß in der Testsituation, innere Einstellungen und Erwartungen sowie die Tagesform.

Da die Denkleistung und damit die intellektuellen Fähigkeiten sehr von der allgemeinen körperlichen und seelischen Verfassung abhängen, sollte man den IQ nicht überbewerten. Menschen, die unter Prüfungsangst leiden, haben von vornherein schlechte Karten. Der IQ macht lediglich über die Denkleistungen zu einem bestimmten Zeitpunkt unter bestimmten Voraussetzungen eine Aussage.

Beim IQ handelt es sich nicht um eine unveränderbare Größe, die einem Menschen ein ganzes Leben lang bleibt wie die Körpergröße. Die Intelligenz kann sich durch geistige Anforderungen und Training im Laufe der Zeit verändern.

Leider sind viele Menschen oft ein ganzes Leben gehandikapt, weil in jungen Jahren ein IQ festgestellt wurde, der sie zum Beispiel veranlaßte, ihren Berufswunsch aufzugeben. Viele würden wahrscheinlich einen anderen Beruf oder sogar ihren Traumberuf ausüben, wäre da nicht die Sache mit dem IQ gewesen.

Die Aussage „Der IQ ist zu niedrig" wird gleichgesetzt mit „Du bist zu dumm dazu", „Du kannst das nicht", „Du schaffst das nicht". Der IQ wird als eine starre Größe betrachtet, die zukunfts- und richtungweisend für das ganze Leben ist.

Dirk M., 43 Jahre alt, arbeitsloser Handelsvertreter, war fast zwei Jahre auf der Suche nach einem Job. Zum ersten Mal in seinem Leben wurde er im Einstellungsgespräch mit Intelligenztests und Eignungstests konfrontiert. Jedes Mal bekam er den Bescheid: „Test nicht bestanden." Das Arbeitsamt schlug eine Umschulung vor. Lange Zeit war er sehr entmutigt und war der Meinung: „Die Jüngeren haben das besser drauf." Eines Tages fiel ihm ein Buch mit ausgewählten Tests in die Hände. Das gab ihm den Anstoß, sich weitere solcher Bücher zuzulegen und zu Hause im stillen Kämmerlein seine Intelligenz zu trainieren. Die nächste Eignungsprüfung bestand er. Er bekam die Stelle wegen des bestandenen Tests und aufgrund seines Alters und seiner langjährigen Erfahrungen. Er durfte damals die Bewunderung seines jetzigen Chefs genießen, der überrascht war, daß ein Mann im bereits fortgeschrittenen Alter sich zutraut, sich einem solchen Test zu unterziehen.

Ähnliches erlebe ich auch bei Schülern, die Intelligenztests mit „links" und einer teilweise verblüffenden Schnelligkeit und Selbstsicherheit absolvieren. Sie sind geradezu wahre Meister im Lösen von intelligenten Fragen und Problemstellungen. Warum? Ehrgeizige Mütter schleppen ihre Kinder von klein auf zum Testen, um den IQ feststellen zu lassen. Um sicherzugehen, lassen sie die Intelligenz von mehreren Fachleuten überprüfen. Da aber meist dieselben Tests verwendet werden, kennt der Sprößling die Aufgabenstellung bereits, löst sie im Nu und erreicht zum Schluß ein hervorragendes Ergebnis. Was besagt nun der IQ? Für mich ist nur eins eindeutig: daß der Schüler über eine hohe Merkfähigkeit verfügt.

Ist Intelligenz beeinflußbar und lernbar? Wissenschaftliche Untersuchungen der letzten 30 Jahre stellten fest, daß über 50 Prozent der Intelligenz bis zum Eintritt in die Schule entwickelt sind. In der zweiten Jahrgangsstufe sind bereits 75 Prozent der Intelligenz entwickelt.

Intelligenz ist abhängig von der Anzahl der Neuronenverbindungen.

Im Kapitel über das Gehirn werden Sie erfahren, daß für das Denken nicht die Größe des Hirns, das Gewicht oder die Zahl der Windungen von Bedeutung sind, sondern die Anzahl der Nervenzellen und ihrer vielfältigen Verknüpfungen. Davon ausgehend kann man Intelligenz folgendermaßen definieren: Der Grad der Intelligenz hängt ab von der Anzahl der Verbindungen zwischen den Nervenzellen – je mehr Verbindungen, desto höher die Intelligenz. Demnach kann Intelligenz beeinflußt und gefördert werden, indem durch Training die Anzahl der Nervenverbindungen im Hirn erhöht wird.

Es besteht schon früh die Möglichkeit, Intelligenz zu beeinflussen. Das heißt aber nicht, einem Kind bereits mit vier oder fünf Jahren das Rechnen und Lesen einzupauken. Das hat mit Intelligenz nicht unbedingt etwas zu tun. Wichtig ist es, Interessen und das Bedürfnis nach Informationen zu wecken. Das Elternhaus und das, was die Eltern vorleben, spielt dabei natürlich eine wichtige Rolle. Testuntersuchungen bei Kindern, deren Intelligenz Sonderschulniveau entsprach, haben gezeigt, daß bei mehrjährigem Training die Intelligenz auf einen durchschnittlichen Wert gesteigert werden konnte.

Wie ist das nun aber bei den Erwachsenen? Über eine Steigerung der Intelligenz im Erwachsenenalter gibt es gegenteilige Meinungen. Manche Wissenschaftler vertreten die These, die Intelligenzentwicklung sei mit 17 abgeschlossen, andere sind der Meinung, Intelligenz sei bis zum 26. Lebensjahr steigerungsfähig und nimmt dann ab.

Es wurde aber auch festgestellt, daß der Intelligenzquotient von dem jeweiligen Test abhängt, von der Auswahl der Fragen und von der Zeitvorgabe. Vor allem die Zeit, in der ein Test zu lösen ist, spielt eine wichtige Rolle. Der „ältere“ Mensch denkt langsamer, dafür aber genauer. Berücksichtigt man diesen Zeitfaktor, heben sich die Unterschiede zwischen Alten und Jungen auf. Wichtig ist, daß die Neuronenbahnen in unserem Hirn in Fluß bleiben, die Schaltstellen, Verbindungskontakte nicht unterbrochen, sondern, im Gegenteil, vermehrt werden. Dies ist aber nur möglich, wenn ein Mensch Interessen entwickelt und sich ernsthaft damit beschäftigt. Eine dauerhafte Auseinandersetzung mit einem „Lernstoff“ führt zur Steigerung der Leistungsfähigkeit des Hirns. Bei dem Lernstoff kann es sich durchaus auch um ganz private Interessen und Neigungen handeln. Es hat sogar den Vorteil, daß Sie sich dem Lerngebiet wahrscheinlich mit Freude widmen, denn die Freude ist der beste Motivationsfaktor. Ein weiterer Vorteil besteht darin, daß Sie keinem Leistungsanspruch, irgendwelchen Maßstäben oder einer Beurteilung und Bewertung unterworfen sind. Gerade die Beurteilung und Bewertung in ihren negativen Formen sind die Faktoren, die Intelligenz am ehesten blockieren, weil sie die Emotion Angst erzeugen – Angst, sich zu blamieren, zu versagen, Angst vor Kritik oder Tadel.

Die Angst blockiert jegliche Leistungsfähigkeit.

Psychologische Forschungen in bezug auf Begabungen sprechen ebenfalls gegen ein Stagnieren oder Sinken der Intelligenz. Die Ergebnisse zeigten, daß die Begabungen und die damit verbundenen Leistungen sich erst zwischen dem 25. und 45. Lebensjahr voll entfalten und auch danach noch gesteigert werden können.

Psychologen und Gerontologen weisen immer mehr darauf hin, daß es nie zu spät ist, eine Begabung oder seine Interessen auszubauen und so den Wachstumsprozeß in Gang zu halten. Auch noch mit 60 kann oder soll man vielleicht sogar seine individuellen Neigungen herausfinden und sich ihnen intensiv widmen. Denken Sie nur an die Rentner, die sich an der Universität immatrikulieren und noch in hohem Alter ein Universitätsstudium erfolgreich abschließen.

Genauso sprechen Untersuchungen über die Gedächtnisleistungen gegen ein kontinuierliches Sinken der intellektuellen Fähigkeiten. Achtzigjährige Probanden wurden über den Zeitraum von einem halben Jahr hinsichtlich ihrer Gedächtnisleistungen trainiert. Bei Beendigung des Trainings entsprach die Gedächtnisleistung eines Großteils der Probanden dem Stand von untrainierten Fünfzigjährigen.

Mit dem Sinken der Intelligenz ist allerdings mit zunehmendem Alter dann zu rechnen, wenn die Intelligenz nicht benutzt und trainiert wird und der Mensch nicht lernwillig ist. Grundvoraussetzungen, um einem Sinken der Intelligenz entgegenzuwirken oder seine Intelligenz zu steigern, sind Willenskraft, Beharrlichkeit, Ausdauer und ein emotional ausgeglichener Zustand.

Intelligenz ist kein Schicksal.

Menschen mit einem hohen IQ, die nicht über diese Eigenschaften verfügen und sich nur auf ihre Intelligenz verlassen, scheitern schneller und häufiger als diejenigen, die beim „Erwerb" ihrer Intelligenz die oben genannten Eigenschaften entwickelt haben. Intelligenz bzw. der Intelligenzquotient sind kein hinzunehmendes Schicksal. Fast jeder Mensch verfügt über Komponenten intelligenten Denkens. Es ist nur fraglich, ob gerade diese Teilbereiche bei einem Intelligenztest, dem man sich unterzieht, angesprochen werden. Durchschnittlich intelligent sind immerhin fast 70 Prozent der Bevölkerung. Da der IQ immer einen Durchschnittswert darstellt, gibt er keine Auskunft über besondere Stärken und Schwächen.

Ein kleines Beispiel aus dem Schulalltag. Ein deutscher achtjähriger Schüler war den Anforderungen zunehmend nicht mehr gewachsen. Er sprach immer sehr wenig und wenn, dann sehr leise. Es schien Sonderschulbedürftigkeit vorzuliegen. Nach den ersten Tests in einem Zeitraum von fünf Monaten wurde ihm eine „Entwicklungsstörung schulischer Fertigkeiten (Dyskalkulie)" bescheinigt. Mit dieser Dyskalkulie war eine auffällige Schwäche in Mathematik gemeint.

Sein IQ war aber guter Durchschnitt. Nach Meinung der Lehrerin, die den Jungen tagtäglich beobachten konnte, schienen noch andere Gründe für seine insgesamt schwachen Leistungen vorzuliegen. Nach Beratung mit den Eltern wurden weitere Tests durchgeführt. Sein IQ behielt seinen guten Durchschnittswert. Aber es kamen ganz andere Aspekte zum Vorschein.

Der Schüler hatte, was sein Sprachvermögen betraf, den Entwicklungsstand eines Vierjährigen. Dafür hatte er aber bei den nonverbalen Tests, im sprachfreien Denken, den Entwicklungsstand eines Zwölf- bis Vierzehnjährigen. Nun war der Grund für seine allgemein schwachen Leistungen klar. Seine sprachlichen Kenntnisse waren nicht ausreichend, um dem Unterricht folgen zu können, Begriffe waren für ihn nur Worthülsen.

Seine überdurchschnittliche Begabung im nonverbalen Bereich half ihm nicht, weil er die Sprache im wahrsten Sinne des Wortes nicht verstehen konnte. Grund dafür war ein Elternhaus, in dem kaum gesprochen wurde. Der Junge hatte von Haus aus keine Chance, seine Muttersprache kennenzulernen und mit ihr umzugehen.

Da er sich sprachlich so wenig artikulierte und sich immer im Hintergrund hielt, wurde er von den Lehrern als introvertiert und wortkarg eingestuft. Bis diese anderen Erkenntnisse vorlagen, war mittlerweile ein Jahr vergangen. Der Junge bekam nun speziellen Unterricht zur Förderung seiner Sprachfähigkeit. Der Mutter wurden Empfehlungen für zu Hause gegeben. Aber es war offensichtlich, daß von dieser Seite wenig Unterstützung zu erwarten war, weil man eben „nicht so viel redete“. Dennoch: Seitdem dieses Kind um seine Stärken und Schwächen Bescheid wußte, wurde es zunehmend selbstbewußter und allmählich fast redselig.

Die Redseligkeit des Jungen beschränkte sich zwar vorerst noch auf einen kleinen Kreis von Lehrern und Mitschülern, deren „Ohr“, sprich Zuneigung, er sich sicher sein konnte. Seine Förderlehrerin konnte ihn dazu bewegen, sich auch am Unterrichtsgespräch zu beteiligen. Seitdem informierte er diese Lehrerin wöchentlich über seine sprachlichen Fortschritte.

Dieses Beispiel mag Ihnen aufzeigen, welch undifferenzierte Aussagen der IQ über die tatsächlich vorhandenen Denkleistungen macht. Andererseits möchte ich Ihnen vor Augen führen, daß sogar ein Kind mit seinen Schwächen umgehen kann und seine Persönlichkeit im Umgang mit den Schwächen wachsen kann.

Ganz besonders kann das aber auch für einen erwachsenen Verkäufer gelten. Auch er ist in der Lage, im richtigen Umgang mit seinen Schwächen zu wachsen.

Wir alle haben Stärken und Schwächen. Die Schwächen sollten jedoch nicht vertuscht oder versteckt werden. Man vergeudet dabei nur unnütz Energie. Verwenden Sie diese Energie lieber, um die Leistungsfähigkeit Ihrer starken Seiten zu steigern.

Sie können so die schwachen Seiten kompensieren, und im besten Falle tritt dabei als Nebeneffekt eine Steigerung der Leistungsfähigkeit der „Schwachstellen" ein. Sie haben schon viel gewonnen, wenn Sie beim bloßen Gedanken an diejenigen Dinge, die Sie nicht zu können glauben, kein ungutes Gefühl mehr entwickeln.

„Gibt es nicht" gibt es nicht.

Oftmals bewirkt der Gedanke „Das kann ich nicht" schon eine Blockade, die dazu führt, daß sich ein Unvermögen fast automatisch einstellt. Andererseits kann der Gedanke „Das kann ich doch", „Das schaffe ich" die Leistungsfähigkeit so positiv beeinflussen, daß die vorgenommene Tätigkeit ganz selbstverständlich zum Ende gebracht wird.

Unumstritten ist,

- daß in unserem Zeitalter die Schulung der Intelligenz erforderlich ist,
- daß jeder Mensch entsprechend seiner Intelligenz seine Berufswahl treffen sollte,
- daß zur Lebensbewältigung mehr gehört als eine sprachliche und logisch-mathematische Kompetenz,
- daß die sprachliche Intelligenz – ein für Verkäufer wesentliches Element – ebenfalls trainierbar ist.

Umstritten ist

- der bisherige Begriff der Intelligenz, der sich auf Fähigkeiten ähnlich denen eines Computers bezieht,
- die Gültigkeit der seit Jahren verwendeten Tests zur Ermittlung der Intelligenz.

Wie schon aufgezeigt, beziehen sich diese traditionellen Tests hauptsächlich auf die sprachlichen und mathematischen Fähigkeiten. Die Erfahrungen haben gezeigt, daß der gute Abschluß eines Intelligenztests keine aussagekräftige Prognose für den Werdegang eines Menschen und für seinen Erfolg im Leben bildet.

Daher werden diese Tests auch von vielen Psychologen abgelehnt. Die Fähigkeit, sich in seinem Umfeld zurechtzufinden, Probleme sachlicher und mitmenschlicher Art anzupacken, Lösungsstrategien zu entwickeln oder neue Produkte zu erfinden und die Kreativität werden nicht berücksichtigt.

Die multiplen Intelligenzen

Howard Gardner von der Harvard Graduate School of Education war einer der ersten, der das Konzept der Intelligenz als eine meßbare und unveränderliche Größe ablehnte. Er sprach erstmals von den multiplen Intelligenzen und meinte damit ein breites Spektrum von Intelligenz, das er in sieben verschiedene Intelligenzen unterteilte, die weitgehend voneinander unabhängig sind, aber auch im Zusammenspiel unser Denken, Verhalten und Handeln bestimmen. In seinem Buch „Abschied vom IQ" weist er darauf hin, „daß es einen unanfechtbaren und allgemein anerkannten Katalog der menschlichen Intelligenzen weder gibt noch je geben wird" und „wir eine endgültige Theorie der menschlichen Intelligenzen werden nie formulieren können".

Die sieben Intelligenzen sind auch im Verkauf von Bedeutung.

1. *Die sprachliche Intelligenz*
   Sie ist eine der beiden bekannten Intelligenzen. Ihre Entwicklung scheint zunächst bei allen Kindern ähnlich zu verlaufen. Das Erlernen der Sprache ist angeboren. Der Grad jedoch, bis zu dem sich die sprachliche Intelligenz entwickeln kann, hängt von den sprachlichen Gegebenheiten des Umfeldes, den Sprechanreizen und den Übungsmöglichkeiten ab. Ein Mensch mit einer sogenannten Sprachbegabung, die charakteristisch für Intelligenz im klassischen Sinne ist, beeindruckt seine Mitmenschen. Er ist ihnen überlegen in Diskussionen, wenn es darum geht, etwas zu erklären und zu überzeugen. Diese Fähigkeit, sich anderen mitzuteilen, findet man häufig bei Menschen in Lehrberufen und bei Verkäufern. Es bedarf ständiger Übung, um die gelernten Fähigkeiten auf diesem Gebiet zu vervollkommnen.

Insbesondere der aktive Wortschatz, der für unsere Leistung, Dinge zu beschreiben oder bildhaft zu sprechen, notwendig ist, wird von guten Verkäufern lebenslang trainiert, um sich ständig zu verbessern.

2. *Die logisch-mathematische Intelligenz*
   Eine Fähigkeit, der entsprechend der traditionellen Intelligenzforschung in unserer Kultur der höchste Wert beigemessen wird. Lange nahm man an, daß diese Intelligenz die Basis für intelligentes Denken schlechthin sei. Beim logisch-mathematischen Denken geht es um Formeln und Thesen, um analytisches, abstraktes Denken. Die meisten Menschen denken hierbei gleich an ihre schulischen Mißerfolge in Mathematik, was häufig zu einer Geringschätzung der eigenen Persönlichkeit führt.

Begabung allein ist kein Garant für Erfolg im Leben.

   Besonders ausgeprägt ist die Fähigkeit zum logisch-mathematischen Denken beispielsweise bei Schachspielern, bei Naturwissenschaftlern und auch bei Verkaufsingenieuren. Dies führt im Verkaufsgespräch mit einem Kaufmann häufig dazu, daß dieser sich eine für ihn unverständliche technische Sprache anhören muß.

3. *Die räumliche Intelligenz*
   Unter dieser Fähigkeit ist das akkurate Erfassen der sichtbaren Welt, von Objekten in ihrem Umfeld und die visuelle Vorstellung von Objekten und Formen in ihrer räumlichen Beziehung zu verstehen. Man weiß heute, daß diese Intelligenz nicht nur von der visuellen Wahrnehmung abhängig ist, da auch Blinde mit Hilfe des Tastsinns zu dreidimensionalen Vorstellungen fähig sind.
   Zur räumlichen Vorstellungskraft gehört zum Beispiel das Einparken in eine Parklücke, das Orientieren auf einem Stadtplan, das Wiedererkennen von Objekten sowie der Umgang mit zweidimensionalen Darstellungen eines dreidimensionalen Gegenstandes und der Umgang mit Diagrammen und geometrischen Formen. Dazu gehört auch, sich ein Bild von Begriffen, Vorgängen und

Abläufen zu machen. Gardner geht davon aus, daß es sich um eine unabhängige Intelligenzart handelt, da gerade diese Form der Intelligenz bei geistig behinderten und autistischen Menschen besonders gut ausgeprägt sein kann.

Interessant ist, daß die räumliche Intelligenz mit steigendem Alter zunimmt.

Diese Intelligenz ist besonders bei Fußballern, Chirurgen, Piloten, Ingenieuren, Architekten und Bildhauern anzutreffen.

4. *Die körperlich-motorische Intelligenz*
   Sie versetzt den Menschen in die Lage, sowohl körperliche Bewegungen zu steuern und zu variieren als auch Gefühle zum Ausdruck zu bringen. Es wäre falsch, anzunehmen, daß es sich dabei hauptsächlich um instinktive Bewegungen und angeborene Fähigkeiten handelt. Eine wichtige Rolle spielt die Nachahmung. Schon Kinder lernen, indem sie Erwachsene beobachten und imitieren. Ebenso lernen die großen Fußballer, Rekordschwimmer, Tänzer und Schauspieler durch Nachahmung. Besonders auffällig ist die körperlich-motorische Fähigkeit bei der Pantomime.
   Diese Intelligenz ist bei solchen Menschen hoch entwickelt, die geschickte Hände und einen starken Bewegungsdrang haben. Dieser Bewegungsdrang bezieht sich nicht nur auf sportliche Tätigkeiten, sondern kann auch bei einem guten Redner in Mimik und Gestik zum Ausdruck kommen. Zu den Menschen mit einem hohen Maß an körperlich-motorischen Fähigkeiten gehören zum Beispiel auch geschickte Handwerker und Bildhauer.

Die gekonnte Beherrschung der Körpersprache mit Mimik und Gestik ist für den Verkäufer eine der besten Möglichkeiten, diese Form der Intelligenz in seiner täglichen Praxis umzusetzen und weiterzuentwickeln.

5. *Die musikalische Intelligenz*

Man geht allgemein davon aus, daß die musikalische Intelligenz angeboren ist. Das heißt aber nicht, daß die musikalischen Fähigkeiten auf Genies wie Mozart, Strawinsky oder zum Beispiel die Beatles beschränkt sind. Davon abgesehen war auch bei diesen Musikern hartes Arbeiten die Voraussetzung für den Erfolg.

Die meisten kleinen Kinder bekunden ihre Neigung zur Musik durch die Freude, die sie dabei zeigen. Die musikalischen Fähigkeiten sind von Mensch zu Mensch unterschiedlich stark ausgeprägt. Nicht jeder ist fähig, ein Instrument hervorragend zu spielen oder wundervoll zu singen. Musikalische Intelligenz beinhaltet auch die Fähigkeit, der Musik aufmerksam zuzuhören.

Das Lauschen einer beliebten Melodie wirkt sich positiv auf das körperlich-seelische Empfinden aus.

Daher ist es angebracht, diese angeborene Fähigkeit so früh wie möglich zu fördern.

Ein anderes Phänomen sei hier noch angesprochen. Es ist längst bekannt, daß sich über Musik und Melodien Lerninhalte leichter einprägen als nur über geschriebene und gesprochene Sprache. Diese einprägsame Wirkung macht sich auch die Werbung zunutze. Denken Sie einmal nach, wie viele Melodien von Werbespots Ihnen einfallen, die Sie intuitiv mit einem Produkt in Verbindung bringen können.

6. *Die interpersonale Intelligenz*

Das ist die Fähigkeit, die sich im Umgang und in der Zusammenarbeit mit anderen Menschen zeigt. Wichtig ist dabei, die Unterschiede in den Verhaltensweisen und die Gefühle der anderen zu erkennen, ihre Beweggründe, Absichten und Ziele zu verstehen und darauf zu reagieren. Schon Kleinkinder sind in der Lage, die Stimmungen der Menschen in ihrem Umfeld wahrzunehmen und zu unterscheiden. Mit zunehmendem Alter und einem reichlichen Maß an Erfahrungen steigert sich die interpersonale Intelligenz. Leider passiert es in unserer Zeit immer häufiger, daß sich diese Fähigkeit im Laufe der Zeit, sei es durch Erziehung oder besonders schlimme Erfahrungen, nicht entfalten kann.

Verkäufer mit einer hochentwickelten interpersonalen Intelligenz zeigen Einfühlungsvermögen für die Probleme ihrer Interessenten und Kunden, für ihre Stimmungen, Gefühle und Bedürfnisse. Sie können Gedanken „lesen“.

Es gab eine Zeit, in der man davon ausging, Menschenkenntnis sei eine angeborene Fähigkeit. Heute weiß man, daß Menschenkenntnis erlernbar ist und der Umgang mit anderen Menschen eine wichtige Voraussetzung für ein erfülltes Leben ist. Auch der Erfolg im Beruf wird nicht nur durch die beruflichen Leistungen bestimmt, sondern ist weitaus mehr abhängig vom Umgang mit anderen. Aufgrund dieser Einsicht wird mittlerweile in nahezu allen Berufssparten auch großes Gewicht auf die Ausbildung und Förderung dieser Fähigkeit gelegt. Dies ist auch die Domäne von Verkäufern, die im Umgang mit den Kunden besonders erfolgreich sind.

7. *Die intrapersonale Intelligenz*

Mit der intrapersonalen Intelligenz ist die Selbsterkenntnis im eigentlichen Sinne gemeint. Laut Howard Gardner ist es die Fähigkeit, „das eigene Gefühlsleben zu erfassen, die eigenen Gefühle zu verstehen und sie zu benennen, sie schließlich auch auszudrücken“. Sie versetzt uns in die Lage, eigene Emotionen zu erkennen, sie zu unterscheiden, zu analysieren und unsere Verhaltensweisen entsprechend zu verstehen und zu steuern. Der Grad des Selbstvertrauens und des Identitätsbewußtseins sowie der Glaube an sich selbst hängen vom Entwicklungsgrad der intrapersonalen Intelligenz ab. Diese drei Komponenten sind wiederum entscheidend für den Erfolg beim Erlernen einer Tätigkeit oder bei den ständigen beruflichen Anforderungen.

Lernen Sie, Ihre eigenen Emotionen zu erkennen, sie zu unterscheiden, zu analysieren und Ihre Verhaltensweisen entsprechend zu verstehen und zu steuern.

Optimal ist es, wenn intrapersonale und interpersonale Intelligenz sich ergänzen. Wer um seine eigenen Gefühle Bescheid weiß und sich selbst wirklich kennt, dem wird es leichter fallen, sich in andere Menschen einzufühlen, ihr Verhalten zu verstehen und mit ihnen in der richtigen Art und Weise umzugehen.

Meinen Sie nun nicht auch, daß Sie vielleicht doch über mehr Intelligenz verfügen, als Sie bisher von sich selbst geglaubt haben? Wie schon zu Anfang dieses Kapitels gesagt, handelt es sich bei diesen sieben Intelligenzen nur um einige Komponenten eines breiten Spektrums von Intelligenzen. Ich glaube, Howard Gardner hat in den achtziger Jahren der Menschheit mit der Vorstellung der sieben Intelligenzen einen großen Gefallen getan. Denn schon die sieben Intelligenzen machen deutlich, daß eine Menge von Kombinationen möglich sind, wobei eigentlich kein Mensch unberücksichtigt bleiben kann. Wenn wir an die vielfältigen heutigen Anforderungen in den verschiedenen Berufen denken, wird uns auch die Notwendigkeit solcher Kombinationen klar. Wir wissen ebenfalls, daß die Persönlichkeit eines jeden Menschen aus der Kombination verschiedener Anlagen besteht. Dazu kommen sich ständig verändernde Situationen, die jeweils ein spezifisches Verhalten und ihre eigenen Entscheidungen verlangen. Es wird immer so sein, daß bei den Menschen Intelligenzen nicht gleichmäßig angelegt und entwickelt sind, sondern jeweils eine oder mehrere dominieren.

Von daher gesehen ist es auch schwierig, die allgemeine Intelligenz zu messen. Was herauskäme, wäre wieder nur ein Mittelwert mit wenig Aussagekraft, da ja die Intelligenzen nicht gleichwertig sind. Je nach Intelligenztest kämen wieder hohe und niedrige Werte zustande.

Howard Gardner brachte die Psychologie einen großen Schritt weiter, indem er dazu verhalf, die Geisteshierarchie durch einen Intelligenzpluralismus zu ersetzen.

Nutzen Sie Ihr Potential!

Wie Sie gesehen haben, sind einige der hier genannten Intelligenzformen wichtige Voraussetzungen, um im Beruf des Verkäufers erfolgreich zu sein. Interessant an diesen Intelligenzformen ist, daß sie durch permanentes Training beständig verbessert werden können und damit auch mittelbar unseren Erfolg im Verkauf verbessern.

EQ und IQ

Die interpersonale und die intrapersonale Intelligenz wurden auch zusammengefaßt unter den Begriffen „soziale Intelligenz" oder „praktische Intelligenz". Manche nannten sie auch ganz einfach „Alltagsintelligenz". Daniel Goleman prägte schließlich den Begriff von der emotionalen Intelligenz, abgekürzt EQ. Wurde bisher intelligent mit klug gleichgesetzt, nennt Goleman die emotionale Intelligenz eine „andere Form von Klugheit".

In jedem Falle aber sah man diese Intelligenz im Gegensatz zur kognitiven rationalen Intelligenz. Das heißt aber nicht, daß man nun die zwei Arten von Intelligenz gegeneinander abgrenzt, sondern optimal ist es, wenn sich beide Formen ergänzen. Kognitive Fähigkeiten allein reichen nicht aus, um intelligentes Verhalten zu erklären.

Die Begrenzung der menschlichen Intelligenz auf reine Verstandesleistungen ist aufgehoben.

Untersuchungen ergaben, daß die kognitive Intelligenz bei der Bewältigung von alltäglichen praktischen Dingen kaum von Bedeutung ist.

Seymour Epstein von der Universität von Massachusetts definierte die beiden Intelligenzen wie folgt: „Die eine bezieht sich darauf, wie wir die Welt erfahren und emotional auf sie reagieren. Sie hat mit dem herkömmlichen Intelligenzquotienten nichts zu tun. Die andere, rationale Denkart wiederum hat wenig mit dem Erfolg im Leben zu tun."

Eine Messung des EQ ist derzeit noch nicht möglich. Die Emotionswissenschaftler bezweifeln sogar, ob dies jemals möglich sein wird. Emotionen können nicht abgefragt werden wie kognitive Leistungen bei den standardisierten IQ-Tests. Die emotionale Erlebniswelt ist so individuell, persönlich und unterschiedlich, ebenso wie die Reaktionen jedes einzelnen, daß es fast unmöglich scheint, dies in einem standardisierten Bogen aufzulisten. Auch die Versuchssituationen, die ja in diesem Falle ganz entscheidend sind, können nie die Wirklichkeit des alltäglichen Lebens simulieren.

Emotionale Intelligenz ist für den Verkäufer so notwendig wie für den Fisch das Wasser.

Wie im vorhergehenden Kapitel aufgezeigt, ist es nie zu spät, seine geistigen Fähigkeiten zu trainieren. Dies gilt auch für die emotionale Intelligenz. Emotionale Stärken werden einem nicht in die Wiege gelegt. Sie entfalten sich durch vielfältige Lernreize, Erfahrungen und Erlebnisse. Auch hier kommt es darauf an, wie lernwillig ein Mensch ist. Sie kennen sicherlich die Sprichwörter: „Aus Erfahrung wird man klug“ oder „Dumm geboren und nichts dazugelernt“. Dazu fällt mir noch ein Spruch von E. G. Kolbenheyer ein: „Die ungelösten Probleme erhalten einen Geist lebendig und nicht die gelösten.“

Es liegt an jedem einzelnen, was er aus seiner Situation macht.

Das lateinische Wort intellegentia leitet sich ab von *intellegere*, was übersetzt *wahrnehmen, merken, unterscheiden, erkennen* und *sehen* bedeutet. Die Bedeutungen dieser fünf Verben helfen, die praktische Intelligenz zu verstehen und anzuwenden.

- *Nehmen* Sie sich, Ihre Verhaltensweisen und Gefühle sowie das Verhalten und die Emotionen Ihrer Mitmenschen *wahr.*
- *Merken* Sie sich die bei Ihnen und bei anderen in bestimmten Situationen auftauchenden Gefühle, Verhaltensweisen und Einstellungen.
- Diese ersten beiden Schritte helfen Ihnen, in neuen Situationen Einstellungen der anderen zu *unterscheiden* und zu *erkennen.*
- Wenn Sie das schaffen, *sehen* Sie in Sekundenschnelle, wie Ihre Chancen stehen, und können im Verkaufsgespräch richtig reagieren.

Am wichtigsten ist es, unterscheiden zu können. Das Verkaufswissen und das Wissen um die Techniken im Verkauf allein bringen Ihnen nicht viel ein. Eventuell vergeuden Sie nur wertvolle Zeit, wenn Sie z.B. bei einer Messe nicht zwischen einem potentiellen Käufer mit einem tatsächlichen Kaufinteresse und einem Prospektesammler ohne jede Kaufabsicht unterscheiden können.

80 Prozent der Kaufentscheidungen werden emotional getroffen und hinterher rational begründet.

Wer über diese Fähigkeiten verfügt, kann vielleicht bei einem IQ-Test schlecht abschneiden, dafür sind aber seine Verkaufszahlen und seine beruflichen Erfolge Beweise für eine vorhandene „andere Form von Intelligenz". Daraus läßt sich ableiten, daß für ein erfolgreiches Leben nicht nur die Vernunft mit den Komponenten Logik und Rationalität und die sprachliche Intelligenz zuständig sind. Wenn rund 80 Prozent der Entscheidungen eines Menschen vom Gefühl bestimmt werden, dann muß man sich einfach fragen, warum dieses Element im Verkaufsgespräch nicht schon viel früher eine wesentliche Rolle gespielt hat.

Auf der einen Seite wird der Mensch in der Medizin immer mehr in seiner Gesamtheit von Körper, Geist und Seele gesehen. Auf der anderen Seite wird der Mensch, zuerst in der Schule, auf Intelligenz, sprich Vernunft, getrimmt. Die Emotionalität findet wenig Berücksichtigung beim Intelligenztraining in unserer Kultur, in der Vernunft und sprachliche Ausdrucksfähigkeit die Vorherrschaft haben. Meist sind es rationale, „vernünftige" Entscheidungen, die gefragt sind. Viele Menschen sind der Meinung, daß Emotionalität in einem erfolgreichen Berufsleben nur hinderlich sei:

- „Gefühle passen nicht in ein geschäftliches Konzept."
- „Gefühle verhelfen nicht zum Abitur."
- „Mit Gefühlen kommst du nicht ans Ziel."
- „Gefühlsduselei bringt uns nicht weiter."
- „Gefühle haben im Geschäftsleben nichts zu suchen."

Dagegen wird gefordert:

- „Knallharte Entscheidungen!"
- „Sachlich-logische Argumentation!"
- „Nur mit Vernunft und äußerster Disziplin sind Ziele zu erreichen."

Jede dieser Aussagen könnte für sich alleine genommen Berechtigung haben. Es geht nicht an, daß nur die Gefühle sprechen und entscheiden, aber genauso wenig optimal ist es, nur den Kopf einzusetzen.

Die Emotionalität in Zusammenhang mit der Vernunft einzusetzen ist die einzige Möglichkeit, sich als Mensch treu zu bleiben.

Das Leben eines jeden Menschen spielt sich vornehmlich im seelischen Bereich und im Kopf ab. Es ist möglich, eine Zeitlang die Gefühle beiseite zu schieben, zu verdrängen und als Kopfmensch durch das Leben zu gehen. Irgendwann aber, früher oder später, wird jeder Mensch von seinen Gefühlen eingeholt. Besonders schlimm ist es dann für diese „Kopfmenschen", weil sie nie gelernt haben, mit ihren Gefühlen umzugehen. Ihrer intellektuellen Leistungsfähigkeit steht eine emotionale Hilflosigkeit gegenüber. Dieses Ungleichgewicht in der Gesamtheit eines Menschen macht vielleicht einen beruflich erfolgreichen Menschen aus ihm, bestimmt aber keinen glücklichen. Das Streben nach Erfolg hat durchaus seine Berechtigung und bringt auch Freuden mit sich, doch irgendwann ist das Ende der Fahnenstange erreicht.

Häufig passiert es, daß berufliche Mißerfolge sich auf der privaten Ebene auswirken, und umgekehrt führen private Schwierigkeiten zu beruflichen Mißerfolgen. Und was dann? Was ist, wenn der Erfolg einmal ausbleibt? Wenn Logik und Vernunft nicht mehr weiterhelfen? Wenn die Angst sich ausbreitet? Wenn die Gefühle als Störungen empfunden werden, weil man nichts mit ihnen anzufangen weiß?

Ich will auf keinen Fall den Stellenwert, den die Intelligenz einnimmt, angreifen und die Gefühle überbetonen. Es ist aber keine Binsenweisheit mehr, daß sich das Leben nicht nur im Intellekt abspielt, sondern weitestgehend in der „Seele". Stelle ich den Intellekt in den Mittelpunkt meines Lebens, entferne ich mich von meiner Gefühlsebene. Ich verliere das Gefühl für das Gefühl und damit das Gefühl für das Glücklichsein. Der Kopf alleine kann nicht glücklich sein.

Zuerst kommt die Wahrnehmung, daraus entstehen die Emotionen, und dann erst sollte das „kluge Hirn" zum Einsatz kommen.

Kopf und Gefühle bilden eine Einheit.

Übernimmt einer der beiden Teile die Führung, gerät der Mensch früher oder später aus dem Gleichgewicht. Meist sind es die Gefühle, die genau wissen, was der Mensch wirklich braucht. Oft versperren die Logik und die rationalen Entscheidungen des Verstandes dem Menschen den Weg zu einem glücklichen Leben.

Unser Leben spielt sich außerdem nicht nur auf der beruflichen Bühne ab. Warum dann das ganze zur Verfügung stehende geistige Potential darauf verwenden?

Zu einem erfüllten Leben gehört mehr als Erfolg im Beruf und Reichtum. Diese Erkenntnis sollte uns aber nicht erst die Weisheit des Alters vermitteln. Man kann gar nicht früh genug damit anfangen, darauf hinzuarbeiten. Es ist nie zu spät, sich auf seine Gefühle zu konzentrieren und zu lernen, damit umzugehen. Viele Jugendliche und Erwachsene unseres Zeitalters und unseres Kulturkreises sind dabei auf die professionelle Hilfe von Psychologen oder Psychotherapeuten angewiesen. Soweit sollte man es jedoch gar nicht erst kommen lassen.

Henry Ford drückte dies folgendermaßen aus:

„Jeder, der aufhört zu lernen, ist alt, mag er 20 oder 80 Jahre zählen. Jeder, der weiterlernt, ist jung, mag er 20 oder 80 Jahre zählen.“

Unser Gehirn

Ein wenig Entwicklungsgeschichte und Biologie

Um unser Denken, Handeln und Fühlen wirklich zu verstehen, zunächst einiges Wissenswerte über unser Gehirn:

Erst wenn uns bewußt ist, was in unserem Kopf „abgeht“, wird es möglich sein, darauf Einfluß zu nehmen. Die neuesten Ergebnisse der Hirnforschung bieten Ansätze, das bisherige Denken über die Funktionalität unserer Denkzentrale zu korrigieren. Die meisten Antworten erhält man durch Läsionstudien. Tiere und auch Menschen, bei denen Hirnpartien beschädigt sind oder entfernt werden mußten, werden hinsichtlich ihrer Verhaltensweisen und intellektuellen Fähigkeiten beobachtet. Anhand der festgestellten intellektuellen Defizite und Verhaltensänderungen kann man erkennen, wofür diese Hirnregion zuständig gewesen sein muß. Eine andere Möglichkeit bietet die Untersuchung mit dem Positronen-Emissions-Tomographen (PET). Dabei wird radioaktiv markierter Zucker injiziert, der vor allem in aktiven Zellen, also solchen mit erhöhtem Glukosestoffwechsel, gebraucht wird. Die an diesen Stellen angereicherte Radioaktivität liefert Hinweise darauf, welche Hirnpartien bei der jeweiligen Aufgabenstellung gerade arbeiten.

Die Neurowissenschaft hat zwar auf diesem Gebiet im letzten Jahrzehnt enorme Fortschritte gemacht, doch ist dies noch längst nicht der Weisheit letzter Schluß. Für uns ist es heute noch fraglich, ob das Gehirn und seine Arbeitsweise jemals bis ins letzte Detail erforscht werden können.

Der älteste Teil des Gehirns ist für die Grundbedürfnisse zuständig.

Gehen wir zunächst zurück zu den Anfängen und informieren uns über die stufenweise Entwicklung unserer verschiedenen Hirnbereiche. Das Gehirn hat sich in Hunderten Millionen von Jahren entwikkelt, und aus seinen anfänglich primitivsten Teilen sind die höheren Zentren entstanden.

- *Das Reptiliengehirn*
  Am Anfang war der Hirnstamm, der sich am oberen Ende des Rückenmarks befindet und bei allen Arten zu finden ist. Dieses Stammhirn, entstanden aus der Verlängerung des Rückenmarks, ist zuständig für alle Körperfunktionen wie das Atmen, Essen und Trinken, den Stoffwechsel, Bewegungsabläufe und Reaktionen, die einheitlich festgelegt sind. Dieses Gehirn konnte nicht denken oder lernen. Es bestimmte nur das physische Überleben, das Bedürfnis nach Nahrung und Fortpflanzung.

- *Das Riechhirn („Riechkolben")*
  Mit der Zeit entwickelten sich aus den Zellen Lappen: der olfaktorische Lappen, zuständig für die Geruchswahrnehmung, der visuelle Lappen, zuständig für die optische Wahrnehmung. Aus dem olfaktorischen Lappen bildeten sich die anfänglichen Zellen für die emotionalen Zentren um den oberen Teil des Stammhirns, was darauf schließen läßt, daß unsere Emotionen anfangs hauptsächlich über den Geruchssinn bestimmt wurden.

Gerüche führen zur Erinnerung an Emotionen.

Durch die Aufnahme von Gerüchen durch diese Zellen wurde das Verhalten reguliert. Dieses Hirn diente der Selbsterhaltung und der Selbstverteidigung. Zunächst wurde z.B. ausgewählt – Beute oder Feind –, dann bekam der Körper den Befehl zur Jagd oder Flucht. Erinnert Sie das nicht auch an die Redewendung: „Ich kann den nicht riechen"? In unserer heutigen so hygienischen Zeit hat das, von wenigen Ausnahmen abgesehen, weniger mit dem tatsächlichen Geruch des anderen zu tun. Ist es nicht vielmehr so, daß wir mit diesem Ausspruch unser Gefühl von Unbehagen und Ablehnung verbalisieren?

Gerüche können erfolgsbestimmend sein.

Die Gefühle des Käufers, ausgelöst durch die empfangenen Gerüche, die er in den ersten Sekunden des Zusammentreffens mit dem

Verkäufer erlebt, entscheiden über Sympathie oder Antipathie und sind mitentscheidend für den Erfolg dieses Kontakts.

- *Das limbische System*
  Mit den ersten Säugetieren entwickelten sich die wichtigsten Schichten des emotionalen Gehirns um das Stammhirn, das limbische System. Das limbische System ist die eigentliche Wurzel unseres Gefühlslebens, die Grundlage für den Sozialsinn, es ist bedeutend für das Gedächtnis und das Lernen. Die angeborenen primären Gefühle werden über das limbische System geschaltet. Sind Sie in Wut, Angst oder im höchsten Grad verliebt, dann ist das limbische System in Aktion und zuständig für die ablaufenden physiologischen Vorgänge im Körper. Die Pupillen weiten sich, der Puls ist beschleunigt, die Hände sind schweißnaß.

Erfahrungen bestimmen unser Gefühlsleben.

Ebenso wurden mit dem limbischen System die ersten Grundlagen geschaffen, Gefühle zu speichern und sich im gegebenen Fall daran zu erinnern, das heißt, stereotype Verhaltensweisen und Reaktionen wandelten sich in Reaktionen, die bestimmt wurden durch vorangegangene Erfahrungen. Hat ein Kleinkind z.B. erfahren, daß das Berühren einer heißen Herdplatte Schmerzen verursacht, ist es in der Lage, dies im Hirn zu speichern, und macht in Zukunft einen Bogen um den Herd.

- *Die Großhirnrinde (Neokortex)*
  Im Laufe von Millionen Jahren bildete sich das Gehirn des Säugetiers und der vorgeschichtlichen Menschen weiter aus. Es entwikkelten sich weitere Schichten um den Hirnstamm, so das Großhirn bzw. die Großhirnrinde, das rationale Gehirn. Damit erfolgte der Sprung in die emotionale, intellektuelle und kreative Intelligenz.
  Das Großhirn ist das Zentrum des Denkens, der Vorstellung, der intellektuellen Wahrnehmung, des Begreifens und die zuständige Instanz für die Entwicklung eines Gefühls bei dem, was wir gerade denken. Bei seiner Tätigkeit ist es auf die älteren Gehirnabschnitte angewiesen. Mit der Entwicklung des Großhirns war eine Feinabstimmung des Gefühls möglich geworden, da das limbische System

sowohl mit dem Stammhirn als auch mit dem rationalen Gehirn ständig in Verbindung ist. Durch das Zusammenwirken von limbischem System und Großhirnrinde wurden die Grundlagen geschaffen, die bezeichnend sind für ein emotional intellektuelles Wesen.

Das limbische System produziert die Gefühle, das Gehirn übernimmt im Normalfall die rationale Kontrolle über das Verhalten, das bedingt ist durch die Emotionen. Dies ist auch der Grund, warum der Mensch in der Lage ist, soziale Beziehungen einzugehen. Kennzeichnend dafür sind das Zusammengehörigkeitsgefühl der Familie, die Sorge um die Familie und ihr Schutz. Das Gefühl der Liebe mit all seinen angenehmen und aufregenden Begleiterscheinungen reicht nicht aus. Dazu gehören auch Verantwortung und Verpflichtungen, die rational durchdacht und überlegt sein müssen. Dagegen war für das Reptiliengehirn wenig Pflege und Interesse an der Nachkommenschaft kennzeichnend.

Gefühle sollen gebändigt werden.

Die Großhirnrinde als höchstes Integrationsorgan des gesamten Zentralnervensystems trägt die Verantwortung dafür, daß unser Gefühlsleben sich immer differenzierter und komplexer entwickelte, das Empfinden von Emotionen sich verfeinerte und somit der Mensch in seinen Reaktionen vielfältiger und flexibler wurde. Früher waren die Emotionen und die daraus resultierenden Reaktionen – z.B. Flucht oder Jagd, weil lediglich intuitiv entschieden wurde, ob Feind oder Beute – wichtig für das reine Überleben.

In unserer heutigen Gesellschaft regeln sie das Zusammenleben und das Miteinanderauskommen. Seit Menschengedenken versucht man, die Gefühle von außen durch soziale Zwänge, Gesetze und Verordnungen zu bändigen.

Einige interessante Informationen über unser Gehirn

Da die Großhirnoberfläche gefurcht angelegt wurde, bestand nie die Gefahr, daß unser Gehirn eines Tages eine solche Größe erreichen würde, daß der Mensch am Ende nicht mehr aufrecht würde gehen können.

Das Gehirn besteht aus Nervenzellen, den davon ausgehenden Nervenfasern und Kammerwasser. Sämtliche Nervenzellen sind bereits bei der Geburt vorhanden. Die Nervenzellen sind über die Synapsen, die Kontaktstellen der Nerven, miteinander verbunden. Die Zahl solcher Verbindungen kann tausend und mehr pro Nervenzelle betragen.

Die Wissenschaft behauptet, daß die Intelligenz eines Lebewesens von der Anzahl der Nervenzellen und der Anzahl der Synapsen abhängt. Das heißt, die intellektuelle Überlegenheit hängt nicht von der Größe der Gehirnmasse ab, sondern von der Zahl der Nervenbahnen zwischen den alten und neuen Gehirnstrukturen.

Blockaden können durch Angst und Streß entstehen. Die Synapsen spielen eine bedeutende Rolle hinsichtlich unseres Gefühlszustandes. Sie steuern unseren Geist über die Empfindung, da sie durch vorhandene Einstellungen, wie Ablehnung oder Sympathie, und Gemütsverfassungen beeinflußt werden. Ärger, Angst oder Unsicherheit blockieren die Verbindung (sogenannte „Mattscheibe") während Wohlbehagen, Freude und Zuversicht für einen ungestörten Informationsfluß sorgen. Diese Zustände sind anhand von Gehirnwellen nachweisbar.

Die Alpha-Wellen dominieren im Wachzustand bei geschlossenen Augen das Hirnstrombild. Es ist die Phase, in der der Mensch besonders empfänglich ist für Autosuggestionen. Weshalb sollte diese Zeit also nicht genutzt werden, um mit positiven Suggestionen einzuschlafen und der Denkzentrale in der Phase des Tiefschlafes das Arbeiten an der Verwirklichung der Suggestionen zu überlassen? Nutzen Sie diese Phasen, indem Sie Ihre eigenen Suggestionstexte auf Band sprechen und dann kurz vor dem Einschlafen anhören. Auf diese Weise können beispielsweise auch Unsicherheiten reduziert und das Selbstwertgefühl gesteigert werden.

Nur in der Alpha-Phase – dem Zustand der heiteren Gelassenheit oder der entspannten Ruhe – sind dauerhafte, bewußt gesteuerte Verhaltensänderungen möglich.

Die elektrischen Ströme des Gehirns lassen Rückschlüsse über den jeweiligen Zustand des Gehirns und damit auch über die emotiona-

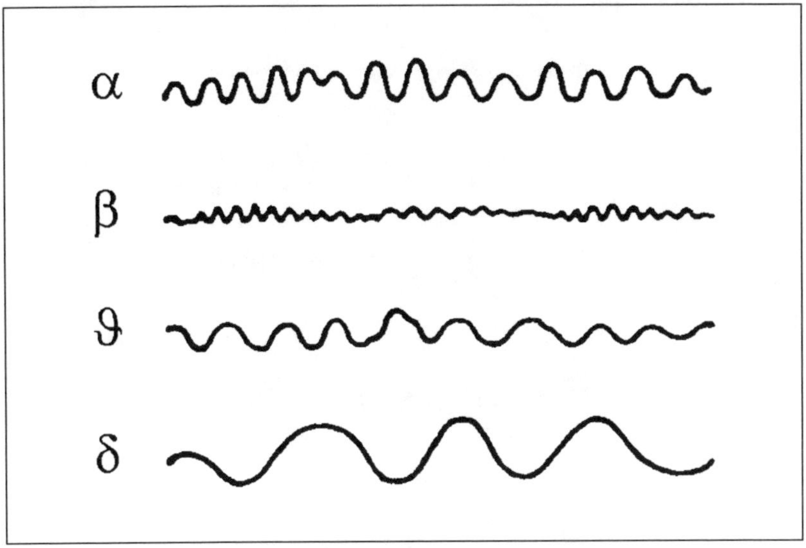

Abb. 1: Die Gehirnwellen werden mit einem EEG (Elektroenzephalogramm) festgestellt und mit Buchstaben des griechischen Alphabets bezeichnet. Sie reichen von den ruhigen Wellen des gelassenen Zustandes bis zu den äußerst erregten Kurven bei Wut und großem Ärger oder Streß.

len Zustände zu, da die Emotionen wiederum unser Denken beeinflussen.

Das menschliche Gehirn wiegt zirka 1500 Gramm. Die Größe des Kopfes spielt, wie oben aufgezeigt, keine Rolle und ist auch kein Indiz für Intelligenz. Das Gewicht des Gehirns ist in Relation zum Körpergewicht zu sehen.

Zur Verdeutlichung einige Beispiele: Das Pferd hat einen sehr großen Kopf. Sein Gehirn wiegt aber nur etwa 500 Gramm. Schon deshalb sollte man das Denken nicht den Pferden überlassen. Das Gehirn eines Elefanten ist schwer im Vergleich zum menschlichen Hirn. Es wiegt rund 4500 Gramm. Vergleichen wir nun das Gewicht des Elefantengehirns im Verhältnis zum Körpergewicht, so macht es nur $^1/_{560}$ des gesamten Körpergewichts aus. Bei einem Wal ist es sogar nur $^1/_{15000}$.

Beim Menschen entspricht das Gehirn $^1/_{40}$ des Körpergewichts.

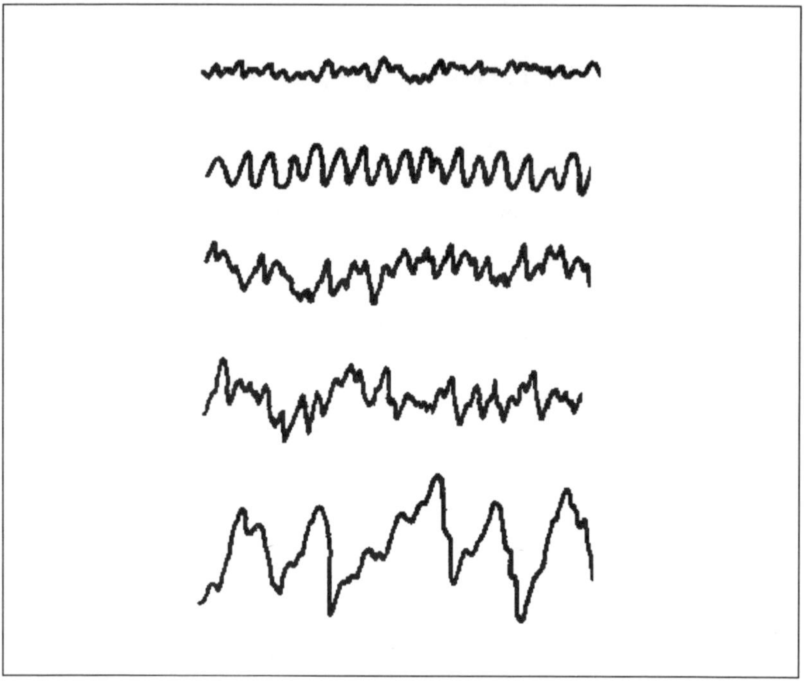

Abb. 2: Hier wird der jeweilige Zustand von wach bis zum Tiefschlaf in Kurven dargestellt. Die obere Kurve zeigt den Wachzustand, die darunterliegende den Zustand wach, aber mit geschlossenen Augen. Die mittlere Kurve zeigt das EEG bei Schläfrigkeit, darunter folgen leichter Schlaf und Tiefschlaf. Die Tiefschlafkurve zeigt, daß unser Gehirn gerade in dieser Phase auf vollen Touren arbeitet, während wir uns von den Ereignissen des Tages ausruhen.

Die Großhirnrinde ist die höchste Instanz und die Schaltzentrale für unser gesamtes Zentralnervensystem. Von großer Bedeutung ist das Vorderhirn, der beim Menschen am mächtigsten entwickelte Gehirnabschnitt.

Eine mit unserem Gehirn vergleichbare Schaltzentrale gibt es noch nicht. Selbst die schnellsten und größten Rechner wie der Super-Cray sind noch nicht in der Lage, es mit dem menschlichen Gehirn aufzunehmen. Lediglich bei dem Rechnen mathematischer Formeln und Gleichungen sind diese Rechner unserem Hirn überlegen. Noch wehrt sich der Mensch, die Überlegenheit einer gut programmierten Maschine in dieser Disziplin anzuerkennen, wie die jüngste Begegnung zwischen dem Schachweltmeister Kasparow und dem Computer Deep Blue zeigt.

Mit einer Geschwindigkeit von 4 bis 300 Stundenkilometern zucken durch die Nervenzellen elektromagnetische Impulse. Nach Schätzungen von Hirnforschern beträgt die Länge der Schaltleitungen 500 000 Kilometer. Diese Signalleitungen sorgen dafür, daß das rationale Gehirn und das limbische System in ständiger Interaktion sind.

Nach Brockhaus besteht die Großhirnrinde aus insgesamt etwa 14 Milliarden Nervenzellen. In einigen Bereichen befinden sich 100 Millionen Zellen auf 16 Quadratzentimetern. Die Großhirnrinde bedeckt wie ein Mantel die übrigen Hirnteile, das Zwischenhirn, das Mittelhirn und das Kleinhirn. Der Mantel hat laut Brockhaus eine Fläche von 0,2 Quadratmetern. Folglich paßte das Hirn nur zusammengefaltet in unsere Schädelhöhle.

Die zwei Hälften unseres Gehirns

Eine Besonderheit beim menschlichen Gehirn ist, daß es aus zwei Hälften besteht, den Hemisphären. Die Bewegung des rechten Beins, der rechten Hand, des rechten Auges usw. wird von der gegenüberliegenden Gehirnhälfte, also in diesem Beispiel von der linken Gehirnhälfte, gesteuert.

Die Hemisphären sind durch einen Balken, ein dickes Bündel von Nervenfasern, miteinander verbunden und können so ihre Informationen austauschen. Im allgemeinen unterscheidet man zwischen dem sprachlich-logisch-analytischen (linken) und dem intuitiv-emotionalräumlichen (rechten) Hirnteil.

Die Wahrnehmung, auch im zwischenmenschlichen Bereich, ist subjektiver, als mancher annimmt. Wenn man ein Vexierbild (Abb. 3, 4) betrachtet und feststellt, daß es mehrere Möglichkeiten der Betrachtungsweise gibt, könnte das der Anstoß sein, den eigenen Standpunkt zu überprüfen.

Die Vexierbilder beanspruchen beim Ansehen hauptsächlich Ihre rechte Hemisphäre, indem Sie negativen oder positiven Raum sehen.

Bei jedem Denkvorgang, jeder Bewegung und jeder Handlung ist jede Hemisphäre mittelbar oder unmittelbar beteiligt. Man weiß heute, daß zum Beispiel die linke Seite des Hirns in Worten denkt, die rechte Seite in Bildern.

Was sehen Sie?

Abb. 3: Eine Vase oder zwei einander zugewandte Gesichtsprofile?

Abb. 4: Eine alte Frau oder eine hübsche junge Frau?

Ein paar einfache Beispiele dazu:

- Sie lesen das Wort „Telefon“, dabei ist die linke Hirnhälfte dafür zuständig, das Wort zu erkennen und zu sprechen. Die rechte Hirnhälfte hilft Ihnen, sich das, was Sie lesen, auch vorzustellen.

- Sie denken an den Namen eines Ihnen unsympathischen Menschen. Dabei formuliert das linke Hirn die Schreibweise des Namens, das rechte Hirn vermittelt Ihnen das Gesamtbild dieses Menschen und in Zusammenarbeit mit dem limbischen System die entsprechenden unangenehmen Gefühle.

- Halten Sie eine Rede oder führen ein Gespräch, ist es wichtig, die richtigen Worte zu wählen und in einer entsprechenden logischen Reihenfolge vorzugehen. Dies erledigt die linke Hemisphäre. Die rechte Hemisphäre verleiht ihrer Rede Farbe, Lebendigkeit und Emotionalität. Ohne Mithilfe der rechten Hirnhälfte würde sich die Rede wie ein monotoner Leierkasten anhören.

- Beim Gedächtnistraining wird die rechte Hemisphäre ganz bewußt miteinbezogen. Probieren Sie es aus! Sie werden sich Begriffe oder Namen sehr schnell und auf Dauer einprägen, wenn Sie sich jeweils dazu in Ihrem Kopf eine Geschichte oder ein Bild „malen“.

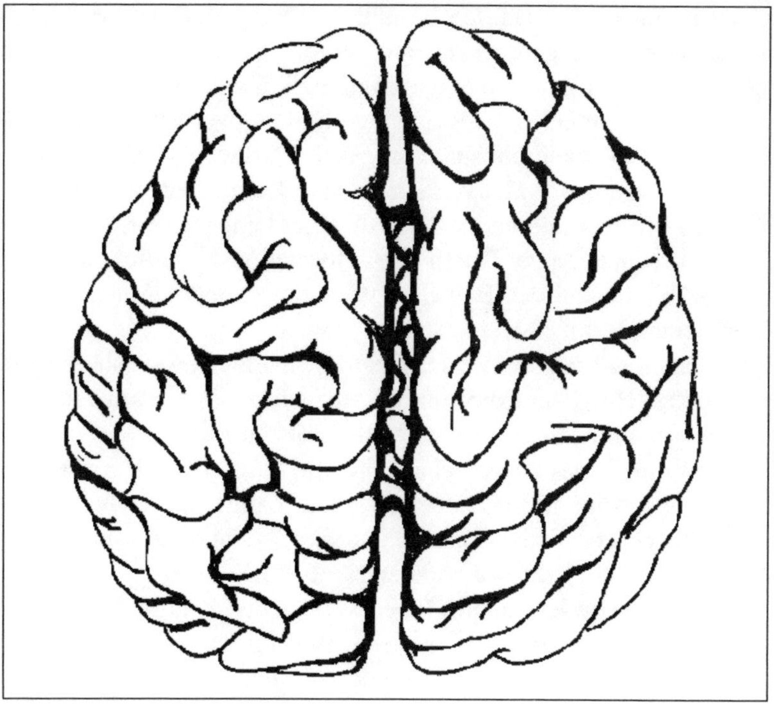

Abb. 5: Das zweigeteilte Gehirn

Die Werbung hat das längst erkannt und zieht ihren Nutzen daraus, indem sie Worte und Begriffe mit Bildern verbindet, das Ganze mit Musik unterlegt und dadurch beide Hirnhälften anspricht. Die Werbebotschaft bleibt dadurch wesentlich länger im Bewußtsein der Adressaten.

- Die linke Hemisphäre, der verbale Bereich, ist zuständig für Sprache, Regeln, Gesetze, Logik, Analyse, Details, Wissenschaft, Zeit. Sie arbeitet linear, und zwar Schritt für Schritt.
- Die rechte Hemisphäre, der nonverbale Bereich, ist zuständig für Körpersprache, Intuition, Gefühl, Kreativität, Synthese, Überblick, Kunst, Musik, Tanz, Raum. Sie arbeitet ganzheitlich.

Optimale Ausnutzung Ihrer Hirnpotentiale durch Teamarbeit beider Hirnhälften.

Zwischen den beiden Hälften besteht einerseits eine Art Arbeitsteilung, andererseits ergänzen sie sich hervorragend. Jede Hemisphäre ist jeweils zuständig für die entgegengesetzte Körperhälfte. Über sehr dichte Nervenstränge, den sogenannten Balken, werden die Informationen von rechts nach links und umgekehrt ausgetauscht.

So gibt es zum Beispiel von der rechten Hemisphäre eine Verbindung zum linken Auge und von der linken Hemisphäre eine Verbindung zum rechten Auge. Durch den Informationsaustausch, über die Nervenverbindungen des Balken, hat eigentlich jedes Auge Zugang zu den beiden Hemisphären.

Betrachten wir nun ein Gesicht, wird die rechte Gesichtshälfte von dem „linken Hirn" und die linke Gesichtshälfte von dem „rechten Hirn" aufgenommen, und wir sehen den ganzen Kopf.

Zudem nimmt das analytische Auge, die linke Hirnhälfte, kleinere Details wahr, während das „überblickende" Auge, die rechte Hemisphäre, das Ganze, Farbe, Tönung und Form sieht, eine Empfindung entwickelt und die Erinnerung daran speichert.

Die rechte Hirnhälfte hilft, dieses Gesicht in einer Menschenmenge wiederzuerkennen, da es dieses Bild im Ganzen verinnerlicht hat. Die linke Hirnhälfte würde jedes Gesicht hinsichtlich kleiner Detailunterschiede mit den anderen Gesichtern vergleichen.

Leider ist es heute in vielen Bereichen – angefangen in den Schulen – so, daß man sich auf die linke Gehirnhälfte „spezialisiert" und dieser Teil des Hirns besonders „geschult" wird. Optimal ist es, beide Hirnhälften im Wechsel zu beschäftigen und so ein ganzheitliches Denken zu erzielen. Um dieses Ziel zu erreichen, ist es nötig, beide Hirnhälften bewußt einzusetzen und gleichermaßen zu trainieren. Es wird Ihnen vieles besser gelingen, wenn Sie Ihre Gehirnhälften zur Teamarbeit mobilisieren.

Zur Verdeutlichung ein Beispiel: Sie sollen ein neues Produkt Ihrer Firma beim Kunden präsentieren. Zunächst werden Sie sich mit der Beschaffenheit, Funktionsweise und den Merkmalen des Produkts beschäftigen, sich spezielle Begriffe einprägen und dieses Wissen dann für einen Vortrag aufbereiten. Natürlich läßt sich alles stur auswendig lernen. Das ist aber nicht sehr sinnvoll, denn was passiert, wenn Sie unterbrochen werden oder den Faden verlieren?

Die trainierte Zusammenarbeit beider Hirnhälften hilft Ihnen.

Beziehen Sie daher bei der Vorbereitung der Präsentation beide Hirnhälften abwechselnd mit ein:

- Die linke Hirnhälfte arbeitet verstärkt, während Sie lesen und sich die Einzelheiten einprägen.
- Die rechte Hirnhälfte hilft Ihnen bei der Zusammenfassung des bisher Gelernten. Diese sollte übersichtlich und so knapp wie möglich sein.
- Die linke Hirnhälfte schaltet sich jetzt wieder verstärkt dazu, wenn Sie aus dieser Zusammenfassung die wichtigsten Punkte oder Details logisch für die Nutzenargumentation aufbereiten.
- Die rechte Hirnhälfte unterstützt Sie dabei, sich diese Merkmale einzuprägen. „Malen" Sie in Ihrem Kopf zu jedem dieser Punkte ein Bild. In diesem Moment hilft es Ihnen, wenn Sie Assoziationen, also die Verknüpfung von Gedankenbildern, herstellen können.

Durch das Training beider Hirnhälften fördern wir das ganzheitliche Denken, und die eine Hirnhälfte kann im „Notfall" die andere unterstützen. Im Kindesalter besteht die Möglichkeit, daß eine Hirnhälfte die Arbeit der anderen mit übernimmt. Ab einem gewissen Alter ist dies nicht mehr möglich.

Richard M. Restak schreibt in seinem Buch „Geheimnisse des menschlichen Gehirns" von einer interessanten Entdeckung durch J. Cotard. Bei seinen Autopsiestudien an kleinen Kindern stellte Cotard fest, daß ein Gehirnschlag oder eine Verletzung der linken Hemisphäre bei Kindern keine Störungen der Sprachentwicklung zur Folge hatte. Allem Anschein nach übernimmt in diesem Alter die andere gesunde Hemisphäre die Funktion der geschädigten. Das heißt, die eine Hemisphäre kann als Ersatz für die andere dienen.

Diese Ersatzleistung funktioniert allerdings nicht mehr bei einem Erwachsenenhirn. Anscheinend spezialisieren sich die beiden Hirnhälften im Laufe des Lebens so, daß sich die Hemisphären im Erwachsenenhirn nicht mehr gegenseitig aushelfen können und Schädigungen, wie sie beispielsweise nach einem Hirnschlag auftreten, häufig nie ganz reparabel sind.

Stärken Sie Ihr Gedächtnis!

Für Ihre tägliche Arbeit im Verkauf sind Sie auf die Teamarbeit Ihrer beiden Hirnhälften besonders angewiesen. Entsprechend sollte die Zusammenarbeit trainiert werden. Denken Sie in diesem Zusammenhang nur daran, wie unangenehm es sein kann, wenn Sie einen wichtigen Kunden auf der Straße treffen, sich aber nicht mehr an seinen Namen erinnern können. Ein durch das Training der Zusammenarbeit beider Hemisphären gestärktes Gedächtnis verhilft Ihnen aber noch zu wesentlich mehr. Es fällt Ihnen leichter, neuen Wissensstoff aufzunehmen und diesen länger zu behalten. Zahlen, Termine und Namen sind zur rechten Zeit erinnerbar. Für Ihre effektive Arbeit im Verkauf ist ein gutes Gedächtnis eine wichtige Voraussetzung, und es macht Ihnen das Leben zumindest etwas leichter.

Die Denkzentrale – der Neokortex

Die Hemisphären sind entsprechend ihren Aufgaben und Funktionen in den motorischen, sensorischen und assoziativen Bereich aufgeteilt:

- das Stirnhirn (Stirnlappen) – motorischer Bereich
- Scheitelhirn (Scheitellappen) – sensorischer Bereich
- Schläfenhirn (Schläfenlappen) – auditiver Bereich
- Hinterhauptlappen – visueller Bereich

Die Strategien für das Handeln in emotionalen Situationen entstammen dem Stirnhirn.

Das Stirnhirn ist zuständig für die gelernten motorischen Aktivitäten. Schwierige und geschickte motorische Bewegungen, zum Beispiel das Schreiben, die Bewegung der Augen beim Lesen oder die koordinierten Bewegungen bei der Ausführung einer sportlichen Aktivität, werden hier gesteuert. Ebenso befindet sich hier das motorische Sprachzentrum, in dem sowohl Gedanken in Sprache umgesetzt werden als auch der innere Dialog stattfindet. Von großer Wichtigkeit ist es, daß das Stirnhirn auch Aktivitäten hemmt, die durch Emotionen ausgelöst werden und Strategien für das Handeln in emotionalen Situationen entwirft. Das Stirnhirn ist also für unsere emotionalen Reaktionen von großer Bedeutung.

Der Scheitellappen beinhaltet Tastsinn, Raumsinn und Geschmackssinn. Er registriert Berührung, Schmerz, Hitze und Kälte, ortet die Bereiche im Körper, von denen die Empfindungen signalisiert werden, und interpretiert diese.

Der Schläfenlappen, der Interpret für die akustischen Sinneseindrücke, enthält die Gedächtniszentren für die Sprache und den Musiksinn. Er unterscheidet Töne und interpretiert den Sinn von Worten und übersetzt sie in Gedanken. Da der Schläfenlappen sich im Bereich des Riechhirns befindet und mit diesem in Verbindung steht, interpretiert er auch olfaktorische Sinneswahrnehmungen, also Gerüche.

Im Hinterhauptlappen endet die Sehbahn. Die sensorischen Impulse von den Augen werden nach Form, Farbe und Bewegung unterschieden. Lichtsinnesempfindungen werden zu Bildern integriert und gespeichert.

Es wäre jetzt aber ein Trugschluß, anzunehmen, daß je nach Sinnesreizung oder Empfindung jeweils nur ein oder vielleicht zwei der Basisbereiche in Aktion treten. Unser Hirn ist immer in seiner Gesamtheit in Tätigkeit und dabei abhängig von den beiden älteren Gehirnregionen.

Die assoziativen Bereiche nehmen den größten Teil eines jeden Lappens ein. Sie verbinden motorische und sensorische Bereiche und stehen in ständigem Kontakt zum Gedächtnis, den Gefühlen, der Vernunft, dem Willen und der Intelligenz.

Der Mensch entwickelt in seinen ältesten Hirnteilen keine Urteils- oder Kritikfähigkeit.

Zur Wiederholung: Das Reptiliengehirn und das limbische Gehirn sind von Reizen abhängig. Sie reagieren lediglich automatisch und intuitiv auf die Reize und haben keine funktionelle Barriere. Es fehlen Urteilsfähigkeit und Kreativität. Erst die Großhirnrinde, die ihre Informationen zusätzlich aus dem visuellen, auditiven und kinästhetischen Bereich erhält, versetzt uns in die Lage, unser Verhalten zu regulieren. Durch Integration all dieser Sinne ist es erst möglich,

Ideen, neue Denkmuster und Strategien auf höherer Ebene zu entwikkeln. Die bedeutendste Rolle nimmt dabei das Stirnhirn ein.

Das Stirnhirn ist der wichtigste Bereich für die Entwicklung der emotionalen Intelligenz. Dieser Bereich ist zuständig für Zurückhaltung, Kontrolle des Verhaltens, auch bezüglich gesellschaftlicher Normen und Gesetze. Mitgefühl, Sympathie und Empathie, die Grundlagen der emotionalen Intelligenz, wären ohne Beteiligung der Stirnlappen nicht möglich. Wenn Sie zum Beispiel Mitleid haben mit einer Freundin, die von ihrem Mann verlassen wurde, oder es drückt Sie das schlechte Gewissen, weil Sie eine Verabredung abgesagt haben, dann ist bei diesen Gefühlen der Stirnlappen in erheblichem Maße beteiligt.

Im Normalfall geht das Denken der emotionalen Reaktion voraus.

Sitz und Steuerung unserer Emotionen – Mandelkern und Thalamus

Ein Amokläufer dringt in Großbritannien in eine Schule ein und schießt in einem Klassenraum wahllos auf die unschuldigen Kinder, die sich dort gerade befinden. Ein Familienvater ersticht seine Frau und seine drei Kinder. Die Frau wollte sich scheiden lassen. Bei einer Schlägerei zückt einer der Beteiligten das Messer und ersticht seinen Gegner. Der Messerstecher befürchtete, seine Freundin zu verlieren. Solche schlimmen Ereignisse sind Tag für Tag in der Zeitung zu lesen.

Werden diese Personen nach Gründen für ihren Ausbruch gefragt, können sie in den meisten Fällen nicht mehr erklären, was in diesem Moment „über sie gekommen ist". Für solch heftige Reaktionen ist der Mandelkern, eine für unser Gefühlsleben wichtige Instanz, zuständig.

Das Großhirn analysiert individuelle Emotionen und entscheidet über die Reaktionen.

Der Mandelkern spielt in unserem Gefühlsleben die wichtigste Rolle. Er befindet sich unter den Schläfenlappen, hat eine mandelförmige Struktur und gehört zum limbischen System. Im Vergleich zu anderen Lebewesen ist der Mandelkern, auch Amygdala genannt, beim Menschen recht groß. Er steht über unzählige Verbindungen mit dem Großhirn in Kontakt. Deshalb ist der Mensch auch in der Lage, seine individuellen Emotionen zu analysieren und auf eigene Gefühle zu reagieren.

Der Hippocampus, ein Teil des Hirnstammes und zuständig für die Wahrnehmung und deren Speicherung, und der Mandelkern waren schon zu Zeiten des „Riechhirns" vorhanden.

Werden Sie in einer Situation an ein äußerst unangenehmes Erlebnis erinnert, dann verspüren Sie genau dieselbe Angst im Bauch wie im vorhergehenden Fall. In diesem Moment ist der Mandelkern in Aktion. Mich hat zum Beispiel im Kindesalter ein Boxerhund überraschend angesprungen und bedroht. Ich stand unter Schock. Ich habe deswegen heute keine Angst vor Hunden im allgemeinen. Aber beim Anblick eines Boxerhundes erlebe ich dieselben Angstgefühle, und es stellen sich dieselben physiologischen Zustände ein. Beruhigungsversuche seitens des Hundehalters verfehlen bis heute ihre Wirkung.

Der Hippocampus erinnert sich an die äußeren Details und den Handlungsablauf, der Mandelkern produziert die von damals gespeicherten Gefühle. Die Präfrontallappen jedoch bewirken, daß ich damit umgehen kann und nicht mehr schreie wie damals als Kind. Durch viele Forschungsergebnisse ist heute bewiesen, daß der Mandelkern für unsere Emotionen verantwortlich ist.

Der Hippocampus läßt Sie eine Person wiedererkennen. Der Mandelkern steuert Emotionen bei und sagt Ihnen, daß Sie diese Person sympathisch finden.

Man stellte nach Hirnoperationen, bei denen der Schläfenlappen entfernt oder der Mandelkern vom restlichen Gehirn abgetrennt wurde, bei den betroffenen Menschen eine auffällige emotionale Gleichgültigkeit fest. Bei den intellektuellen Fähigkeiten sind keine Veränderungen zu beobachten. Bedeutsam ist aber, daß diese Menschen nicht mehr in der Lage sind, soziale Bindungen einzugehen, geschweige denn, sich an frühere Bezugspersonen zu erinnern, nicht einmal mehr an die eigene Mutter. Sie haben kein Empfinden für ihr eigenes Gefühl und auch nicht für die Gefühle anderer. Sie empfinden keine Trauer, keine Freude und entwickeln auch keine Gefühle mehr für den Schmerz anderer.

Daher geht die Wissenschaft davon aus, daß der Mandelkern nicht nur der Sitz der Emotionen ist, sondern daß es auch seine Aufgabe ist, emotionale Erinnerungen zu speichern. Dies gilt auch schon für das Kleinkindalter. Ein einfaches Beispiel ist der dunkle Keller. Wenn ein Kind einmal dahin verbannt wurde, bleibt die Angst in Verbindung mit Dunkelheit gespeichert.

Bei Verletzungen des Stirnlappens zeigte sich, daß diese Personen keine persönlichen Entscheidungen mehr fällen können. Daraus schließt man, daß Mandelkern und präfrontales Großhirn aufeinander angewiesen sind und ohne Emotionen keine rationalen Entscheidungen möglich sind.

Emotionen werden im limbischen System, also im Kopf, produziert und nicht im Herzen oder im Bauch. Der Ausspruch „Aus dem Bauch heraus entscheiden" rührt lediglich daher, daß sich Gefühle oftmals zusammen mit Bauchsymptomen äußern. Dies gilt ebenso für das „Kribbeln im Bauch". Weil der Mandelkern ständig mit dem Großhirn, dem Denkzentrum, in Verbindung ist, befinden wir uns zu jeder Zeit in einem emotionalen Zustand. Jeder Denkvorgang wird beeinflußt von emotionalen Erinnerungen und erzeugt auch Emotionen. Demnach gibt es keine absolut rationalen Entscheidungen, da bei jeder Entscheidung auch Emotionen mitbeteiligt sind. Umgekehrt kann es verheerende Auswirkungen haben, wenn bei Entscheidungen ausschließlich die Emotionen beteiligt sind. Daß Entscheidungen zu etwa 80 Prozent vom Gefühl her getroffen werden und nur zu 20 Prozent vom rationalen Verstand, hat hier seine Ursachen.

Bei heftigen emotionalen Ausbrüchen übernimmt der Mandelkern alleinig die Macht in unserem Hirn. Die Großhirnrinde, die zuständig gewesen wäre, die Situation bzw. die Gefühle wahrzunehmen, zu analysieren und dann eine Entscheidung zu treffen, kann nicht mehr in Aktion treten. Ein solcher Ausbruch geschieht so explosionsartig, daß die neuralen Verbindungen und Schaltungen zwischen dem limbischen System und dem Großhirn keine Chance haben, aktiv zu werden. Die Synapsen blockieren die Verbindung.

Bisher war man der Meinung, daß Sinnesreizungen immer zunächst den Weg zum Großhirn nehmen und hier überprüft, sortiert und analysiert werden. Daraufhin gibt das Großhirn die Signale an das limbische System weiter, dieses wiederum sendet die jeweiligen Reaktionen an das Gehirn und den Körper.

Jüngste Forschungen beweisen nun aber, daß Signale auch direkt zum Mandelkern gelangen können und dieser eine Reaktion auslöst, bevor die Signale vom Gehirn entsprechend verarbeitet wurden.

Der „Verteiler“ ist der Thalamus. „Der Thalamus ist ein paarig angelegtes graues Kerngebiet im Zwischenhirn, das bis auf einen kleinen Bereich vom Großhirn vollständig umgeben wird und in Verbindung zur Großhirnrinde bzw. zum Stirnhirn steht.“ (Brockhaus)

Äußere Sinnesempfindungen werden zum Thalamus geleitet. Primär sendet dieser die Signale zunächst zum rationalen Gehirn, wo sie verarbeitet werden, bevor das denkende Hirn sie an das limbische System leitet und die limbischen Strukturen dann erst ihre Reaktionen an das Gehirn und an den Körper weitergeben.

In Notfällen nehmen die Wahrnehmungen den direkten Weg zum Mandelkern.

Die Forschungsergebnisse der letzten zehn Jahre belegen, daß vom Thalamus über ein kleines Bündel von Neuronen auch eine direkte Verbindung zum Mandelkern besteht.

Diese neuen und äußerst wichtigen Erkenntnisse stammen von dem New Yorker Neurologen Joseph Le Doux. Er hat bewiesen, daß Emotionen und deren Speicherung möglich und gefühlsmäßige Reaktionen erlernbar sind ohne Beteiligung des denkenden Hirns.

Im Normalfall werden unsere emotionalen Reaktionen aber über die Stirnlappen gesteuert. In Ausnahmesituationen ist es möglich, daß überstarke Gefühle zum Ausbruch kommen, bevor sie überhaupt von unserem Denkapparat wahrgenommen und gedeutet wurden. Somit lassen sich auch die obengenannten Beispiele erklären.

Bei solchen „Ausfällen“ des denkenden Hirns muß die Folge jedoch nicht immer gleich eine Gewalttat sein. Manchmal werden

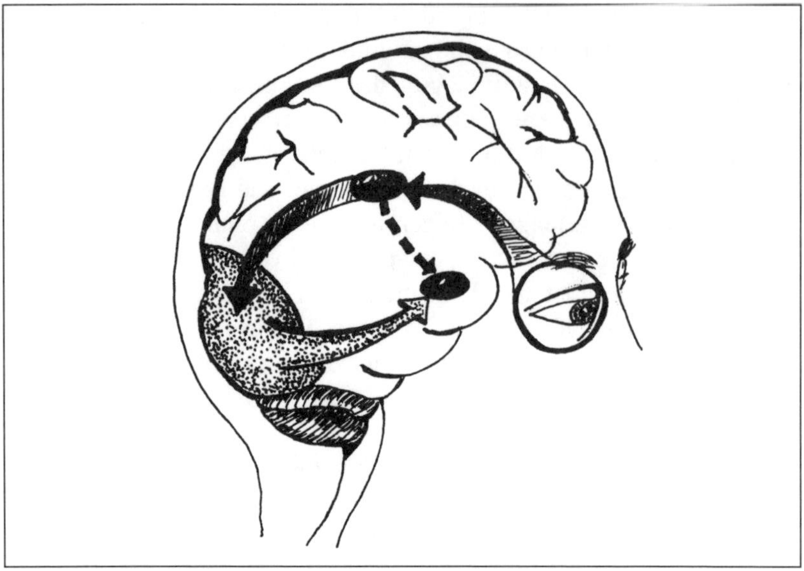

Abb. 6: Da das denkende Hirn die Signale erst durch mehrere Schaltungen auf verschiedenen Ebenen analysiert und dann eine Reaktion über das limbische System eingeleitet wird, ist es dem Mandelkern in „gefährlichen" Situationen möglich, aufgrund seiner direkten und kürzeren Verbindung zum Thalamus zu reagieren, bevor der Neokortex eine Entscheidung fällt.

solche Handlungen auch als instinktiv oder intuitiv bezeichnet oder als sechster Sinn ausgelegt.
Denken Sie einmal kurz zurück, wann Sie das letzte Mal „ausgerastet" sind oder eine „unüberlegte" Reaktion gezeigt haben und sich im nachhinein selbst gefragt haben, wie es überhaupt dazu kommen konnte. Alltagssituationen, die Überreaktionen hervorrufen können, sind beispielsweise:

- Ein Autofahrer fährt auf der Autobahn permanent auf der linken Spur und behindert andere Verkehrsteilnehmer.
- Nach langem Suchen ergattern Sie endlich einen Parkplatz, aber ein anderer schnappt ihn Ihnen weg.
- Ein Kind fährt mit dem Fahrrad auf einer verkehrsreichen Straße, obwohl es ihm schon hundertmal verboten wurde.

Ist es Ihnen nicht auch schon passiert, daß Sie in bestimmten Situationen überreagierten und richtig ausflippten? Bei nachträglicher genauerer Überlegung wird einem dann meist klar, daß es die

Situation eigentlich nicht wert war, mit einem solch emotionalen Ausbruch zu reagieren.

Unter Umständen werden auch derartige, nicht vom Hirn gesteuerte Reaktionen als heroische Taten gefeiert und belohnt. Denken Sie zum Beispiel an einen Lebensretter. Danach befragt, was er dabei gedacht hat, ist meist die simple Antwort: „Gedacht habe ich in diesem Moment eigentlich gar nicht." Es ist fraglich, ob ihn bei längerem Nachdenken vielleicht doch der Mut verlassen hätte. Zum anderen hätte das Nachdenken vielleicht dazu geführt, daß es für die Rettung des Opfers zu spät gewesen wäre.

Ohne Sensibilität oder Emotionen sind kluge Entscheidungen nicht möglich, denn eine kluge Entscheidung beinhaltet auch das Gefühl für den anderen, für seine Empfindungen und Reaktionen.

Solch eine „unüberlegte" Handlung kann aber auch ein Schutzmechanismus sein. Sie fahren bei Dunkelheit auf einer schmalen Landstraße. Plötzlich sehen Sie vor sich mitten auf der Straße einen Schatten. Sie erschrecken und treten ohne zu überlegen auf die Bremse. Bei näherem Hinsehen entdecken Sie, daß es sich lediglich um einen nassen Fleck handelt. Was hat Sie veranlaßt zu bremsen?

Eine andere Situation: Sie fahren auf einer dicht befahrenen Autobahn. Ihr Wunsch ist es, so schnell wie möglich nach Hause zu kommen. Trotzdem verlassen Sie ohne Begründung und sehr zum Befremden Ihres Beifahrers und Kollegen an der nächsten Ausfahrt die Autobahn. Am nächsten Tag erfahren Sie in den Nachrichten, daß zu dem Zeitpunkt, als Sie die Autobahn verließen, fünfzehn Autos ineinander gefahren sind, keine zwei Kilometer nach der Ausfahrt. Was hat Sie veranlaßt, die Autobahn zu verlassen?

Ein Freund machte kürzlich Urlaub in Ägypten. Seine Reisegenossen hielten sich genau an die Anweisungen des Reiseführers, was die Speisen und Getränke anbetraf. Sonst nie empfindlich, was Essen und Trinken angeht, versagte sich mein Freund aber in diesem Urlaub jegliche Gaumenfreuden. Auf der Rückfahrt nach einer Woche waren alle Teilnehmer der Reisegruppe krank – bis auf meinen Freund. Was hat ihn veranlaßt, weitestgehend auf das Essen und Trinken zu verzichten? Vorsicht, sechster Sinn oder Ahnung? Als wir ihn befragten, erzählte er von „so einem Gefühl“, das ihn zurückhielt.

Sie werden selbst viele ähnliche Beispiele aufführen können, bei denen es keine einleuchtende Erklärung oder eine Begründung für das Handeln gibt. Wäre nur das rationale Gehirn allein in Aktion, würde unser Denkapparat gleich einem Hochleistungscomputer arbeiten – ohne jegliche Sensibilität. Unser Gehirn könnte also arbeiten wie ein Computer, aber genausowenig wie ein Computer Entscheidungen treffen.

Ein weiterer wichtiger Faktor, der unsere Entscheidungen maßgeblich beeinflußt, sind die gespeicherten emotionalen Erinnerungen, seien sie bewußt oder unbewußt. Umgekehrt erzeugt jeder gedankliche Vorgang auch Emotionen. Dieses Wechselspiel von Großhirnrinde und limbischem System, Thalamus, Mandelkern und Stirnlappen deutet darauf hin, daß all diese Bereiche unser Gefühlsleben bestimmen.

Das Denken bestimmt unsere Emotionen, die Emotionen bestimmen unser Denken.

Ist es nach all diesen Erkenntnissen der Forschung vermessen, zu behaupten, daß die Emotionen über eine Intelligenz verfügen?

Die Emotionen

Emotionen bestimmen unser Handeln und unsere Entscheidungen

Zu Anfang unserer Entwicklungsgeschichte waren die Emotionen. Ohne Emotionen wäre die Menschheit nicht in der Lage gewesen zu überleben. Wenn man neuere Forschungsergebnisse hinzuzieht, die besagen, daß nur ein Fünftel der rationalen Intelligenz am Erfolg im Leben beteiligt ist, muß man gezwungenermaßen davon ausgehen, daß die Emotionen auch heute eine große Rolle in unserem Leben spielen.

Leider ist es auch den Emotionspsychologen bisher nicht gelungen, sich auf eine einheitliche Definition hinsichtlich des Begriffes Emotion zu einigen. Was sind Emotionen?

- Sind es Gefühle, Gefühlsregungen, Gefühlswallungen?
- Handelt es sich um einen körperlichen, einen seelischen oder einen geistigen Zustand?

Das Wort Emotion leitet sich von dem lateinischen Wort „movere" ab, was „bewegen" bedeutet. Das „e" davor gibt dem Wort den Sinn von „hinausschaffen" oder „hinwegbewegen". Wenn man diese Begriffe heranzieht, wird klar, daß Emotionen etwas bewegen und mit dem „Hinwegbewegen" eine Handlung verbunden ist.

Emotionen bewegen uns, etwas zu tun oder zu unterlassen.

Mittlerweile decken sich die Meinungen dahingehend, daß es sich bei einer Emotion immer um einen Prozeß handelt, der in seiner Komplexität verschiedene Bereiche betrifft. Dank der modernen Hirnforschung lassen sich die Wesensmerkmale von Emotionen und deren Zusammenhang mit dem rationalen Hirn aufzeigen.

Emotionen bewirken physiologische, kognitive Vorgänge, einen Gefühlszustand und letztendlich einen Handlungsimpuls bzw. eine Handlung.

Jede Emotion löst jeweils eine spezifische Reaktion aus.

Die Reaktionen des Körpers auf Emotionen können sehr unterschiedlich im Ausmaß sein.

Physiologische Veränderungen sind beispielsweise:

- schweißnasse Hände
- Ansteigen des Blutdrucks
- verstärktes Herzklopfen
- Erröten
- Erblassen
- weit aufgerissene Augen
- Pupillenerweiterung oder -verengung
- veränderter Gesichtsausdruck
- Zittern
- Verhärtung der Muskulatur

Kognitive Veränderungen können sein:

- Wahrnehmung
- Analyse
- Deutung
- Urteilen
- Entwerfen von Strategien und Handlungsplänen
- Formulierungen
- Sprache

Der Gefühlszustand kann sich ändern in:

- Entspannung
- Ruhe
- Zugänglichkeit
- Gelassenheit
- Heiterkeit
- Zufriedenheit
- Ausgeglichenheit
- Ängstlichkeit
- Unruhe
- Depression

Handlungsimpulse/Handlungen sind:

- Weinen
- Lachen
- Davonlaufen
- Schreien
- Verstummen
- Schlagen
- Umarmung usw.

Für die physiologischen Vorgänge und die Gefühlszustände ist das limbische System (emotionaler Bereich) und für die kognitiven die Großhirnrinde (rationaler Bereich) verantwortlich. Das limbische System erhält die Signale vom rationalen Bereich, und dann erst werden die physiologischen Zustände vom limbischen System eingeleitet. Es besteht aber auch die Möglichkeit, daß das rationale Hirn umgangen wird und die Signale direkt zum emotionalen Bereich geleitet werden.

Handlungsimpulse und ausgeführte Handlungen werden meist durch die Zusammenarbeit von emotionalem und rationalem Gehirn bestimmt. In Ausnahmefällen können Handlungen aber auch rein emotional zustande kommen.

Aufgrund seines hochentwickelten Gehirns und der Zusammenarbeit von emotionalem und rationalem Hirnbereich verfügt der Mensch im Gegensatz zum Tier über vielfältige und unzählige Möglichkeiten des Handelns. Die Tiere sind in ihren Handlungen und Reaktionen auf die genetisch vorgegebenen und erlernten Muster angewiesen.

Emotionen lassen unseren Körper reagieren.

Über die Anzahl der Emotionen gibt es keine schlüssigen Aussagen. Aber es gibt mittlerweile wissenschaftlich fundierte Erkenntnisse über die evolutionsbedingten primären Emotionen. Aus den primären Emotionen ergeben sich weitere mehr oder minder abgestufte Gefühlsnuancierungen oder Mischformen.

- *Angst* läßt den Körper zunächst erstarren, zugleich wird das Gesicht bleich, dann fließt das Blut in die Beine für den Fall des

Davonlaufens. Durch Hormonausschüttung wird der Körper in Alarmbereitschaft versetzt, die ganze Aufmerksamkeit verlagert sich auf die empfundene Gefahrensituation, um zu entscheiden, welche Handlungsweise die richtige ist, Verstecken oder Weglaufen.
Als Mischformen gehören zur Gefühlsebene der Angst auch Scham, Verlegenheit und Schüchternheit.

- Bei *Wut* sammelt sich das Blut in den Händen, die Ausschüttung von Adrenalin sorgt für die Heftigkeit der Reaktion.
  Mischformen der Wut können Zorn, Empörung, Verärgerung, Entrüstung, Reizbarkeit, Verbitterung, Feindseligkeit und zuletzt Haß und Gewalttätigkeit sein.

- *Trauer* führt zu einem Energieverlust, das Interesse für das alltägliche Leben und die dazugehörigen Freuden nimmt ab, der Stoffwechsel wird reduziert. Es findet ein innerer Rückzug statt. Gleichzeitig werden so Möglichkeiten geschaffen, eine Enttäuschung oder einen Verlust zu verarbeiten und neue Energien zu gewinnen. Der Mensch ist in der Lage, sich der neuen Situation anzupassen.
  Trauer kann sich in Freudlosigkeit, Trübsal, Niedergeschlagenheit, Kummer, Leid und Verzweiflung äußern.

- Der Ausdruck von *Ekel* ist jedem Menschen vom Gesicht abzulesen. Die Nasenflügel werden zusammengezogen, als wollte man die Nase verschließen, weil man etwas im übertragenen Sinne nicht riechen oder jemanden nicht ausstehen kann (Riechhirn). Ekel kann sich auch in Geringschätzung, Widerwillen, Abneigung und Überdruß ausdrücken.

- *Glück* steigert die Energien, der Körper befindet sich in einer Art Erholungszustand, die Vorderhirnzentren (Präfrontallappen) sind aktiviert, Streßmomente haben keine Chance. Die erhöhte Handlungsbereitschaft geht einher mit Zuversicht und Begeisterung.
  Zu Glück gehören auch die Unterformen Freude, Vergnügen, Zufriedenheit, Fröhlichkeit, Stolz und Befriedigung.

- Die mit der *Liebe* verbundenen Gefühle, wie Zärtlichkeit und sexuelle Lust, bewirken die zu Angst und Wut gegensätzlichen physiologischen Vorgänge. Der Mensch befindet sich in einem

entspannten, zufriedenen und gelassenen Zustand. Liebe fördert die Kooperationsbereitschaft.
Die Gefühlsebene der Liebe umfaßt als Mischformen auch Freundlichkeit, Güte, Vertrauen, Hingabe und Vernarrtheit.

- Bei der *Überraschung* ermöglicht uns das Anheben der Augenbraue, das Blickfeld zu erweitern, und die so dazugewonnenen Informationen tragen dazu bei, die Situation zu analysieren, um eine angemessene Reaktion zu überlegen.
  Überraschung kann auch Erstaunen, Verwunderung, Verblüffung und Schock sein.

Die Nuancierungen der Emotionen können so vielfältig sein, daß es gar nicht genug Worte dafür gibt.

Unser alltägliches Leben ist durch Emotionen, je nach Situation mehr oder minder stark, bestimmt.

Das Empfinden einer Emotion ist von Mensch zu Mensch verschieden, da es auch abhängig ist von individuellen Wesensmerkmalen, dem augenblicklichen Allgemeinzustand und der subjektiven Bewertung.

Je nach Empfindungsgrad werden Körperhaltung und Körperbewegung, Mimik, Gestik und die Sprache beeinflußt, die wichtigsten Komponenten der verbalen und nonverbalen Kommunikation. Auch wenn Sie ein noch so rationaler Typ sind, wird es Ihnen nicht immer gelingen, Ihre inneren Emotionen vor Ihrem Gesprächspartner zu verbergen.

Ebenso werden die Handlungsweisen nicht nur von unserem rationalen Gehirn bestimmt, sondern die Emotionen oder die emotionalen Erinnerungen sind handlungsweisende Faktoren.

Wie schon erwähnt, kann es in Notsituationen passieren, daß die Handlungen rein emotional unter Umgehung des denkenden Hirns erfolgen. Im nachhinein findet man keine rationale Erklärung für seine Reaktionen. Solche rein intuitiven Reaktionsweisen können aber auch für das Überleben von großer Bedeutung sein.

Würden die Emotionen erst den Weg über das rationale Gehirn nehmen, dort analysiert werden, könnte es für eine Reaktion schon zu spät sein. Denken Sie nur an eine gefährliche Situation im Straßenverkehr. Ohne eine vorangehende Analyse der Situation und Abschätzung des Risikos treten Sie auf die Bremse.

Im Normalfall werden Handlungen in Zusammenarbeit von emotionalen und kognitiven Hirnstrukturen gesteuert. Als Entscheidungshilfen leisten Emotionen und emotionale Erinnerungen einen wichtigen Beitrag.

Keine Entscheidung ist möglich ohne Emotionen.

Sie werden aus eigener Erfahrung wissen, daß Sie Probleme leichter und kreativer lösen, wenn Sie sich in einem positiven Zustand befinden. Dies ist möglich, weil die Verbindungen zwischen emotionalem und kognitivem Hirn in ihrer Gesamtheit fließend sind. Befinden Sie sich dagegen in einem negativen Zustand, können die Kontaktstellen zwischen den beiden Bereichen teilweise oder ganz blockiert sein. Selbsteinschätzung, Einschätzen und Bewertung der Situation und der Folgen für sich und andere sind nicht mehr möglich. Man neigt manchmal sogar dazu, alles schwarz zu sehen.

Emotionen erinnern sich.

Auch das Erinnerungsvermögen stützt sich auf Emotionen und trägt hilfreich zur Entscheidungsfindung bei. Zum Glück erinnert sich ein Großteil der Menschen hauptsächlich an angenehme Erfahrungen. Intensive negative Erlebnisse werden allerdings nicht vergessen, sondern ins Unbewußte verdrängt, sie steuern von dort aus unbemerkt unser Verhalten.

Haben wir in der telefonischen Kundenakquise gleich bei den allerersten Gesprächen eine Fülle von sehr negativen Erfahrungen, dann beeinflußt das unsere Emotionen und unsere Reaktionen. Dies führt dazu, daß bei einer ähnlichen Aktion einige Wochen später der Blutdruck steigt, die Hände schweißnaß sind und Denkblockaden die Schlagfertigkeit beeinträchtigen. Im schlimmsten Fall habe ich bei Telefonverkäufern schon einen absoluten Einbruch der Leistungsfähigkeit beobachten können, der zur Aufgabe dieser Tätigkeit geführt hat.

Bei der Entscheidungsfindung kann das Hirn aber auch auf Emotionen zurückgreifen, die einem in der Vergangenheit gar nicht zu Bewußtsein kamen und trotzdem gespeichert wurden.

Auswirkungen der Emotionen auf die Leistung

Nicht die großen geschäftlichen Abschlüsse, Siege oder die Aussicht auf eine Spitzenkarriere sind die Grundlage für zukünftige Erfolge und ein allgemeines Wohlbefinden, sondern ein angstfreier und entspannter Zustand, Selbstvertrauen, das Wissen um die eigenen Stärken, die individuellen Fertigkeiten und Fähigkeiten.

Bei Vorhandensein dieser Grundlagen ergibt sich ein optimales Zusammenwirken von positiven Emotionen: Freude, geistige Ruhe, höchste Konzentration, Intuition und Wachsamkeit. Diese Emotionen helfen Ihnen, Ihre intellektuelle Intelligenz und Ihr Fachwissen wirksam einzusetzen.

Nur Motivation, die von innen kommt, ist dauerhaft.

Bisher nahm man an, daß Erfolg für weitere Erfolge motiviert. Man ging davon aus, daß der Erfolg für Wohlbefinden sorgt. Aber Sie werden es selbst schon erlebt haben, wie schnell dieses Wohlbefinden verschwindet – durch allmähliches Vergessen oder durch irgendwelchen Ärger, privat oder beruflich. Ein einmaliger Erfolg ist kein Garant für weitere Erfolge und einen anhaltenden angenehmen emotionalen Zustand.

Versetzen Sie sich einmal zurück: Sie haben gerade eine Prüfung geschafft. Ob mit einem sehr guten, guten oder mittelmäßigen Ergebnis – das war am Ende doch egal. Man fühlte sich gut, nichts auf der Welt stand einem im Wege, vor nichts hatte man Angst.

Wie lange hielt der Zustand an? Wann krochen die ersten Ängste wieder hoch? Wann entstanden Barrieren, fühlten Sie sich nicht kompetent genug?

Im Verkauf sind echte positive Emotionen elementar wichtig.

Gerade haben Sie den größten Verkaufsabschluß Ihres Lebens getätigt. Sie haben ein Gefühl, wie auf Wolken zu gehen, geradezu zu fliegen. Ihre Kreativität und Ihr Einfallsreichtum sind besonders angespornt, und Sie können schon einiges an negativen Dingen ertragen, bevor Sie wieder auf den Boden herunterkommen von der Wolke sieben.

Das ist der ideale Zeitpunkt, um Ihren schwierigsten Kunden anzusprechen! Ihre Überzeugungskraft, die von innen durchscheinende Motivation, gibt Ihnen jetzt gute Chancen, auch schwierigste Dinge anzupacken und erfolgreich zum Abschluß zu bringen.

Oder ein anderes Beispiel: Denken Sie doch einmal daran, was und wie Sie sich fühlten, als Sie das erste Mal verliebt waren. Versuchen Sie doch einmal, diesen Zustand zurückzuholen! Konnte Sie in jenen Momenten irgend etwas auf der Welt umwerfen? War es nicht so, daß Sie die ganze Menschheit liebten? Gab es irgendein Problem, von dem Sie glaubten, es nicht bewältigen zu können?

Der positive emotionale Zustand ist es doch, der uns stark macht, unbesiegbar, selbstbewußt und mutig. Leider ist es so, daß dieses momentane unerschütterliche Gefühl, „Bäume ausreißen“ zu können, nicht anhält.

Die Kontrolle über die eigenen Emotionen führt zur Motivation.

Private oder berufliche Erfolge reichen allein nicht aus, um sich in einem emotional guten Zustand zu halten. Sie sind allzu vergänglich, und damit verschwinden auch die guten Gefühle.

Zur Erreichung und Erhaltung des Idealzustandes ist es wichtig, Kontrolle über die Emotionen zu haben, da sich der Mensch immer in einem emotionalen Zustand befindet. Kontrolle hat derjenige, der in der Lage ist, seinen jeweiligen Zustand wahrzunehmen.

Trainer von Spitzensportlern behaupten, diese positiven Gefühle sind erzeugbar, müssen nicht von der Umwelt abhängig sein, sondern können durch physiologische Prozesse, Nerven und Gehirn generiert werden.

Um die wesentlichen Faktoren dieses optimalen Zustandes zu analysieren und um diesen zu erreichen, muß man mit seinen Gefühlen umgehen können – sowohl auf der rationalen als auch auf der emotionalen Ebene.

Es ist wichtig, seinen individuellen emotionalen Zustand wahrzunehmen und zu kontrollieren, sich dadurch zu entspannen, geistige Ruhe zu finden und Selbstsicherheit aufzubauen, um beispielsweise einem Kunden bzw. Geschäftspartner gegenüber sicher und überzeugend aufzutreten.

Seien Sie Sie selbst!

Das ist kein angelerntes Auftreten, „untermauert" durch auswendig gelernte Sprüche, aufgesetzte gute Laune und trainierten Charme. Ich weiß nicht, wie Ihnen als Kunde zumute ist, wenn Sie einen solchen Verkäufer erleben. Mir persönlich ist es eher peinlich, aber nicht für mich, sondern für diesen sich abmühenden Verkäufer, der einfach die Situation nicht einzuschätzen vermag und mit aufgesetzt guter Laune seine Sprüche aufsagt.

Wenn die Sprüche gar zu sehr danebenliegen, kann sogar Aggressivität aufkommen. So kam es beispielsweise zu einem Termin mit einem Verkäufer von Finanzdienstleistungen, obwohl ich aufgrund einer Kieferoperation nicht in der körperlichen Verfassung war, den Erläuterungen über meine weiteren phantastischen finanziellen Möglichkeiten mit großem Interesse zuzuhören. Dies stellte sich allerdings erst innerhalb der Verhandlung heraus. Obendrein war ich sprachlich sehr gehandikapt. Der Gipfel war aber dann erreicht, als dieser Verkäufer, statt sich in meine Situation hineinzufühlen, sich über mein angeblich hervorragendes Aussehen äußerte, obwohl ich mir mit meinem geschwollenen Gesicht vorkam wie Quasimodo.

Dieser Mann hat nie wieder ein Geschäft mit mir gemacht, auch nicht seine Gesellschaft. Sie können sich denken, daß meine Werbung für diesen Verkäufer auch nicht dazu beigetragen hat, in meiner näheren Umgebung einen Abschluß zu tätigen.

Hätte dieser Verkäufer sein eigenes Interesse, sein Wissen und seinen Drang nach Erfolg für eine Weile zurückgestellt und sich auf die momentane Situation seines Kunden eingestellt, nämlich auf mich in meinem Zustand, hätte er sicherlich sein Produkt an den Mann gebracht. Dieser Verkäufer hat bei seinen Bemühungen genau das Wichtigste übersehen, nämlich meine Lage, meinen emotionalen Zustand, in dem ich mich zu diesem Zeitpunkt befand.

Empathie führt zu besserem Verkaufen.

Hätte er Einfühlungsvermögen gezeigt, meinen Zustand bedauert, mir gute Besserung gewünscht und für eine neue Terminabsprache den richtigen Zeitpunkt abgewartet, statt mit Termindruck zu argumentieren, wären seine Bemühungen wahrscheinlich erfolgreich gewesen. Was diesem Mann fehlte, war zu diesem Zeitpunkt einer der wichtigsten Faktoren der emotionalen Intelligenz: Empathie.

Früher ging man davon aus, daß Spitzenleistungen zu einem emotionalen „Spitzen"-Zustand führen und wiederum Motivation für Spitzenleistungen in der Zukunft sind.

Sie haben aber sicher auch schon in Ihrem Bekanntenkreis erlebt, wie ein jahrelang erfolgreicher Geschäftsmann, Verkäufer etc. einen Einbruch in seiner geschäftlichen Aktivität hinnehmen mußte, nach privaten Krisen wie Eheschwierigkeiten, Enttäuschungen durch Kinder, in die man alle Hoffnungen und Erwartungen gesetzt hatte, Verlust des Partners durch Trennung oder Tod.

Bei manchen bedarf es nicht einmal einer Krise. Eine kritische Anmerkung seitens des Chefs, eines Kunden oder ein nicht erfolgter Abschluß nach langen Bemühungen reichen aus, um manche Menschen jeglicher Motivation oder ihrer Selbstsicherheit zu berauben.

Vielleicht verstehen Sie jetzt schon die neue Formel?

Ein idealer emotionaler Zustand, d. h. Kontrolle über die eigenen Emotionen, führt zu Spitzenleistungen.

Sind die richtigen Emotionen vorhanden und stabilisiert, können alle anderen erforderlichen Intelligenzen in Aktion treten, ausgeschöpft und positiv angewandt werden. Dabei ist natürlich die Leistung das Ziel. Im Vordergrund aber stehen die Emotionen, die als Garanten für die Leistung nötig sind.

Streß und Emotionen

Streß ist in der heutigen Gesellschaft ein gebräuchlicher und vielbenutzter Begriff. Anfänglich wurde er in der Arbeitswelt verwendet, mittlerweile hat er Einzug in alle Lebensbereiche gehalten. Es gibt den Arbeitsstreß, den Schulstreß, den Freizeitstreß, den Familienstreß, den Urlaubsstreß usw. Wir leben in einer Welt voller Streß. Mediziner, Psychologen und Neurowissenschaftler untersuchen und beschäftigen sich mit dem Phänomen Streß und seinen Begleiterscheinungen.

Jedem, auch schon den Kindern, ist das Wort Streß geläufig. Was ist Streß? Streß wird erklärt mit „Druck“, „Anspannung“ oder „übermäßiger Anstrengung“. Man unterscheidet zwei Formen von Streß, den positiven Eustreß und den negativen Streß, auch Disstreß genannt. In den meisten Fällen versteht man unter Streß den Disstreß. Tatsächlich sind damit Angst, Wut, Zorn, Ärger, Kummer, also negative und unlustbetonte Emotionen, gemeint.

Wodurch wird Streß ausgelöst? Angenehme wie unangenehme Ereignisse oder Umstände und die damit verbundenen Anforderungen, sich den Veränderungen anzupassen, lösen Streß aus. Kurz gesagt: Die Blockierung von zielgerichteten Aktionen erzeugt Streß.

Streß wird in unseren Köpfen erzeugt.

In den meisten Fällen ist es so, daß der Mensch sich selbst unter „Druck“ setzt, denn im Prinzip sind unsere Gedanken die Streßauslöser.

Richten wir unser Augenmerk zunächst auf den negativen Streß. Die Streßsymptome sind gleichzusetzen mit den physiologischen Begleiterscheinungen der Angst, der Wut etc. Der Mensch befindet sich im Kampf-Flucht-Zwiespalt. Sowohl Angst als auch Wut werden durch eine empfundene Bedrohung erzeugt. In solchen Bedrohungssituationen wird der Körper durch zerebrale Schaltungen in den emotionalen Zentren in einen Alarmzustand versetzt. Er ist angespannt und handlungsbereit, die für die Abwehr zur Verfügung stehenden Kräfte werden mobilisiert, die Aufmerksamkeit konzentriert sich auf die bedrohliche Situation. Die Streßforschung bezeichnet dies als die Notfall- und Bereitstellungsreaktion. Treten diese „Überfälle" nur kurzfristig und nicht zu häufig ein, besteht keine Gefahr. Ganz im Gegenteil, denn ein gewisses Maß an Anspannung hält unseren Organismus und damit die Leistungsfähigkeit in Schwung. Wird die Bedrohung allerdings zu einem Dauerzustand, ist unser Organismus überfordert, und der entgegengesetzte Effekt tritt ein. Unsere seelische und körperliche Gesundheit ist gefährdet. Das Immunsystem wird geschwächt, wir fühlen uns matt, ohnmächtig und niedergeschlagen. Die Folge ist ein Leistungsabfall.

Dauerstreß macht krank.

Bluthochdruck, Erhöhung des Cholesterinspiegels, Hautausschlag, Haarausfall und sogar koronare Herzkrankheiten können die Folge sein.

Ganz gegenteilig wirkt sich der positive Streß aus. Freudige Ereignisse wirken sich langzeitig auf unser Immunsystem und das körperliche und seelische Wohlbefinden aus. Sie reaktivieren sehr schnell körperliche wie geistige Kräfte, steigern die Leistungsfähigkeit und Kreativität und beeinflussen das Gefüge sozialer Beziehungen nachhaltig positiv. So hat man zum Beispiel festgestellt, daß die Hilfsbereitschaft der Menschen nach einer positiven Erfahrung wesentlich größer ist.

Was der Menschheit jedoch in zunehmendem Maße Schwierigkeiten bereitet, ist der negative Streß. Wie schon gesagt, sind es eigentlich unsere Gedanken, die Streß erzeugen. Nehmen wir an, Sie lesen vor dem Schlafengehen über eine neuentdeckte Krankheit. Bei genauerem Studium der bei dieser Krankheit auftretenden Symptome stellen Sie mit Entsetzen fest, daß genau diese Symptome Sie seit einiger Zeit plagen. Ihr Arzt aber konnte bis jetzt keine Diagnose stellen. In Ihrem Kopf überschlagen sich die Gedanken: „Es ist doch möglich, daß … Vielleicht habe ich … Mich hat es erwischt." Die Hände sind schweißnaß, das Herz hämmert, am liebsten möchte man auf und davon. Das Denken ist blockiert. Sie stehen unter Streß. Ist jetzt jemand da, der Ihrem Hirn „auf die Sprünge hilft", die Denkblockade aufhebt, wird der Anfall schnell vorbei sein, da Sie nun in der Lage sind, auch positiven Gedanken eine Chance zu geben.

Gedanken sind Streßauslöser genauso wie „Streßauflöser".

Im Endeffekt sind es in jeder Streßsituation die kognitiven Störungen, die die Streßsymptome hervorrufen. Seien es Termindruck, Zeitnot, Hetze, Ärger, Konflikte, Enttäuschungen und gerade in unserer Zeit die Infomationsüberflutung. In all diesen Situationen überschlagen sich geradezu die Eindrücke im Kopf. Man kann keinen klaren Gedanken mehr fassen, und das wirkt sich erst recht verheerend auf das emotionale Gehirn aus. Die Situation verschärft sich, der Gefühlszustand verschlechtert sich. Man neigt dazu, alles schwarz zu sehen.

Kognitive Störungen erkennt man an:

- negativen Gedanken wie „Das geht ja doch schief"
- Einschränkungen der Konzentrationsfähigkeit
- Denkblockaden
- Entscheidungsunfähigkeit
- Blackout, es geht nichts mehr

Da der kognitive und der emotionale Bereich in unserem Hirn miteinander verkabelt sind, bewirken Störungen im rationalen Gehirn gezwungenermaßen auch wiederum Störungen auf der Gefühlsebene, und diese beeinträchtigen unser seelisches wie körperliches Empfinden. Wer einen „kühlen Kopf" behält, gerät längst nicht so schnell in Druck.

Streß ist subjektiv.

In diesem Zusammenhang sei auch darauf hingewiesen, daß das Streßempfinden individuell verschieden ist. Manche Menschen sind ihr eigener Streßauslöser aufgrund ihrer übergroßen Empfindlichkeit. Alltägliche und simple Ärgernisse werden hochgespielt, man reagiert mit höchster Anspannung und Wachsamkeit und strapaziert unnötigerweise Körper und Geist und verschafft sich folglich einen permanent negativen Gefühlszustand.

Einige dieser Menschen gehen sogar so weit, daß sie nicht einmal mehr Freude aufkommen lassen. Sie vertreten die Auffassung: Wozu denn freuen, morgen ist sowieso wieder alles beim alten. Durch die Angst, der Freude folgt sowieso nur wieder Ärger, blockieren sie jede Möglichkeit, in einen positiven Zustand zu gelangen.

Sie haben keine Ahnung von den positiven Auswirkungen der Freude. Nicht selten geschieht es, daß solche Menschen auch anderen keine Freude gönnen, geschweige denn, sich mit anderen und für andere freuen können.

Diese Menschen sind nicht nur eine Belastung für sich selbst, sondern auch für ihr gesamtes Umfeld. Soziale Beziehungen sind einer ständigen Bewährungsprobe ausgesetzt, was sich auf das Wohlbefinden aller Beteiligten auswirkt.

Jedem von Ihnen sind sicherlich schon solche „Typen" begegnet. Handelt es sich dabei um eine Führungskraft, kann dies verheerende Auswirkungen auf das Betriebsklima, die Motivation der Mitarbeiter und die zu verzeichnenden Leistungen und Erfolge haben. In diesem Falle gibt es eigentlich nur eine Maßnahme zur Streßbewältigung: Suchen Sie sich eine neue Aufgabe in einem anderen Unternehmen!

Über Maßnahmen zur Streßbewältigung wie körperliche Aktivitäten, Ernährung, Eßverhalten und Entspannungstechniken gibt es jede Menge Angebote und Informationen. Leider sind diese Maßnahmen oft auch mit einem zeitlichem Aufwand verbunden, so daß viele Bemühungen von vornherein zum Scheitern verurteilt sind.

Einmal richtig auf den Tisch hauen löst Verspannungen.

In Japan leiden die Menschen besonders unter Streß, der durch revolutionäre Änderungen sowohl im sozialen als auch im beruflichen Bereich hevorgerufen wird. Zur Lösung dieses Stresses wurden kürzlich in Tokio Crash-Salons eingerichtet, in denen Geschirr zerschmettert oder mit einem Vorschlaghammer auf speziell dafür vorbereitete Fahrzeuge eingedroschen wird. Der finanzielle Aufwand dafür hält sich in Anbetracht der positiven Stimmen der Teilnehmer offensichtlich in Grenzen.

Die Streßforschung verweist heute primär auf körperliche und emotionale Entspannung. Die Auswahl an sportlichen und körperlichen Aktivitäten hängt von dem jeweiligen Interesse an einer Sportart, der Bereitschaft, sich körperlich anzustrengen, der zur Verfügung stehenden Zeit und den örtlichen Gegebenheiten ab. Dagegen ist die emotionale Entspannung allerorts, ohne körperliche Anstrengung, in jeder Situation und für jeden Menschen möglich. (s. Teil III Übungen.)

Emotionen und Kreativität

Emotionale Kreativität fordert weder Logik noch besondere Überlegungen. Es handelt sich dabei oftmals um Intuition oder um die sogenannten Aha-Erlebnisse. Eine der bekanntesten intuitiven Einsichten wurde kommentiert mit dem Ausruf: „Heureka!“ (Ich hab's!) Dies rief Archimedes bei der Entdeckung des hydrostatischen Grundgesetzes, d.h. des Auftriebs.

Vor den blitzartigen Einsichten steht meist harte und konzentrierte „Kopfarbeit“. Erkenntnisse und Erfahrungen werden gespeichert, verglichen und überprüft. Ideen, Pläne und Strategien werden verworfen und geändert. Der Kreative ist flexibel. Veränderte Umstände ängstigen ihn nicht, er beleuchtet das Problem von neuem und von verschiedenen Seiten.

Kreativität macht frei.

Menschen, die an einer starren Ordnung festhalten, ihre Gefühle übertrieben unter Kontrolle halten und jede Schwäche verstecken, sind selten in der Lage, kreativ zu sein.

Der Kreative vertraut seinen Gefühlen und seinem Empfinden und entscheidet und handelt danach. Er läßt sich von seinen Gefühlen leiten und beurteilt die Lösung eines Problems und seine Tätigkeit danach, ob er sich gut oder schlecht dabei findet.

Kreativität ergibt sich im Zusammenhang mit einem Problem. Der Kreative ist sensibel für Probleme. Er sieht häufig da Probleme, wo für seine Mitmenschen der Ist-Zustand in Ordnung ist. Den Kreativen befriedigt der Ist-Zustand nicht. Er verfügt nicht über ein Schubladendenken. Der Kreative ist kein „Mustermann“, er ist ein Original. Er ist fähig, feste und eingeführte Muster auseinanderzunehmen, aufzulösen, zu kombinieren und auszuwechseln.

Vor der Kreativität steht die Motivation, etwas zu schaffen.

Ist diese Motivation gegeben, werden Herausforderungen angenommen, Probleme optimistisch angegangen und ohne Energie zu verschwenden gelöst.

Der Kreative wird mehr von sich selbst gelenkt als von außen.

Von den Erwartungen anderer läßt er sich nicht beeinflussen. Er weiß um seine Ziele genau Bescheid. Er arbeitet mit Intensität und hoher Konzentration und fordert sein ganzes Potential an Fähigkeiten. Sein Motiv ist, das Ziel zu erreichen und nicht im Wettbewerb als bester hervorzugehen. Da er sich dem, was er tut, ganz hingibt, ist er mit Freude und Optimismus erfüllt. Der Lohn für seine Arbeit ist bei ihm zweitrangig.

Kreative haben eine besondere Beharrlichkeit.

Voraussetzung für die Beharrlichkeit des Kreativen sind sein Vertrauen zu sich und das Aufrechterhalten eines pulsierenden Gefühlslebens. Das verhindert, daß Rückschläge ihn entmutigen, niederdrükken oder lähmen. Wird die Beharrlichkeit gestört, läßt ein kreativer Mensch das Problem zunächst einmal liegen, wendet sich einem anderen Problem zu und findet so Entspannung. Danach wendet er sich wieder dem alten Problem zu.

Ein kreativer Mensch steht mit seinen Gefühlen enger in Verbindung, es fällt ihm leichter, mit seinen Gefühlen umzugehen, und so findet er einen schnelleren Zugang zu seinen im Unterbewußtsein verborgenen Ideen. Er hat sich das Kindhafte, die Phantasie, Träume und Wünsche bewahrt. Da sie in enger Vebindung zu seinen Gefühlen stehen, ist er empfänglicher für unbewußte Impulse und reagiert spontaner als weniger Kreative. Er lebt seine Gefühle aus, unterdrückt sie nicht und fürchtet sich auch nicht vor seinen Schwächen.

Intuition wird von Emotionen ausgelöst.

Bei jeder Kreativität sind Emotionen und Stimmungen beteiligt. Die Intuition basiert rein auf Emotionen. Handlungen, Reaktionen und

Erkenntnisse erfolgen, ohne in diesem Moment das kognitive Gehirn zu gebrauchen. Aber ein körperliches Empfinden ist da. Daher geht man davon aus, daß Intuitionen von Emotionen ausgelöst werden. Um intuitive Potentiale kreativ zu nutzen, ist es notwendig, auf die Gefühle in ihrer Vielfalt und Nuancierung zu achten. Von dieser Warte aus gesehen ist auch Kreativität trainierbar.

Ich habe Ihnen jetzt den Prototyp eines kreativen Menschen vorgestellt. Es ist kaum zu erwarten, daß ein einziger Mensch über all diese Fähigkeiten verfügt. Es ist der Idealzustand, den anzustreben aber für jeden eine Überforderung wäre. Die Kreativität ist zwar von Mensch zu Mensch verschieden ausgeprägt, doch verfügt jeder Mensch über bestimmte Fähigkeiten der Kreativität. Da jedes Kind über Kreativität verfügt und uns Erwachsene mit seinem sogenannten Einfallsreichtum überrascht, werden die Fähigkeiten wahrscheinlich im Laufe des Lebens nur verschüttet.

Scheuen Sie sich nicht, Ihr kreatives Selbst zu suchen und die Eigenschaften, die Sie besitzen, zu stärken. Auf der Suche werden Sie auch die Eigenschaften entdecken, die noch schwach ausgeprägt sind.

Stärken stärken schwächt Schwächen.

Deshalb kann die richtige Pflege oder Arbeit an diesen positiven und schwächeren Eigenschaften Ihre Kreativität erheblich verbessern und Ihre inneren und schöpferischen Kräfte steigern. Doch denken Sie daran, vor jeder Kreativität steht harte und konzentrierte Kopfarbeit. Problemlösungen, Strategien, Techniken und Methoden müssen erst erarbeitet und gesichert sein, bevor man damit kreativ umgehen kann. Der zweite Teil dieses Buches wird Ihnen dabei helfen.

Der Zusammenhang von Denken und Fühlen

Ein geschichtlicher Abriß

Seit Bestehen der Menschheit haben die Menschen versucht, die Funktionsweise unseres Verstandes, die Emotionen bzw. den Ursprung der Emotionen und deren Auswirkungen zu erklären. Seit Anfang der achtziger Jahre begannen auch Psychologen, sich wieder den Emotionen und dem Zusammenhang von Denken und Fühlen zu widmen.

Ich schreibe „wieder zu widmen", denn in den letzten zirka hundert Jahren, seit Beginn der Intelligenzforschung, schenkte man den Emotionen nur wenig Beachtung.

Bereits in der frühen griechischen Antike beschäftigten sich Philosophen mit den Emotionen. So stellte zum Beispiel Empedokles (483 – 423 v. Chr.) eine Verbindung zwischen den vier Elementen Feuer, Erde, Luft und Wasser und den verschiedenen Menschentypen her.

Ungefähr zur selben Zeit lebte Hippokrates (460 – 377 v. Chr.). Er übernahm die Theorien von Empedokles und prägte die vier Typen von Temperamenten: Choleriker, Melancholiker, Sanguiniker und Phlegmatiker. Diese Menschentypen sind uns auch heute noch geläufig.

Interessant sind auch die Ausführungen in seiner Abhandlung über die „heilige Krankheit", die Epilepsie: „Die Menschen sollten wissen, daß von nichts anderem als dem Gehirn die Freude kommt, die Lust, die Heiterkeit, das Vergnügen, aber auch der Kummer, der Gram, die Verzweiflung und die Trauer. Und mit ebendemselben gelangen wir zu Weisheit und Wissen, wir sehen und hören damit ..."

Aristoteles (384 – 322 v. Chr.) ging davon aus, daß das Seelenleben hauptsächlich von Lust und Unlust beeinflußt wird, rechnete die Emotionen aber dem Verstand zu. In der „Nikomachischen Ethik", einer Untersuchung über Tugend, Charakter und ein Leben in Güte, erhebt er die Forderung, unser Gefühlsleben mit Intelligenz zu steuern.

Von den Stoikern wurden die Gefühle als Störungen des Denkprozesses angesehen.

„Ich denke, also bin ich.“

Dieser Satz stammt von dem französischen Philosophen Descartes aus dem 17. Jahrhundert.

In den Zeiten der Renaissance vertrat man die Meinung, das seelische Befinden hänge von äußeren Einflüssen, wie Ernährung, Lebensalter, und von den Leidenschaften ab. Als Gegenpol wurde der Geist gesehen, der urteilt und Gut und Böse unterscheidet.

Darwin verband emotionales Erleben, wie Angst, Zorn, Glück und Trauer, mit physiologischen Reaktionen.

Die Wissenschaft der Psychologie, die etwa in der zweiten Hälfte des 19. Jahrhunderts entstand, interessierte sich nur wenig bis gar nicht für die physikalischen und biochemischen Prozesse im Gehirn.

Sigmund Freud räumte immerhin den Gefühlen ihren eigenen Stellenwert ein. Die zuständigen Faktoren für die Entwicklung der Persönlichkeit wurden mit äußerlichen Gegebenheiten, wie Umwelt und Erziehung, mit frühkindlichen Erfahrungen und kultureller Sozialisation in Verbindug gebracht.

Vor 70 Jahren wurde die Bedeutung der sozialen Intelligenz schon einmal erkannt.

Der Intelligenzforscher Edward L. Thorndike prägte den Begriff der sozialen Intelligenz erstmals in den zwanziger Jahren. Er wies damals schon auf die Bedeutung der Fähigkeit hin, sich in andere einzufühlen, um so die zwischenmenschlichen Beziehungen erfolgreich zu gestalten. Leider wurden seine Theorien über die soziale Intelligenz von seinen Kollegen nicht anerkannt.

Bis in die achtziger Jahre beschäftigten diese sich mit der Erforschung der akademischen Intelligenz. Der schlüssige Beweis der Macht unserer Gefühle gelang erst vor einigen Jahren an den psychologischen und neurowissenschaftlichen Instituten Amerikas.

Psychologie und Neurowissenschaften arbeiteten bisher immer parallel, Berührungspunkte gab es nur wenige, obwohl die Hirnforschung in diesem Jahrhundert gewaltige Fortschritte machte hinsichtlich der Emotionen und des Zusammenhangs von Denken und Fühlen. Die moderne Hirnforschung und der Computer haben dazu beigetragen, Intelligenz und Emotionen besser zu erforschen. Mittlerweile ist nachweisbar, daß sowohl kognitive als auch emotionale Prozesse auf der Grundlage des Zusammenspiels von Hormonen und Neuronen ablaufen.

Erfreulicherweise rücken in den letzten Jahren Neurowissenschaftler und Psychologen näher zusammen, so daß die Erkenntnisse der Hirnforschung endlich Einzug halten in die Psychologie.

So kommt es, daß etliche Psychologen Descartes' These ergänzend erweitern zu einer elementaren Aussage für das ausgehende zwanzigste Jahrhundert:

„Ich fühle und denke, also bin ich."

Wie bereits ausgeführt, waren in den letzten 80 bis 100 Jahren bei der Intelligenzforschung die Emotionen ausgeschlossen. Man stützte sich auf von außen beobachtbare und objektiv beurteilbare Verhaltensweisen und auf die Informationsverarbeitung des Geistes. Intelligenz wurde interpretiert als die sachliche Verarbeitung von vorgegebenen Fakten – ähnlich wie ein Computer. Dabei wurde nicht berücksichtigt, daß in unserem Gehirn Milliarden neurochemische Verbindungen in Tätigkeit sind, und zwar nicht nur im Bereich des Neokortex.

Ebensowenig berücksichtigte man, daß die Handlungsweisen eines Menschen wie auch die Informationsverarbeitung entscheidend von Gefühlen beeinflußt werden.

Vielleicht waren die in den letzten 10 bis 15 Jahren auffallenden emotionalen Defizite in unserer heutigen Gesellschaft Grund dafür, sich den Emotionen wieder mehr zu widmen und in die Intelligenzforschung miteinzubeziehen.

Vor allem die Zunahme von Gewalt und die offensichtliche Verrohung der Gefühle waren auschlaggebend, sich vermehrt um die Emotionen bzw. emotionalen Defizite zu kümmern. Die Berichterstattung im Fernsehen und in den Zeitungen über Gewalttaten, über den rohen Umgang der Menschen miteinander und über emotionale Teilnahmslosigkeit nimmt einen immer größeren Raum ein. Jeder, ob Kind oder Erwachsener, wird in seinem direkten Umfeld damit konfrontiert – sei es der Leistungsdruck und das Konkurrenzdenken oder die neue Form des Quälens, das Mobbing in der Schule und am Arbeitsplatz, sei es Gewalt in der Ehe oder der Mißbrauch von Kindern und vieles mehr.

Gründe dafür sind das Unverständnis gegenüber den eigenen Gefühlen, die Unfähigkeit, sich eigene Gefühle einzugestehen und auszudrücken, und ein mittlerweile auffälliger Mangel an Mitgefühl und Einfühlungsvermögen.

Warum emotionale Intelligenz?

Eine Erweiterung der Definition des Begriffs Intelligenz ist unbedingt erforderlich, darüber sind sich mittlerweile viele Psychologen einig. Denn es haben sich etliche neue Fragestellungen ergeben, und die Probleme unserer Gesellschaft erfordern Antworten.

- Verdrängt die kognitive Intelligenz die Gefühle?
- Kann Erziehung Einfluß nehmen auf die Entwicklung der emotionalen Intelligenz?
- Ist emotionale Intelligenz überhaupt erlernbar?
- Haben Emotionen etwas mit Intelligenz zu tun?

Wir wollen versuchen, die Antworten zu finden.

Mehr und mehr wird die Forderung laut, daß die Fähigkeit, im menschlichen Umgang geschickt zu handeln und sich in andere hineinzuversetzen, bei der Definition des IQ mitberücksichtigt werden müsse. Die soziale Intelligenz ist unbedingt erforderlich zur Bewältigung der praktischen Dinge des Lebens.

Die emotionale Intelligenz verbessert unsere Menschenkenntnis.

Vor allem im Verkauf ist Menschenkenntnis von ausschlaggebender Bedeutung, denn es werden Beziehungen zwischen dem Verkäufer und dem Kunden geknüpft und gepflegt, die ein erhöhtes Maß an sozialer Kompetenz verlangen.

Ein wichtiger Aspekt ist auch, daß bei Menschen mit emotionaler Intelligenz die Frustrationsgrenze höher angesiedelt ist und diese Menschen über einen gesunden Optimismus verfügen. Die Konsequenz daraus ist: Wer emotionale Intelligenz einsetzen kann, erleichtert sich das Leben, beruflich wie privat.

Wie wir bereits wissen, waren in der Evolution die Gefühle vor den kognitiven Funktionen des Denkens und Urteilens da. Daher funktionieren Gefühle auch viel schneller als das Denken und Entscheiden. Lernen wir einen Menschen kennen, spüren wir sofort Sympathie oder das Gegenteil, bevor unser Hirn zu einer Entscheidung gelangt ist. In diesem Fall entscheidet das limbische System alleine und in den meisten Fällen nicht falsch. Warum also dann auch nicht in den übrigen Lebensbereichen die Gefühle miteinsetzen?

Das heißt nicht, den Gefühlen den Vorrang zu geben, sondern, sie nicht zurückzudrängen und das emotionale und kognitive Hirn im Einklang arbeiten zu lassen.

Die Verbindung zwischen alten und neuen Hirnbereichen gibt uns die Möglichkeit, über unsere Emotionen nachzudenken, zu reflektieren und zu reden. Der Hirnforscher Le Doux entschied sogar: „Wahre Rationalität entsteht erst aus der Abstimmung der beiden."

Auch die Streßforschung lieferte schon lange die Beweise dafür, welch wichtige Rolle die Emotionen und der intelligente Umgang mit ihnen für das Wohlbefinden des Menschen und seinen Erfolg im Leben spielen.

Die Untersuchungen, die Goleman in seinem Buch über den EQ anspricht, zeigen, daß emotionale Intelligenz erlernbar ist.

Grundvoraussetzungen für emotionale Intelligenz sind Selbstbeherrschung, Eifer, Beharrlichkeit und die Fähigkeit, Belohnung hinauszuschieben und sich selbst zu motivieren.

All dies sind Fähigkeiten, die auch gute Verkäufer haben müssen. Deshalb gehört die emotionale Intelligenz zu den Schlüsselkompetenzen des Verkäufers.

Zur Erreichung dieser Fähigkeiten ist es von grundlegender Bedeutung, Impulse unterdrücken zu können. Interessante und eindeutige Aussagen ergab der Marshmallow-Test zur Erfassung der Impulskontrolle, den Goleman in seinem Buch beschreibt. Dabei handelt es sich um eine Langzeitstudie von Walter Mischel, bei der Kinder im Vorschulalter getestet und dann wieder bei Beendigung der Highschool überprüft wurden.

Den Kindern im Alter von vier Jahren wurden als Belohnung für das Warten auf die Rückkehr des Versuchsleiters zwei Bonbons in Aussicht gestellt. Im Falle, daß sie die Zeit nicht abwarten können, sollten sie nur ein Bonbon bekommen, und zwar sofort. Einige der Kinder hielten der Herausforderung stand und warteten auf die zwei Bonbons. Die anderen griffen entweder sofort zu oder nach einigem Zögern. Interessant waren die Ergebnisse nach zirka 12 bis 14 Jahren. Die impulskontrollierten Kinder, jetzt junge Erwachsene, unterschieden sich in ihrem emotionalen und sozialen Verhalten deutlich von den Heranwachsenden, die sich als Kinder für das eine Bonbon entschieden hatten.

Diejenigen, die der Herausforderung standgehalten hatten, zeigten Durchsetzungsvermögen, Selbstbewußtsein, Selbstsicherheit und Zuversichtlichkeit. In menschlichen Beziehungen erwiesen sie sich als umgänglich und beliebt. Herausforderungen stellten sie sich und ließen sich auch von Schwierigkeiten nicht aufhalten. Sie konnten auch jetzt noch auf Gratifikationen warten. Auffallend war auch, daß sie im Gegensatz zu den anderen Probanden Streßsituationen besser gewachsen waren.

Die anderen, die die Zeit nicht hatten abwarten können, hatten eine schlechte Selbsteinschätzung, waren leicht zu frustrieren, Streß machte sie starr, und in den menschlichen Beziehungen zeigten sie sich unnachgiebig und unsicher. Eine Gratifikation konnten sie noch immer nicht aufschieben.

Ein weiterer Unterschied machte sich in den schulischen Leistungen bemerkbar. Die Kinder, die sich in Geduld geübt hatten, schnitten in der Schule besser ab. Anhand von Untersuchungsergebnissen zeigt Goleman auf, daß dieser Aufschubtest bei Vierjährigen mehr aussagen kann über die spätere intellektuelle Kompetenz als ein zu diesem Zeitpunkt gemessener IQ. Er geht sogar so weit zu behaupten:

„Die Fähigkeit, eine Gratifikation aufzuschieben, trägt demnach ganz unabhängig vom IQ erheblich zur intellektuellen Leistungsfähigkeit bei.“

Wie schon in einem der vorhergehenden Kapitel angesprochen, widersprechen auch diese Untersuchungsergebnisse der Auffassung, der IQ sei eine unveränderbare Größe und bestimmend für die weitere Schullaufbahn und den Lebenserfolg eines Menschen.

Die Impulskontrolle ist ein wesentlicher Meilenstein auf dem Weg zur intellektuellen und sozialen Kompetenz und damit zur emotionalen Intelligenz. Damit wird auch die These belegt, daß die emotionale Intelligenz nicht isoliert zu sehen ist, die intellektuelle und die emotionale Intelligenz sich gegenseitig nicht ausschließen, sondern ergänzen.

Die Tatsache, daß es Möglichkeiten gibt, emotionale Intelligenz zu erlernen oder die Fähigkeiten zu verbessern, und zwar nicht nur im Kindesalter, läßt auf eine bessere Zukunft hoffen.

Die fünf Komponenten der emotionalen Intelligenz

Goleman stützt sich in seinem Buch auf Aussagen des Psychologen Peter Salovey von der Yale-University und dessen Kollegen John Mayer von der Universität New Hampshire. Diese prägten Ende der achtziger Jahre erstmals den Begriff der emotionalen Intelligenz und untergliederten ihn in fünf Komponenten.

1. *Eigene Gefühle erkennen*
   Goleman spricht von Selbstwahrnehmung und hebt diese als die Grundlage der emotionalen Intelligenz hervor. Mit Selbstwahrnehmung ist gemeint, die Gefühle beim momentanen Auftreten zu registrieren. Nur wer sich seiner Gefühle bewußt ist, ist in der Lage, sich selbst zu verstehen und seine eigenen Verhaltensweisen zu interpretieren und darüber nachzudenken. Vor allem beim Treffen von Entscheidungen ist es wichtig, zu erkennen, welche Gefühle gerade bestimmend sind und welche während der Entscheidung auftreten.

> **„Wer sich seiner Gefühle sicher ist, kommt besser durchs Leben.“ (Goleman)**

2. *Die eigenen Gefühle handhaben*

   Bevor man mit den eigenen Gefühlen umgehen kann, muß man die Gefühle erkennen. Wir können unsere Gefühle beeinflussen, wenn wir fähig sind, Ärger, Angst, schlechter Laune und Nervosität entgegenzuwirken. Wer dies fertigbringt, hat den Vorteil, sich von Mißerfolgen, Ärgernissen und Streß schneller zu erholen. Wem dies nicht gelingt, wird irgendwann zu einem Griesgram, der die Freuden des Lebens nicht mehr richtig genießen und das Leben nicht annehmen kann.

3. *Die Kraft der Gefühle nutzen*

   Um die Schwierigkeit des richtigen Einsatzes der Gefühle wußte schon Aristoteles: „Jeder kann wütend werden – das ist leicht. Aber wütend auf den Richtigen zu sein, im richtigen Maß, zur richtigen Zeit, zum richtigen Zweck und auf die richtige Art – das ist nicht leicht." Dieser Ausspruch macht deutlich, daß sich Gefühle sowohl positiv als auch negativ auswirken können.

   Die Wut muß nicht unbedingt negativ gesehen werden. Wird Wut richtig eingesetzt, kann sie zu Höchstleistungen führen. Sie wirkt in diesem Moment als Motivator und erzeugt höchste Aufmerksamkeit auf eine Sache oder eine Person. Motivation und Aufmerksamkeit sind wichtige Elemente, die durch Emotionen erzeugt werden und uns einem selbstgesteckten Ziel näher bringen. Dabei muß es sich aber nicht um so eine gewaltige Emotion wie die Wut handeln. Wichtig ist es aber, zu erkennen, welche meiner Emotionen für mich motivierend und anspornend sind. Es ist bestimmt nicht leicht, sich diese Gefühle dienstbar zu machen, aber jeder Versuch ist es wert. Mit jedem Wahrnehmen, mit jeder erkannten und bewältigten Situation, mit jeder gelungenen Nutzung unserer Gefühle können wir auf einen größeren Erfahrungsschatz zurückgreifen und werden von Mal zu Mal sicherer im Umgang mit den Emotionen. Voraussetzung ist aber, zu wissen und zu entscheiden, welches Ziel man anstrebt und zu welchem Zweck.

4. *Die Empathie*

   Empathie bezeichnet das Einfühlungsvermögen in andere und ist die Grundlage der Menschenkenntnis. Voraussetzung für diese Fähigkeit, sich in andere hineinzuversetzen, ist allerdings wiederum die Selbstwahrnehmung. Wer sich und seine Gefühle kennt, dem wird es auch möglich sein, einfühlsam bei seinen Mitmenschen zu sein. Wer die Stimmungen seines Kindes, seines Angestellten oder eines Kunden etc. erkennen, verstehen und aufgrund der Erfahrungen mit seinen eigenen Gefühlen richtig darauf reagieren kann, schafft die Grundlage für ein harmonisches Leben in Familie und Beruf. Es sind dabei immer die eigenen Gefühle zu berücksichtigen, denn Empathie sollte nicht dazu führen, sich irgendwann ausgenutzt zu fühlen.

5. *Die Gestaltung sozialer Beziehungen*
   Wer die Emotionen anderer wahrnehmen kann, ist auch in der Lage, die Intuition des anderen zu erkennen und falsche von richtigen Freunden zu unterscheiden. Des weiteren ist solch ein Mensch fähig, sich in sozialen Gefügen, sei es in der Partnerschaft oder am Arbeitsplatz, zu orientieren und anzupassen. Er hat darüber hinaus den Vorteil, daß er von seinen Mitmenschen geschätzt und anerkannt wird. Wer sich im Umgang mit Beziehungen kompetent zeigt, verfügt nicht nur über die Fähigkeit, sich in andere einzufühlen, sondern er kann auch mit den Gefühlen der anderen umgehen. Dies betrifft die Menschen, bei denen die interpersonale Intelligenz stark ausgeprägt ist. Das heißt aber nicht, daß andere nichts mehr dazulernen können.

Mit den Emotionen umgehen

Erkennen Sie Ihre Emotionen!

Gefühle wahrzunehmen, sich seine eigenen Gefühle, die man momentan empfindet, bewußtzumachen, scheint oberflächlich betrachtet gar nicht so schwer. Aber ist es nicht so, daß uns häufig erst im nachhinein einfällt, welche Gefühle sich unser bemächtigt hatten? Goleman verwendet den Begriff Achtsamkeit („mindfulness"), mit der es uns gelingt, momentane Gefühle zu erkennen.

Die Achtsamkeit ist das „zweite Ich".

Dieses „zweite Ich" registriert quasi als Außenstehender, als stiller und neutraler Beobachter, die eigenen Emotionen, läßt sich aber nicht mitreißen. Durch die Achtsamkeit wird das denkende Hirn aktiviert, es befähigt uns, die momentane Emotion zu erkennen und zu benennen und dann entsprechend zu handeln.

Wenn sich der Gedanke formuliert „Es ist Wut, was in mir tobt", hilft uns das, die Emotion bewußt wahrzunehmen und uns nicht von der Wut fortreißen zu lassen. Die Konsequenz ist, daß man diese Stimmung loswerden möchte. Zudem ist damit schon der Anfang gemacht, die Emotion zu kontrollieren. Wie im nächsten Kapitel noch ausführlich dargestellt wird, ist die Kontrolle der Gefühle erst möglich, wenn ihr die Wahrnehmung des Gefühls vorausgeht.

Wenn sich ein Mensch im Zustand der Wut befindet, kann dieser Wut durch einen anderen von außen Einhalt geboten werden. Das heißt aber nicht, daß sich der Gefühlszustand dadurch ändert. Die Wut bleibt trotzdem, weil sich die Gedanken weiterhin mit dem Verursacher der Wut beschäftigen. Das Bewußtsein jedoch, daß man Wut empfindet, ist ein Schritt in Richtung Verhaltensänderung, weil man aus diesem negativen Zustand herauskommen möchte.

Die Achtsamkeit ist nicht mit Aufmerksamkeit zu verwechseln. Wenn Sie Ihre Aufmerksamkeit auf die Wut richten, tragen Sie dazu bei, daß sich Ihre Emotion noch verstärkt. Sie konzentrieren sich dabei voll auf den Verursacher, der für Ihre Emotion verantwortlich ist. Dadurch intensivieren Sie Ihre Reaktionen und lassen sich fast willentlich von der Emotion fortreißen.

Das Empfinden von Gefühlen ist individuell verschieden. Es stellt sich daher die Frage, wer besser daran ist: derjenige, der ein intensives Gefühlsleben hat, oder die Menschen, die auch in schlimmen Situationen keine Gefühlsregung zeigen. Vielleicht bewundern Sie teilweise diese „coolen" Typen. Auf der anderen Seite wissen wir jedoch, welche Auswirkungen Freude auf unser Seelenleben hat und wie sehr die Freude auch einen trüben Tag erhellt. Wer sich richtig zu freuen vermag, kann dem Leben wesentlich mehr angenehme Stunden abgewinnen.

Nehmen Sie Ihre negativen Stimmungen wahr. Wenn Sie diese nicht wollen, dann handeln Sie dagegen!

Die Selbstwahrnehmung als Gebot bezieht sich hauptsächlich auf die besonders starken negativen Emotionen wie Zorn, Wut und Angst, da sie die Auslöser für verheerende Reaktionen bis hin zu Gewalttaten sein können, aber auch für eine gereizte Stimmung, die ausreicht, sich und anderen den Tag zu verderben. Alles und jeden, dem man begegnet, jede Bemerkung, sei sie auch noch so gut gemeint, nimmt man negativ auf. Ist man in der Lage, seine Gereiztheit bewußt wahrzunehmen, besteht die Möglichkeit, die Dinge aus einem anderen Blickwinkel zu betrachten und tatsächlichen Ärgernissen mit einem Achselzucken zu begegnen.

Nehmen Sie sich also in so einem Fall einen kurzen Moment Zeit, und stellen Sie sich als neutralen Beobachter „neben" sich. Schenken Sie aber dem Auslöser Ihrer Stimmung keine Beachtung. Nehmen Sie nur wahr, welche Emotion Sie gerade im Griff hat, und es wird Ihnen nicht allzu schwer fallen, Ihre Einstellung und Ihre Stimmung zu ändern. Die Selbstwahrnehmung ist die Grundlage, Gefühle zu beherrschen und zu verändern.

Beherrschen Sie Ihre Emotionen!

Diese Komponente beinhaltet einerseits, seine Gefühle zu äußern und zu ändern, andererseits aber auch, seine Gefühle zu kontrollieren, was nicht heißt, sie zu unterdrücken. Ein emotionales Wohlbefinden stellt sich ein, wenn die Gefühle ausgeglichen sind. Ausgeglichen bedeutet, daß sich die positiven und die negativen Emotionen die Waage halten.

Beeinflussen Sie negative Stimmungen und Gefühle!

Ein endloser Zustand von Glücklichsein würde irgendwann Langeweile hervorrufen und unsere Fähigkeit untergraben, auch mit negativen Emotionen umzugehen. Es ist auch nicht sinnvoll, negative Gefühle zu ignorieren, sondern man sollte sie so regulieren, daß sie nicht überhand nehmen und auf längere Sicht das Aufkommen angenehmer Stimmungen nicht verhindern.

In der Regel sind es die negativen Emotionen, die es auszugleichen gilt. Die Fähigkeit, sich selbst zu beruhigen, ist ohne Zweifel von großer Wichtigkeit für eine ausgeglichene Gefühlslage. Kinder, deren Eltern sie in ihren Emotionen beruhigten, wenden für sich selbst die Mechanismen an, die sie durch ihre Eltern gelernt haben.

Sie haben sicherlich auch ihre eigenen Beruhigungsstrategien, wie zum Beispiel Lesen, ein Treffen mit guten Freunden, eine schöne Fahrt mit dem Auto unternehmen oder sich im Beruf zunächst einem etwas einfacheren und erfolgversprechenden Fall zuwenden und vieles mehr.

Wie wir wissen, kann unser limbisches System im Ausnahmezustand blitzartig völlig alleine die Macht über unsere Emotionen übernehmen. Wir können auch nicht beeinflussen, zu welchem Zeitpunkt welche Emotion uns berührt. Wir wissen jedoch auch, daß das Denken Emotionen hervorruft und unser Denken ständig von Emotionen beeinflußt wird. Wir Menschen mit unserem hochentwickelten Gehirn müssen uns aber im Normalfall nicht von unseren Emotionen leiten oder gar fortreißen lassen.

Auch starke negative Gefühle lassen sich regulieren. Setzen Sie Ihrer eigenen negativen Verhaltensweise eine positive gegenüber.

Ein Beispiel zur Regulierung von negativen Emotionen im Verkaufsgespräch:

Nach mehreren Terminen mit einem schwierigen Kunden gehen Sie in das letzte Gespräch mit dem Gefühl und dem Bewußtsein, die Dinge nunmehr zum positiven Ende bringen zu können. In diesem Abschlußgespräch ärgert Sie der Kunde jedoch immer wieder mit Fragen, die nach Ihrer Meinung längst geklärt sind und für die Sie schon alle Unterlagen und Belege in den vorherigen Gesprächen zusammengetragen haben. Sie werden unruhig. Die Nervosität steigert sich zu Aggression und verwandelt sich allmählich in Wut. Im günstigsten Fall sind Sie innerlich zumindest verärgert.

Wie können Sie nun diese Gefühle dämpfen? Am Beispiel eines starken Gefühls, der Wut, möchte ich Ihnen das verdeutlichen. Schenken Sie auf keinen Fall jetzt der Wut Ihre ganze Aufmerksamkeit, das würde Ihren Zustand nur intensivieren. Begegnen Sie dem Kunden mit Nachsicht und Verständnis. Sagen Sie sich: „Vielleicht hat er einen wichtigen Grund, oder er hat es wirklich nicht verstanden. Vielleicht hat ihn jemand durcheinandergebracht und verunsichert." So können sie Ihre Wut durch Ihre Nachsicht dämpfen.

Falls sie Ihren schlechten Stimmungen nicht mit Medikamenten zu Leibe rücken wollen, was heute für viele Menschen Usus ist, sind Sie auf sich selbst angewiesen. Die Wut ist die am schwierigsten zu regulierende Emotion. Auslöser für die Wut ist Ärger, der sich in Zorn steigert und schließlich in Wut endet.

Wollen Sie der Wut richtig begegnen, dann schüren Sie Ihre Wut nicht mit bösartigen Gedanken gegen den Verursacher, und denken Sie nicht darüber nach, was Sie in Wut versetzt hat, sondern ändern Sie Ihre Betrachtungsweise. Voraussetzung ist allerdings immer, daß Sie in der Lage sind, Ihre eigene Emotion wahrzunehmen. Denken Sie auch daran: Je erregter Ihr Zustand ist, desto mehr nimmt das limbische System eine Vorrangstellung ein und desto drastischer reduziert sich Ihre kognitive Fähigkeit.

Eine andere Möglichkeit, Wut und Zorn zu regulieren, besteht darin, auf Distanz zu gehen oder sich Zerstreuung zu verschaffen.

Schalten Sie bewußt positive Erinnerungen oder Gefühle ein.

Widmen Sie sich Dingen, die Ihnen Vergnügen bereiten, oder sorgen Sie, wenn nötig, für räumliche Distanz. Für den durch den hohen Erregungszustand physiologisch strapazierten Körper ist auch körperliche Bewegung gut. Ebenso gelten hier alle Möglichkeiten, die zur Streßbewältigung vorgeschlagen werden.

Wichtig ist in jedem Falle, die Gedanken von dem, was die Wut verursacht hat, auf irgendeine Art und Weise zu lösen. Falls dies nicht gelingt, empfiehlt Redford Williams, Psychiater an der Duke-Universität, die Gedanken zu formulieren und aufzuschreiben, um sich dann mit ihnen auf dem Papier auseinanderzusetzen, indem man sie in Frage stellt und einer neuen Betrachtungsweise unterzieht.

Ein ständiges Sich-Sorgen kann uns auch in einen negativen Zustand versetzen. Sich sorgen ruft zu einem bestimmten Zeitpunkt Angst hervor.

Unerschütterlicher Gleichmut setzt ein Gegengewicht zur Sorge.

Dabei ist ein feiner Unterschied zu beachten zwischen der Sorge und sich sorgen. Eine Sorge fordert uns auf, Risiken und Gefahren einzukalkulieren und nach positiven Lösungen zu suchen. Sich sorgen ist ein Zustand, bei dem man ständig und überall Gefahren sieht, sich dadurch allmählich in einen Teufelskreis manövriert, der keine Lösungen mehr zuläßt. Es ist eine Tatsache, daß beispielsweise ständig besorgte Mütter die Entwicklung ihrer Kinder erheblich negativ beeinflussen. Wo sich Angst ausbreitet, kann sich kein gesundes Selbstvertrauen und schon gar kein Selbstbewußtsein entwickeln.

Die Angst lähmt und läßt keine anderen freudigen Emotionen mehr zu, sie schränkt den Menschen im Denken und in seiner Handlungsbereitschaft ein. Wird sie zu einem Dauerzustand, führt sie zu körperlichen Beschwerden und am Ende zu Krankheiten und Depressionen.

Das einzige, was dagegen hilft, ist Achtsamkeit. Je früher Sie wahrnehmen, daß ein „Sorgezyklus“ sich in Ihnen ausbreitet, um so besser. Der nächste Schritt besteht darin, die Sorgen mit den einhergehenden Ängsten in Frage zu stellen:

- Hilft es wirklich, jetzt schon wieder darüber nachzudenken?
- Was kann denn wirklich im schlimmsten Fall passieren?
- Warum mache ich mir jetzt schon Sorgen, bevor der Fall überhaupt eingetroffen ist?
- Warum mache ich mir immer wieder dieselben Gedanken?
- Gibt es überhaupt im vorhinein eine Antwort darauf?

Wie Untersuchungen ergaben, reichen Entspannungsmethoden allein in diesem Falle nicht aus. Man muß sich gedanklich von seinen Sorgen distanzieren. Durch die Gedanken, die dagegengesetzt werden, wird der limbische Antrieb gebremst.

Sie werden auch den unerschütterlichen Typen kennen: Weder Streß noch Gefahren beunruhigen ihn.

Die Wahrheit ist aber in den meisten Fällen, daß diese Menschen ihre Emotionen verdrängen und verleugnen. Sie möchten die positiven Gefühle mit aller Macht aufrechterhalten. Untersuchungen zeigten, was das Hirn dabei für eine energieträchtige Arbeit leisten muß. Nach außen wirken diese Menschen zwar unerschütterlich, doch innerlich befinden sie sich in höchster Anspannung und im Kampf gegen die negativen Emotionen.

Goleman bezeichnet die Unerschütterlichkeit als „eine Art optimistischer Verleugnung“. Handelt es sich bei der Unerschütterlichkeit um Gleichmut, so scheinen diese Menschen im Vorteil zu sein. Die oben erwähnten Untersuchungen ergaben, daß die Unerschütterlichkeit, wenn ihr Gleichmut zugrunde liegt, „eine erfolgreiche Strategie der emotionalen Selbstregulierung“ zu sein scheint.

Sie dürfen sich also glücklich schätzen, wenn Sie zu den Gleichmütigen gehören.

Nutzen Sie Ihre Emotionen!

Wie wir wissen, wirken sich negative Emotionen nachteilig auf unser Denken aus. Informationen werden nicht richtig aufgenommen und verarbeitet. Der Einfluß des emotionalen Gehirns kann bis zum Blackout führen.

Umgekehrt weiß man, wie positiv sich Emotionen wie Freude, Begeisterung und Zuversicht auf unser Denken und unsere Tätigkeit auswirken.

Es ist allerdings nicht sinnvoll und auch nicht möglich, jeweils so lange zu warten, bis unsere Emotionen uns in den Zustand versetzen, tatkräftig zu werden. Demnach bietet es sich an, selbst für eine positive Motivation zu sorgen. Die Selbstkontrolle ist dabei unerläßlich.

Positive Emotionen sind die besten Motivatoren.

Alle Medaillengewinner, die großen Musiker oder Schachweltmeister hätten ihre Erfolge niemals geschafft, wären sie nicht fähig, sich selbst zu motivieren. Steffi Graf sagte einmal: „Gewinnen kann man nur mit dem Kopf." Spitzensportler zeichnen sich durch eine große emotionale Motivationskraft aus. Um das zu erreichen, sind folgende emotionale Fähigkeiten notwendig:

- Fleiß
- Beharrlichkeit
- Geduld, den Lohn abzuwarten
- Begeisterungsfähigkeit

Fleiß und Beharrlichkeit

Langjährige Untersuchungen zum IQ amerikanischer Kinder zeigten, daß die Kinder asiatischer Herkunft nur einen sehr geringen Vorsprung haben. Trotzdem schneiden die Asiaten in der Schule und an den Universitäten wesentlich besser ab. Verfolgt man ihren Lebensweg, könnte man aufgrund der Leistungen und des Erfolgs auf einen wesentlich höheren IQ schließen. Tatsache ist aber, daß die asiatischen Kinder schon in der Schule viel fleißiger sind.

Die Untersuchungen ergaben, daß asiatische Kinder 40 Prozent mehr Zeit für das Lernen aufbringen als amerikanische. Während amerikanische Eltern die Schwächen ihrer Kinder hinnehmen und dafür die Stärken herausstreichen, vertreten die Asiaten die Auffassung: Wer Schwächen hat, muß mehr lernen und sich mehr Mühe geben.

Bei uns wird überwiegend die amerikanische Auffassung vertreten. Sich auf die Stärken zu besinnen soll aber nicht bedeuten, die Schwächen zu negieren oder nicht wahr haben zu wollen. Richtig ist wohl ein Besinnen auf unsere Stärken, einhergehend mit dem Ändern unserer Schwächen.

Schwächen müssen erkannt werden und durch Motivation verringert werden.

Eine solche Arbeitsethik bringt einen emotionalen Vorteil, nämlich die Entwicklung von Fleiß, Stetigkeit und einer höheren Motivation. Die Emotionen setzen unserer Lernfähigkeit Grenzen. Sie können unsere Denkfähigkeit sowohl hemmen als auch anregen. Der Erfolg im Leben hängt davon ab, in welchem Maße der einzelne mit Hilfe der Emotionen seine geistigen Fähigkeiten nutzt. Es bedarf des Gefühls der Begeisterung und Lust, in Ausnahmefällen sogar der Angst oder der Wut, das uns motiviert.

Emotionale Intelligenz kann zu Höchstleistungen anspornen.

Wäre nicht die Wut und der Zorn auf meine Mathematiklehrerin gewesen, die meine mathematischen Fähigkeiten in Frage stellte und eine „Jetzt-erst-recht“-Haltung meinerseits provozierte, dann wäre ich in dieser Disziplin wohl aufgrund ihrer Vorhersage gescheitert. Die Wut auf diese Person wirkte wie eine Triebfeder auf meinen Fleiß und veranlaßte mich zu stetigem, konsequentem Lernen – zum Erstaunen meiner Eltern und der anderen Lehrer.

Ein einziger Lehrer bestärkte mich und bestätigte mir immer wieder, daß Fleiß und Beharrlichkeit sich lohnen. Zwei Jahre lang tat ich nichts anderes, als Mathematik zu büffeln und meine mathematischen Kenntnisse zu verbessern.

Zum Schluß war der Motivator Angst. Es war weniger die Angst vor der nächsten Prüfung, als vielmehr die Angst, diese Mathematiklehrerin könnte recht behalten. Zur Überraschung aller bestand ich die angestrebte Prüfung in Mathematik mit einem guten Ergebnis.

Wut und Angst bewirkten Fleiß und Beharrlichkeit und verhalfen mir, für ein fernes Ziel zu üben und meine kognitiven Fähigkeiten zu fördern. Es war die emotionale Intelligenz, die mich zu „mathematischen Höchstleistungen" trieb und mich letztendlich durch alle weiteren Prüfungen brachte.

Belohnungen oder konkrete Erfolge sollten nicht in den Vordergrund geschoben werden.

Gratifikationen hinausschieben

Meinen Bemühungen war natürlich nicht von Anfang an Erfolg beschieden. Ganz im Gegenteil! Im ersten Jahr waren Mißerfolge häufiger als Erfolgserlebnisse. Die Voraussage meiner ehemaligen Mathematiklehrerin schien sich zu bestätigen. Aber ich hatte ja zwei Jahre Zeit, und ich schaffte es, abzuwarten, bis sich die ersten Erfolge einstellten. Da ich jetzt wußte, daß diese Erfolge nichts mit Glück zu tun hatten und auch keine Zufallstreffer waren, sondern ich sie meinem eigenen Fleiß zu verdanken hatte, war die Freude darüber und die Zuversicht, das gesteckte Ziel zu erreichen, ausschlaggebend für meine Weiterarbeit.

Über die Fähigkeit, auf Gratifikationen zu warten, und die daraus resultierenden Auswirkungen, wurde schon anhand des Marshmallow-Tests berichtet.

Angst

Angst kann positiv und negativ wirken, je nachdem, wie wir mit diesem Gefühl umgehen. Besorgtheit und die daraus resultierende Angst beeinträchtigen unsere kognitive Leistungsfähigkeit. Macht man sich aber das Gefühl der Angst sinnvoll für sein Ziel zunutze, ist das Gegenteil zu erreichen.

Untersuchungen ergaben, daß die kognitiven Leistungen unabhängig vom IQ um so schlechter ausfallen, je größer die Besorgtheit und die Angst sind. Andererseits belegten sie auch, daß beim richtigen Umgang mit der Angst sich dieses Problem lösen läßt.

Die Konzentration auf die Gedanken „Das kann ich nicht“ oder „Ich tauge sowieso nicht für diese Stellung“ blockieren die Gedanken, die sich eigentlich auf die Aufgaben konzentrieren müßten. Machte man mit der Personengruppe der Besorgten zuvor Entspannungsübungen, fielen die Ergebnisse besser aus. Beeinflußte man dagegen die Gruppe der Unbesorgten, sich absichtlich zu sorgen, fielen deren Ergebnisse schlechter aus.

Untersuchungen über die Prüfungsangst unterscheiden zwei Arten von Ängsten. Die eine beeinträchtigt die intellektuellen Fähigkeiten, die andere wirkt fördernd auf sie. Wer sich seine Sorgen und Ängste zunutze macht, indem er in der Vorbereitungsphase fleißig arbeitet, verschafft sich Sicherheit. In diesem Falle dient die Angst der Motivation, sich besonders gut vorzubereiten. Die anderen, die ihre ganze Aufmerksamkeit der Angst widmen, sind schon in der Vorbereitungsphase nicht in der Lage, effektiv zu lernen.

Ein optimales Maß an Angst wirkt sich positiv auf die Leistungen aus, genauso wie zuwenig Angst sich schon auf die Vorbereitungsphase negativ auswirken kann, dementsprechend fallen dann auch die Prüfungsergebnisse aus.

In jedem Falle sollten Sie den Emotionen nicht ihren freien Lauf lassen. Nur unkontrollierte Gefühle wirken negativ. Üben Sie Achtsamkeit und Selbstkontrolle, und stellen Sie so die Emotionen in Ihren Dienst.

Zuversicht und Optimismus sind wesentliche Bestandteile eines glücklichen und zufriedenen Lebens.

Wie entscheidend diese Eigenschaften sind, zeigten Vergleiche zwischen Studenten, die mit Hoffnung und Zuversicht ihr Studium begannen, und anderen, die zwar über einen gleich hohen IQ verfügten, denen aber die Hoffnung fehlte. C. R. Snyder, Psychologe an der Kansas-Universität, bezeichnet diese Eigenschaften als einen besseren Vorhersagemaßstab als die Überprüfung durch einen Intelligenztest. Er definiert die Zuversicht als „die Überzeugung, daß man sowohl den Willen als auch die Möglichkeit hat, seine Ziele zu erreichen, worin sie auch bestehen mögen“. Dabei hilft es jedoch nicht zu denken: „Es wird schon irgendwie gehen.“ Die Zuversicht ohne den tatsächlichen Willen bewirkt nichts. Die Zuversicht gepaart mit dem Willen befähigt den Menschen zur Selbstmotivation, zur Kreativität, zur Vernunft und in brenzligen Situationen zur Selbstberuhigung.

Ebenso verhält es sich beim Optimismus. Ein gesunder Optimismus ist gekoppelt mit der Überzeugung und dem Willen, daß keine Situation so ausweglos ist, daß sich nicht eine Lösung finden lassen wird. Jean Dutourd beschreibt dies so:

„Die wahren Optimisten sind nicht überzeugt, daß alles gutgehen wird. Aber sie sind überzeugt, daß nicht alles schiefgehen wird.“

Das W. Franck-Institut für angewandte Führungs- und Verkaufspsychologie führte vor kurzem eine Umfrage unter Finanzdienstleistern durch. Man suchte sich mit Absicht diese Gruppe von Verkäufern aus, da gerade sie häufig unter Absagen und Rückschlägen zu leiden hat, was verständlicherweise auf Dauer sehr entmutigend sein kann. Weit mehr als 60 Prozent aller Finanzdienstleister hören in den ersten drei Jahren nach ihrem Start in dieser Branche wieder auf. Weiter fand das Institut heraus, daß die hoffnungsvollen und optimistischen Verkäufer in einem Jahr im Durchschnitt 55 Prozent mehr Abschlüsse tätigten als diejenigen, die zwar bei einem Eignungstest vor Beginn der Verkaufstätigkeit das gleiche Know-how nachgewiesen hatten, denen es aber an Zuversicht und Durchhaltevermögen mangelte.

Kann dies nicht der Beweis dafür sein, daß die erfolgreicheren Verkäufer über eine emotionale Intelligenz verfügen und der bessere Verkäufer mit allem technischen Know-how nicht unbedingt erfolgreich sein muß?

In den meisten Eignungstests wird die Motivation nicht miteinbezogen. Man verläßt sich noch immer hauptsächlich auf die kognitiven Fähigkeiten und läßt die selbstmotivierenden Fähigkeiten, auf die es bei Frustrationen und Rückschlägen ankommt, außer acht.

Der Optimist sucht Gründe für Mißerfolge in der Situation und nicht in seiner Person.

Bei Befragen der Verkäufer selbst stellte sich heraus, daß die Optimisten nach Rückschlägen ihre Einstellung änderten. Wo der Pessimist sich einzureden begann: „Das kann ich nicht" oder „Das klappt sowieso wieder nicht", „Das ist schon beim letzten Mal schiefgegangen", sagten sich die Optimisten: „Der letzte Kunde war einfach nur schlecht drauf" oder „Ich muß mir etwas Neues überlegen."

Der Pessimist macht sich persönlich dafür verantwortlich, entwickelt dabei Schuld- und Versagensgefühle und gerät in einen emotional negativen Zustand. Der Optimist läßt es gar nicht so weit kommen, er sucht den Grund für die Mißerfolge in der Situation und nicht in der eigenen Person. Damit ist seine Person nicht betroffen, und er entwickelt Hoffnung.

Sicherlich finden Sie in Ihrem Umfeld Menschen, die über die Begabung der Selbstmotivation verfügen. Beobachten Sie sie genau, und schärfen Sie Ihre Sinne, indem Sie auf die Vorgehensweise und auf die Einstellung dieser Menschen achten. Es macht nichts, wenn Sie zunächst versuchen, solche Menschen zu imitieren. Alle großen Sportler, Schauspieler, berühmten Wissenschaftler und Politiker etc. hatten ihre Vorbilder, denen sie nacheiferten. Der Umgang und die Erfahrung werden Ihnen mit der Zeit den richtigen Weg weisen.

Wenn Ihnen das gelingt, schaffen Sie sich ein Selbstvertrauen, das die Grundlage für die Überzeugung bietet, das Leben mit seinen wechselhaften Anforderungen im Griff zu haben.

Richten Sie Freude und Begeisterung auf Ihre Tätigkeit.

Von einer hochentwickelten emotionalen Intelligenz spricht man dann, wenn Freude und Begeisterung ganz auf die zu erfüllenden Aufgaben ausgerichtet sind, ohne einen Gedanken auf den Erfolg zu verschwenden. Im Mittelpunkt steht nur noch die Freude und die Lust an der Arbeit, auf die sich die Gedanken und die ganze Konzentration richten. Negative Gedanken, die wiederum einen negativen Gefühlszustand erzeugen, haben keine Chance. Der Mensch befindet sich in einem Zustand, in dem auch schwierige Aufgaben mit minimalem Energieaufwand gelöst werden. Die Emotionen verhelfen zu Effektivität in Denken und Handeln.

Die Empathie

Grundlage der Menschenkenntnis

Empathie ist abgeleitet von dem griechischen Wort *empátheia* und bedeutet die Bereitschaft und Fähigkeit, sich in andere Menschen *einzufühlen* – auch wenn wir ganz anders fühlen und denken und den anderen nicht einmal sympathisch finden.

Empathie ist nicht zu verwechseln mit *Sympathie*, ebenfalls aus dem Griechischen abgeleitet, das übersetzt wird als *Mitgefühl,* das man für die Gefühle und das Verhalten eines anderen hat, ohne in das Gefühl selbst einzusteigen.

Empathie spielt auch eine große Rolle für die Moral in einer Gesellschaft. Die Kriminalität nimmt zu, wenn die Menschen vermehrt nicht in der Lage sind, sich in das Leid, das sie ihren Opfern zufügen, hineinzuversetzen. Andererseits wird die Moral in einer Gesellschaft auch dadurch bestimmt, inwieweit Menschen Anteilnahme an der Not ihrer Mitmenschen zeigen und helfend eingreifen.

Wie kommt es, daß viele Heranwachsende und Erwachsene dieses Einfühlungsvermögen vermissen lassen, wie ständig in den Medien berichtet wird? Diese Frage hier vollständig zu beantworten würde zu weit führen.

In der Regel ist dieses Sicheinfühlen in andere schon bei Säuglingen vorhanden. Das Kleinkind nimmt bereits Stimmungen der Mutter wahr und reagiert darauf mit Lachen, Weinen oder Nachahmung. Man geht davon aus, daß Kinder in späteren Jahren durch Beobachten und durch eine Erziehung zu Rücksicht und Kompromißbereitschaft, indem die Eltern beispielsweise dem Kind den Kummer eines anderen erklären und nahebringen, emotionales Einfühlen lernen.

Empathie ist nicht mehr möglich, wenn die eigene Gefühlsebene durch intensive Emotionen wie Wut, Zorn und Angst besetzt ist.

Daraus ergibt sich, daß die Bedingung für Empathie die Selbstwahrnehmung ist. Je bewußter wir unsere eigenen Emotionen wahrnehmen können, sie akzeptieren, jedoch nicht unterdrücken, desto leichter fällt es uns, Gefühle und Stimmungen unserer Mitmenschen wahrzunehmen.

Sich nicht auf andere einstellen zu können zeugt von einem großen Mangel an emotionaler Intelligenz. Der Erfolg in zwischenmenschlichen Beziehungen und damit auch im Beruf wird hauptsächlich durch unsere Fähigkeit zur Empathie bestimmt. Wissenswert ist dabei, daß zwischen der akademischen Intelligenz und Empathie kein Zusammenhang besteht, was natürlich nicht bedeutet, daß das eine das andere ausschließt.

Empathie ist in fast allen Lebensbereichen erforderlich, wo zwischenmenschliche Kontakte entstehen oder bestehen.

Die Schwierigkeit, die Gefühle anderer zu erkennen, besteht darin, daß die meisten Menschen ihre Gefühle nicht in Worten ausdrücken. Gefühle kommen in der Mimik, Gestik, Körperhaltung und in der Stimme zum Ausdruck. Die Gefühle des anderen zu verstehen setzt voraus, nonverbale Signale zu bemerken und deren Bedeutung interpretieren zu können.

Es kann zum Beispiel sein, daß die Worte, die jemand sagt, in keiner Weise zu seinem Gesichtsausdruck und zur Körperhaltung passen. Es gilt, den Schwerpunkt da zu sehen, *wie* einer etwas sagt und nicht, was er sagt.

Das, was Mimik, Gestik und Körpersprache ausdrücken, ist wahrhaftiger als die Wörter, mit denen etwas ausgedrückt wird.

Die Fähigkeit, die kleinen Unterschiede beim anderen zu bemerken, wird durch Erziehung erworben, sie ist allerdings auch später noch erlernbar. Menschen wirklich „kennenzulernen“ und sich mit ihnen auseinanderzusetzen, indem man sich in sie einfühlt, ist ein im Leben nie endender Prozeß. Nur so findet man die Grundlage für seine Menschenkenntnis und kann im Laufe der Zeit allmählich darauf bauen und auch sein Leben darauf aufbauen.

Der Mensch ist von Natur aus kein Einzelgänger, sondern auf die Gesellschaft anderer angewiesen, um ein angenehmes und ausgefülltes Leben führen zu können. Von klein auf ist er in mitmenschliche Beziehungen eingebunden. Wer seine Chancen nicht sieht und wahrnimmt, wird eines Tages einsam durchs Leben gehen. Selbst die Menschen, die gesellschaftliche Beziehungen ablehnen, sind zumindest im Berufsleben auf andere angewiesen.

Menschen brauchen andere Menschen.

Wie gut wir mit anderen auskommen, hängt ganz allein von uns selbst ab, wie wir Beziehungen aufnehmen und sie pflegen, zwischenmenschliche Probleme erkennen und lösen und den richtigen Umgangston finden, indem wir uns auf die momentane Stimmungslage des anderen einstellen. Es ist eine Tatsache, daß die Menschen, die über diese Fähigkeiten verfügen, privat und beruflich anerkannt und beliebt sind.

Im täglichen Leben und im Berufsleben umfaßt der Bereich der Empathie hauptsächlich die emotionale Kommunikation und das aktive Zuhören sowie die emotionale Kreativität.

Die emotionale Ebene der Kommunikation

Jedes Gespräch hat neben der rationalen Ebene auch eine emotionale. Je geschulter und intellektueller jemand ist, desto weniger findet die emotionale Ebene Beachtung. Vielfach lehnt man sogar Gefühle ab, weil man meint, Gefühle haben z.B. bei einer geschäftlichen Besprechung nichts zu suchen. Viele Menschen haben sogar Angst, sich auf die Gefühlsebene zu begeben, oder es ist ihnen peinlich.

Die Geprächstechniken sind ihnen bestens vertraut, doch über Gefühle zu sprechen verunsichert sie. Grund dafür ist auch eine Erziehung und Schulung, deren Ziel rationale und meßbare Leistungen sind. In den letzten Jahrzehnten hat man vergessen oder einfach übersehen, daß wir gerade von den Gefühlen gelenkt und gesteuert werden.

Daher bietet es sich an, die Gefühle auch bei einem Geschäftsgespräch nicht außen vor zu lassen. Erste Voraussetzung ist, daß wir bei unseren eigenen Gefühlen beginnen.

Es sind die Gefühle, die uns zu Leistungen anspornen oder unsere Leistungsfähigkeit beeinträchtigen und die Beziehungen zu unseren Mitmenschen gestalten.

- *Erkennen Sie zunächst ihre eigenen Gefühle*
  Denken Sie immer daran: So wie Sie sich fühlen, so geben Sie sich auch. Falls Sie gut gelaunt sind, machen Sie es sich bewußt, und genießen Sie es! Für den Fall, daß Sie schlecht gelaunt, verärgert oder gar wütend sind, machen Sie sich diese Gefühle bewußt, bevor Sie darangehen, sie aufzulösen und zu ändern. Verdrängen Sie Ihre Gefühle nicht, damit sind sie nicht aufgehoben. Sie erzeugen nur innere Spannungen, die Sie zusätzlich belasten. Oft reicht eine kleine Reizung, und die unterdrückten Gefühle veranlassen zu einem vehementen, meist unnötigen Ausbruch, von dem dann häufig jemand betroffen wird, der eigentlich gar nichts dafür kann.
  - Befragen Sie vor einem Gespräch Ihre Gefühle!
  - Fragen Sie Ihr Gefühl, wie es zu einer Sache steht!
  - Nehmen Sie sich die Zeit, und horchen Sie in sich hinein!
  - Lassen Sie die Gefühle „laut“ werden!

Die Gefühle haben die richtige Antwort.

- *Nehmen Sie Ihre Gefühle ernst*
  Viele Menschen trauen sich nicht, zu ihren Gefühlen zu stehen, auch wenn sie ihnen bewußt sind. Lieber richten sie sich nach anderen aus. Die Konsequenz ist, daß sie sich immer unsicher verhalten und sich nie wirklich wohl fühlen, weil sie ihr eigenes Terrain verlassen haben. Sie gehen zwar auf die Gefühle anderer ein, übergehen dabei aber ihre eigenen Gefühle. Dies führt zu einem unausgeglichenen Gefühlszustand, der irgendwann in einem Ausbruch oder in Krankheit enden kann.

Wenn Sie Ihre Gefühle ernst nehmen, nehmen Sie sich auch das Recht, nach Ihrem Gefühl zu entscheiden und zu handeln, und Sie sind in der Lage, Ihre Gefühle zu ändern.

Sind Sie in einer ausgeglichenen Stimmung, wird es Ihnen leichter fallen, mit einem schlecht gelaunten Gesprächspartner umzugehen.
Wichtig ist auch, daß Sie sich mental auf das Gespräch vorbereiten. Über diese Techniken finden Sie Informationen im zweiten Teil des Buches.

- *Erkennen und akzeptieren Sie die Gefühle Ihres Gesprächspartners*
  Finden Sie vor dem Gespräch den Gefühlszustand Ihres Partners heraus. Verschaffen Sie sich ein Bild darüber, auf welchem Stimmungsniveau sich Ihr Gesprächspartner befindet.
  - Macht er einen müden oder geschafften Eindruck?
  - Scheint er unter Streß zu stehen?
  - Macht er einen offenen Eindruck?
  - Strahlt er positive Gefühle aus – lustig, freudig, entspannt, unternehmungslustig, aufnahmebereit?
  - Scheint er verschlossen zu sein?
  - Strahlt er negative Gefühle aus – traurig, verstimmt, abgelenkt, nicht aufnahmefähig?

  Sprechen Sie ihn gleich zu Beginn des Gesprächs auf seine Gefühlslage an! In den wenigsten Fällen werden Sie es erleben, daß Ihr Gesprächspartner sich ablehnend verhält. In der Regel fühlt er sich angesprochen, verstanden und akzeptiert. Sie vermitteln ihm das Gefühl, sich für ihn zu interessieren, und er wird es umgekehrt genauso machen und anfangen, sich für Sie zu interessieren.

Das Interesse am anderen ist die Basis jeglichen menschlichen Miteinanders und fördert das Mitteilungsbedürfnis.

Ihr Partner wird sich trauen zu sagen, was er wirklich will, und zu fragen, was ihn wirklich interessiert.

- *Steigen Sie emotional in das Gespräch ein*
  Kleben Sie nicht an einstudierten und formellen Begrüßungsformeln! Schaffen Sie von vornherein eine gute Atmosphäre! Spre-

chen Sie den Gesprächspartner persönlich an, indem Sie ihm etwas Positives sagen!

Bringen Sie in die Gesprächseröffnung Ihre eigenen Emotionen mit hinein.

Sie können beispielweise mit Formulierungen beginnen wie:
- „Ich freue mich … "
- „Es ist mir ein Anliegen … "
- „Ich bin gespannt, … "

Beziehen Sie auch die Emotionen und eventuelle Bedenken Ihres Gesprächspartners mit ein:
- „Sie sind sicherlich gespannt … "
- „Mein Gefühl sagt mir, Sie sind beunruhigt … "
- „Ich weiß, Sie haben ein ungutes Gefühl … "

Seien Sie dabei aber in jedem Falle ehrlich. Drücken Sie nicht Vermutungen aus, sondern das, was Sie empfinden, also Ihre Gefühle. Ist die Lage gespannt, dann reden Sie nicht schön darumherum.

Denken Sie immer an die Emotionen Ihrer Partner, und achten Sie auf einen emotionalen Konsens.

Ihre Gesprächseröffnung ist entscheidend für das Gespräch, die Atmosphäre, in der es verläuft, und für die Erreichung Ihrer Gesprächsziele. Über die Regeln einer positiven Gesprächsführung erfahren Sie mehr im zweiten Teil des Buches.

- *Beachten Sie das Prinzip der Selbstbestätigung*
  Unser ganzes Leben wird diktiert von dem Verlangen nach Selbstbestätigung. Schon das kleine Kind verlangt ständig nach der Bestätigung durch seine Eltern. Mit zunehmendem Alter wird dieses Verlangen nicht weniger. Es nimmt eher zu. Im Prinzip ist unser ganzes Tun darauf ausgerichtet. Es ist wichtig für uns, von unseren Mitmenschen in unserem Handeln und bei unseren Entscheidungen bestätigt zu werden. Menschen, die uns bestätigen, sind uns sympathisch.

Bestätigung ist mehr als Akzeptieren, es ist Würdigung, Achtung und Wertschätzung.

Die emotionale Ebene des aktiven Zuhörens

Im normalen Alltag ist es üblich, auf die Sorgen und Ängste, die uns ein anderer mitteilt, mit eigenen Erlebnissen zu reagieren. Probieren Sie es einmal aus und erzählen Sie, wie schön es in Ihrem letzten Urlaub war. Ihr Gesprächspartner wird sehr wahrscheinlich nach kurzer Zeit unterbrechen und einwerfen, er sei auch schon mal dort gewesen oder habe gehört, daß …

Viele Menschen neigen dazu, ihre Krankheiten in aller Ausführlichkeit zu besprechen. Es beginnt mit einem „Wie geht's?“, dann folgt ein kurzer Satz zum gegenwärtigen Befinden, und schon ist der Gesprächspartner in seinem Fahrwasser und kaum noch zu stoppen. Oft ist es sogar so, daß der andere, der ja eigentlich etwas loswerden wollte, gar nicht mehr zum Erzählen kommt.

„Zuhören dulden“ ohne Einspruch und ohne massive Reaktion wird in unserer Gesellschaft als ein Akt der Höflichkeit betrachtet.

Viele Menschen denken in der Zeit, in der der andere redet, über das nach, was sie selbst sagen wollen, oder sie hören nur mit halbem Ohr zu und verwenden die Zeit, um Argumente zu sammeln zu einem Sachverhalt, den sie ja eigentlich nur teilweise begriffen haben.

„Das habe ich schon alles x-mal gehört, ich weiß doch sowieso, was der noch alles erzählt.“

Unter solchen Umständen entgeht ihnen etwas sehr Wichtiges. Sie hören nämlich nicht, *wie* ihr Gesprächspartner redet. Sie hören beispielweise nicht die Nuancierung im Klang seiner Stimme.

Störend beim Zuhören können Ihre eigenen Emotionen sein.

Sie sind vielleicht von einer Sache sehr begeistert, oder Sie sind gerade schlechter Laune. Vielleicht ist Ihnen Ihr Gegenüber nicht besonders sympathisch, oder Sie beschäftigen sich gedanklich mit einem eigenen Problem. Sowohl übermäßig positive wie auch momentane negative Gefühle Ihrerseits beeinträchtigen das Zuhören. Machen Sie sich klar, in welchem Gefühlszustand Sie sich gerade befinden, und achten Sie darauf, daß Ihr Gefühlszustand ausgeglichen ist.

Aktives Zuhören heißt eintauchen in die Gefühls- und Gedankenwelt des Gesprächspartners, ohne zu bewerten und zu urteilen.

Eine Möglichkeit, solchen Handikaps zu begegnen, ist „aktives Zuhören", wie Harry Holzheu es beschreibt. Aktives Zuhören ist eine Methode, und wie jede Methode hat auch diese Regeln, die erlernbar sind. Sie werden die Regeln im zweiten Teil des Buches unter „öffnendes Zuhören" genauer kennenlernen.

Die Methode des aktiven Zuhörens ist fast immer und überall anwendbar. Ein Gespräch gestaltet sich so, daß man zwischen aktivem Zuhören und dem normalen und sachbezogenen Gespräch abwechselt. Sie steuern also ganz bewußt im Gespräch von der rationalen in die emotionale Ebene und umgekehrt. Die Entscheidung, wann Sie im Gespräch mit ihren Kunden das aktive Zuhören einsetzen, liegt bei Ihnen.

Die Sachinformation, die man nur in Worten erhält, wird durch Bestätigen oder Hinterfragen des Gesagten mit den Gefühlen des Erzählers in Verbindung gebracht.

Aktives Zuhören läßt den Erzähler im Mittelpunkt, der Zuhörer bleibt im Hintergrund.

Aktives Zuhören öffnet den Gesprächspartner und bringt ihn dazu, über Sachen zu reden, die in seinem Interesse sind. Dies gelingt aber nur, indem Sie sich mit Ihrem Partner auf eine Gefühlsebene einlassen.

Aktives Zuhören funktioniert nur auf der emotionalen Ebene. Eine Ebene, die bei vielen Geschäftsleuten noch verpönt ist, weil sie meinen, Geschäfte haben nichts mit Gefühlen zu tun.

Häufig wird auch befürchtet, das Gespräch könne dann zu lange dauern. Doch wer eingesehen hat, wie wichtig die Gefühle für die allgemeine Leistungsfähigkeit und für ein seelisches und körperliches Wohlbefinden sind, wird zu seinen Gefühlen stehen und die Gefühle seines Gesprächspartners oder auch Kunden akzeptieren und sich bemühen, mit ihnen umzugehen.

Wie schon erwähnt, kommt es darauf an, welche Gefühle Sie gerade haben. Gefühle und Stimmungen sind übertragbar. Wenn Sie genau zuhören, können Sie Einfluß nehmen auf Ihren Kunden, bevor Sie überhaupt ein Wort gesagt haben. Genauso kann der Kunde Sie durch seine momentane Grundstimmung beeinflussen.

Positive Gefühle machen Sie offen, negative Gefühle verschließen Sie.

Gehen Sie also nie zu einem Kunden mit der Wut im Bauch über den vorhergehenden Kunden. Die Wut wird ein aktives Zuhören nicht zulassen. Der Kunde könnte Ihnen das sehr übelnehmen, er weiß vielleicht nicht einmal, warum. Befinden Sie sich in einer positiven Grundstimmung und Ihr Kunde ist übel gelaunt, wird es Ihnen durch genaues Zuhören leichter fallen, seine Stimmung zu erkennen, zu akzeptieren und damit umzugehen. In jedem Fall wird die zwischenmenschliche Kommunikation durch einen unausgeglichenen Gefühlszustand erheblich erschwert.

Beginnen Sie und beobachten Sie sich und Ihre Gefühle genau vor und während des Gesprächs, und ziehen Sie anschließend ein Resumee. Je öfter Sie es trainieren, desto besser werden Sie mit Ihren eigenen und den Gefühlen Ihrer Kunden umgehen.

Denken Sie immer daran: Je besser Sie „drauf“ sind, desto größer ist die Chance für ein erfolgreiches Gespräch.

Das aktive Zuhören öffnet Ihren Gesprächspartner emotional.

Wie jede Methode will auch die Methode des aktiven Zuhörens etwas erreichen. Das oberste Ziel ist, den Gesprächspartner emotional zu öffnen, ihn dazu zu bringen, Ihnen anzuvertrauen, was ihn gerade interessiert und bewegt. Er möchte und soll bei Ihnen Verständnis und Vertrauen finden.

Dieses Verständnis schafft den zwischenmenschlichen Kontakt, was sich natürlich auch in einem Geschäftsgespräch günstig auswirkt. Wer schließt gerne mit einem ein Geschäft ab, dem er kein Vertrauen entgegenbringen kann?

Sprechen Sie Ihren Kunden emotional an, und überlassen Sie ihm die Wahl des Themas. Sie können bespielsweise sagen: „Sie machen heute einen so bedrückten Eindruck auf mich. Wollen Sie darüber reden?“

Wer die Möglichkeit hat, seine Emotionen frei auszusprechen, fühlt sich immer besser. Vielleicht liegt es an unserem rationalen Zeitalter, daß es besonders gut tut, einmal über seine Gefühle reden zu können.

Aktives Zuhören schafft Vertrauen.

Vergessen Sie dabei aber nicht, daß der Kunde nur so frei mit Ihnen redet, weil er Ihnen vertraut. Deshalb sollte die Schweigepflicht für Sie heilig sein.

Ein weiterer Vorteil, der sich Ihnen bietet, ist der Informationsgewinn. Da das aktive Zuhören als Therapieform in der Psychologie angewendet wird, weiß man, daß diese Methode der Wahrheitsfindung dient. Sie können also davon ausgehen, daß die erhaltenen Informationen meist der Wahrheit entsprechen. Sie erhalten beispielsweise Informationen über die finanzielle Lage, über bevorstehende geschäftliche oder auch private Veränderungen, über geschäftliche oder persönliche Schwierigkeiten und vieles mehr. Aufgrund dieser Informationen können Sie Ihre Strategien entwerfen und Ihr weiteres Vorgehen darauf abstimmen.

Durch die Methode des aktiven Zuhörens werden Sie Ihre Mitmenschen erst richtig kennenlernen. Sie können einen Menschen zehn und noch mehr Jahre kennen, so lange Sie nichts von seinem Gefühlsleben wissen, werden Sie ihn auch nach 20 Jahren nur kennen. Wirklich kennengelernt haben Sie ihn aber nie.

Sie werden feststellen, daß sich auch Ihre Handlungsweisen ändern werden, wenn Sie mehr über die Emotionen Ihrer Mitmenschen wissen. Dieses Wissen läßt Sie sensibel werden in Ihren Entscheidungen und in Ihren Handlungen. Sie werden lernen, auf Ihre eigenen Emotionen und die der anderen zu achten.

Sie werden lernen, den Emotionen zu vertrauen, denn Emotionen lügen nie.

Teil II

Der Einsatz der emotionalen Intelligenz im Verkauf

Die Basis für Erfolg im Verkauf

Wie läßt sich die emotionale Intelligenz im Verkauf nutzen?

Wie wir bisher gesehen haben, setzt sich die emotionale Intelligenz aus mehreren Komponenten zusammen, und diese werden wiederum von vielen Faktoren beeinflußt. Bei einer richtigen Betrachtungsweise lassen sich diese neuen Erkenntnisse für den Erfolg eines Verkäufers bestens nutzen. Die Grundlage der emotionalen Intelligenz bildet die Kommunikation allgemein.

Bei der emotionalen Intelligenz handelt es sich immer um das Miteinander der Menschen, die Gestaltung ihrer sozialen Beziehungen.

Watzlawick hat den Satz geprägt: „Man kann nicht nicht kommunizieren." Kommunikation findet überall und in jedem Bereich statt. Auch Menschen, die nicht miteinander reden, kommunizieren. In diesem Falle nonverbal. Die nonverbale Kommunikation nimmt aber auch in jedem Gespräch einen hohen Stellenwert ein. Davon abgesehen will jede Form von Kommunikation etwas erreichen.

Eine wesentliche Rhetorikregel lautet: Mit allem, was du sagst oder nicht sagst, willst du bei anderen etwas erreichen, bewußt oder unbewußt.

Käufer und Verkäufer bilden eine der vielen verschiedenen sozialen Beziehungen, häufig eine nur schwer zu bewältigende. Deshalb ist es gerade für diesen Bereich außerordentlich wichtig, zu wissen was man wie erreichen kann. Davon hängt nicht nur Ihr Ansehen ab, sondern auch Ihr Umsatz und damit Ihr Einkommen, Ihr berufliches Fortkommen und gegebenenfalls auch Ihre Karriere.

Beruflicher Erfolg hängt nicht nur von der emotionalen Intelligenz ab, genausowenig wie ein fundiertes fachliches Wissen allein für Erfolg bürgt.

Emotionale Intelligenz und Fachwissen ergänzen sich.

Ein breitgefächertes Wissen ist unerläßlich. Dieses Wissen bezieht sich auf Ihren Fachbereich, genaue Produktkenntnisse und die handwerklichen Fähigkeiten des Verkäufers. Letztere sind die Verkaufstechniken wie beispielsweise die Fragetechnik, kundenorientierte Argumentation und die Einwandbehandlung. Ebenso gehören dazu kundengerechte Briefe und professionelles Telefonieren.

Ohne diese Techniken zu beherrschen, kann ein Verkäufer seine Aufgabe, neue Kunden für das Unternehmen zu gewinnen und alte Kundenbeziehungen zu betreuen und zu pflegen, nicht wahrnehmen.

Die Anwendung der Verkaufstechniken wird über die emotionale Intelligenz gesteuert.

Das heißt, daß sämtliche Verkaufstechniken nicht immer und unbedingt angewendet oder sogar übertrieben angewendet werden sollen. Der Einsatz obliegt wiederum Ihrem Gefühl, das heißt Ihrer emotionalen Intelligenz.

Ändern Sie Ihre Glaubenssätze wie „Ich kann mit dem Kunden nicht umgehen" oder „Meine verkäuferischen Fähigkeiten sind nicht stark genug ausgeprägt".

Suchen Sie auch keine Ausflüchte: „Ich bin halt so." Sie wollen sich mit solchen Beschwichtigungen nur vor einer Verhaltensänderung drücken. Vielleicht bedarf es auch nur einer kleinen Korrektur Ihrer bisherigen Strategie oder Ihres Verhaltens. Wenn Sie jemanden anrufen wollen und Sie verwählen sich nur bei einer Ziffer, dann haben Sie bereits eine Fehlverbindung. Der eigentliche Empfänger des Gesprächs kann nichts dafür, daß sie ihn nicht erreichen konnten. Genauso kann es sich bei unseren zwischenmenschlichen Interaktionen oft nur um eine Kleinigkeit handeln, wenn eine Störung im sozialen Gefüge eintritt. Wählen Sie doch dann einfach eine andere „Nummer"!

Zu den Gewinnern gehören auch die, die eine Niederlage einstecken können.

Halten Sie sich auch beim Lesen dieses Buches nicht mit Einwänden auf. Sie blockieren dadurch nicht nur Ihr emotionales Gehirn, sondern auch Ihren Scharfsinn und Ihre Aufnahmefähigkeit. Sie werden in diesem zweiten Teil noch eine Fülle von Vorschlägen zur Kommunikation im Verkauf wie beispielsweise die briefliche und telefonische Kontaktaufnahme, die Gesprächsführung und die Verkaufstechniken erhalten. Zusammen mit der emotionalen Intelligenz wird es Ihnen dazu verhelfen, Menschen zu gewinnen und zu überzeugen.

„Wir sind nicht nur für das verantwortlich, was wir tun, sondern auch für das, was wir nicht tun." (Molière)

Das Ziel der Beziehung zwischen Kunden und Verkäufern ist die Zufriedenheit des Kunden. Spätestens am Ende des Gesprächs mit dem Kunden muß dieser das Gefühl haben, bei Ihnen gut aufgehoben zu sein. So notwendig wie die Gesprächstechniken auch sind, für sich allein genommen werden sie niemals Ihrem Kunden dieses Gefühl des „Gutaufgehobenseins" vermitteln. Zu selten noch ist das ehrliche Verkaufen, bei dem der Verkäufer nur das Beste für seinen Kunden erreichen will.

Über Jahre hinweg haben Methoden wie Hardselling, Superselling und Verkaufen mit Druck dazu geführt, daß es immer schwerer geworden ist, dem Kunden etwas zu verkaufen. Das Vertrauen des Kunden ist oftmals bitter enttäuscht worden. Er hatte das Gefühl, aufs Kreuz gelegt worden zu sein.

So zu verkaufen ist sehr kurzsichtig. Denn zum einen wird ein Kunde, der erfährt, es habe eine noch bessere Lösung für ihn gegeben, über seinen Kauf nicht gerade erfreut sein. Außerdem wird er überall von seinem Reinfall erzählen. Das ist gleichbedeutend mit einer Warnung vor dem Verkäufer und dem dahinterstehenden Unternehmen.

Dies ist auch eine der Ursachen, die Verkäufer in einem so schlechtem Licht erscheinen lassen. Außendienstverkäufer zu sein heißt, einen Beruf mit einem sehr schlechten Image zu haben. Auch der Sprachgebrauch hat eher negative Begriffe geprägt. Denken sie nur an „verraten und verkauft".

Es ist deshalb Zeit für einen Wechsel in der Geisteshaltung des Verkäufers dem Kunden gegenüber, wenn er auch zukünftig Verkaufserfolg haben und sich mit Stolz Verkäufer nennen will.

Es kommt immer mehr auf die Kompetenzen des Verkäufers im Fachbereich und auf seine sozialen Kompetenzen an.

In einigen Bereichen der Finanzdienstleistung, bei denen die beteiligten Unternehmen alles daran setzten, die Leistungen für den Laien durch Sondertarife und tarifliche Ausgestaltung nicht vergleichbar zu machen, hat der Kollege Computer zwischenzeitlich eine gute Vergleichsmöglichkeit für den Kunden geschaffen. Da die Kunden immer aufgeklärter werden, ist es für den Verkäufer natürlich schwieriger geworden, seine Produkte oder Dienstleistungen zu lancieren.

Gerade deswegen spielt die Kompetenz des Verkäufers, persönliche Beziehungen aufzubauen, eine ganz entscheidende Rolle für seinen Erfolg.

Die emotionale Intelligenz ermöglicht dem Verkäufer, ein Gefühlsband zwischen ihm und dem Kunden herzustellen.

Die Möglichkeiten, die das Unternehmen dem Verkäufer gibt, um Fachwissen und Marktkenntnisse in seiner Branche zu erwerben, sind sehr unterschiedlich. Hier sind die Grenzen für die Lösungskompetenz des Verkäufers gesetzt.

Der Verkäufer sollte die Probleme des Kunden erkennen und ihm geeignete Lösungsvorschläge machen. Er ist Sachwalter der Interessen seines Unternehmens und der Anliegen seines Kunden. Seine Kreativität und seine Leistung sollen dem Kunden Vorteile bringen. Der Kauf muß für den Kunden einen Gewinn darstellen oder ihm einen Gewinn bringen, und diesen muß der Kunde erkennen.

Wenn der Kunde auch einige Zeit nach dem Kauf, unabhängig von seinem Gewinn, noch ein gutes Gefühl hat, dann hat der Verkäufer seine Aufgabe gut erfüllt.

Ziele setzen und Ziele erreichen

Wenn wir uns Gedanken über unsere persönlichen Ziele oder über unsere Umsatzziele machen, dann stehen zunächst einige Fragen im Raum.

Was sind Ziele?

Unsere Ziele können als kleinere Ausgabe unserer Visionen verstanden werden. Ziele sind das, was wir in absehbaren Zeiträumen als anstrebenswert und verwirklichbar ansehen. Visionen gehen darüber hinaus. Wir können sie uns mit unseren geistigen Kräften zwar vorstellen, ihre Verwirklichung liegt aber noch weiter in der Zukunft als unsere Ziele.

Beispielsweise hat eine Vision Kolumbus Amerika entdecken lassen. Er war besessen von der Vorstellung, es müsse einen Weg geben, Indien auch auf dem Weg nach Westen zu erreichen. Diese zu seiner Zeit absurde Vorstellung hat unendlich viel Energie in ihm freigesetzt, und sie hat ihm geholfen, seine Geldgeber davon zu überzeugen, Schiffe auszurüsten und ihn fahren zu lassen.

Kolumbus hat bis zum Erreichen seines Ziels viele Entbehrungen durchleben und die Besatzung seiner Schiffe immer und immer wieder motivieren und zum Durchhalten bewegen müssen. In ähnlicher Weise geht es uns, wenn wir eine Vorstellung, eine Idee oder eine Vision haben.

Die Kraft unserer Gedanken arbeitet nach der Konkretisierung einer Vision, einer Idee oder eines Ziels fast automatisch an deren Verwirklichung.

Die Emotionen spielen dabei als treibende Kraft eine wichtige Rolle. Unsere Gedanken in Verbindung mit den Emotionen sorgen dafür, daß wir die zur Zielerreichung erforderlichen Schritte gehen und die richtigen Entscheidungen treffen. Ziele, die durch gedankliche Vorwegnahme der Zielerreichung mit freudigen Emotionen verbunden sind, lassen sich sehr viel leichter erreichen als solche, mit denen ungute Gefühle verbunden sind oder die nur widerwillig oder gezwungenermaßen angestrebt werden.

Bevor jedoch die Emotionen zum sinnvollen Einsatz kommen, sollten Sie sich klarmachen, warum Ihnen dieses Ziel so wichtig ist. Egal welches Ziel Ihnen vorschwebt, der Grund dafür ist der Wunsch, die Gefühle zu verändern. Sie sehen darin die Möglichkeit, Ihren Gefühlszustand zu ändern. Ein Mensch, der seinen Gefühlen passiv gegenübersteht, wird kaum eine Zielvorstellung haben, geschweige denn irgendwelche Ziele konkretisieren können.

Absolut notwendig für die Veranschaulichung unserer Vorstellungen ist die schriftliche Fixierung der Vision und der Zielvorstellung. Denn nur dann sind sie ständig auch in unserem Bewußtsein, können wir uns damit auseinandersetzen, unsere Emotionen dafür nutzen und dann entsprechend zielgerichtet handeln.

Ziele müssen überschaubar sein, mit unseren Emotionen im Einklang stehen und im Rahmen des Möglichen liegen, damit wir sie auch erreichen können.

Für eine Zielerreichung im Verkauf ist nichts schädlicher als Umsatzziele, von denen wir überzeugt sind, sie nie zu erreichen. Unerreichbare Ziele rufen Unbehagen und Unsicherheit hervor. Diese Gefühle reichen aus, um Sie zusätzlich zu blockieren.

Deshalb werden in den meisten Firmen die Umsatzvorgaben auch mit den Mitarbeitern besprochen. Fraglich ist jedoch, ob dabei auch immer wirklich das Einverständnis des Verkaufsmitarbeiters vorliegt oder hinter der verbalen Zustimmung sich vielleicht der Gedanke verbirgt: „Das schaffe ich ja doch nicht.“ Deshalb sollte der Verkaufsmitarbeiter seine eigene Zustimmung ständig hinterfragen und im Zweifelsfall keine Selbstsicherheit vortäuschen.

Nur Ziele, die als erreichbar angesehen werden, lösen Kräfte in uns aus, die der Verwirklichung der Ziele entgegenstreben.

Weitaus besser ist es, wenn der Verkaufsmitarbeiter in die Zielplanung miteinbezogen wird und die Umsatzziele konstruktiv zusammen mit dem Verkaufsleiter festgelegt werden. Konstruktiv heißt, die Ziele werden unter Berücksichtigung von voraussichtlichen Marktänderungen, Markteinflüssen und persönlichen Voraussetzungen besprochen. In beiden Fällen käme dann die emotionale Intelligenz zur Anwendung und wäre für beide von Nutzen.

Der so in die Entscheidungen einbezogene Verkaufsmitarbeiter kann voll und ganz hinter seinen Zielen stehen und alles tun, um diese Ziele auch zu erreichen, ohne daß ihn negative Gedanken, also geistige Blockaden, daran hindern. Der Verkaufsleiter erlebt keine Enttäuschung, und seine Verkaufsplanung stimmt am Jahresende mit den tatsächlich erzielten Umsatzzahlen weitestgehend überein.

Hinsichtlich der Zeitbestimmung von Zielen unterscheiden wir zwischen Nahzielen, kurzfristigen Zielen, mittelfristigen Zielen, Fernzielen und Lebenszielen. Vor dem Lebensziel stehen die zeitlich kürzer gelegenen Ziele:

- Nahziele sind die auf kleinste Einheiten heruntergebrochenen Teilziele. Sie sollten innerhalb von wenigen Tagen zu erreichen sein.
- Kurzfristige Ziele sind diejenigen, die in den nächsten Monaten erreicht werden können. „Was möchte ich in neun Monaten erreicht haben?" heißt hier beispielsweise die Einstiegsfrage.
- Mittelfristig sind Ziele, die innerhalb der nächsten achtzehn Monate erreicht werden können.
- Fernziele streben wir mit einer Frist von drei und mehr Jahren an.
- Visionen liegen meistens in weiter Ferne.

Da auch die längste Reise mit dem ersten Schritt beginnt, sollte dieser Schritt in Richtung Zielerreichung nach der Zielfindung sofort gegangen werden.

Warum Ziele?

„Wer losgeht, ohne ein Ziel zu haben, der braucht sich nicht wundern, wenn er dort ankommt, wo er überhaupt nicht hin will." Wenn ein Seefahrer vor Antritt der Fahrt nicht weiß, wohin die Fahrt gehen soll, wird er den Hafen nicht verlassen. Erst wenn ihm das Ziel ermöglicht, seinen Kurs auf der Seekarte abzustecken und den Weg zu bestimmen, geht er auf große Fahrt. Nur Ziele, die als erreichbar angesehen werden, lösen Kräfte in uns aus, die der Verwirklichung der Ziele entgegenstreben.

Sie müssen genau wissen, was Sie anstreben bzw. an Ihrem Gefühlszustand ändern wollen, und Sie müssen Ihre aktivierendsten Gefühle kennen, um sie dann zu nutzen.

Hinterfragen Sie daher genau, für welche Ziele Sie sich einsetzen wollen und warum. Denken Sie dabei aber nicht zu kurzfristig. Beziehen Sie auch die Frage mit ein: Wie wird mein Leben dann die nächsten Jahre aussehen? Eine Zielerfüllung auf Kosten der Gesundheit und der Harmonie im Beruf und in der Familie wird auf Dauer mehr Schaden anrichten und ist keinesfalls erstrebenswert.

Im Verkauf bedeutet dies nicht mehr und nicht weniger, als daß eine genaue Zielvorgabe hinsichtlich Umsatz oder Deckungsbeitrag am Beginn einer Maßnahmenplanung steht. Eine genaue Zielplanung heißt, daß Sie nicht gleich in Visionen einsteigen, daß Sie bei der Zielformulierung auch Ihr Familienleben, Ihre Gesundheit und Ihr allgemeines Wohlbefinden im Auge behalten.

Erst mit einem vorgegebenen Ziel vor Augen werden die entsprechenden Maßnahmen geplant, die notwendig sind, um diese Ziele auch zu erreichen.

Wie erreiche ich meine Ziele?

Wenn oben gesagt wurde, daß unser Unterbewußtsein fast automatisch an der Verwirklichung konkretisierter Ideen, Ziele und Visionen arbeitet, dann heißt das natürlich noch nicht, daß wir damit alles laufen lassen können. Es bleibt noch einiges zu Tun übrig, bis wir unsere Ziele erreichen. Dazu gehört in erster Linie die Zielformulierung.

Der Gedanke an Ziele alleine reicht nicht aus, um sie im Unterbewußtsein zu verankern und von dort aus wirksam werden zu lassen.

Mit der Formulierung Ihrer Ziele gehen Sie einen wichtigen Schritt, um Ihre Zukunft in die eigenen Hände zu nehmen. Sie machen sich Gedanken darüber, was Sie im privaten oder beruflichen Bereich erreichen wollen. Nicht von ungefähr ist eine der ersten Fragen, die von Personalberatern an Führungskräfte gestellt werden, die sich verändern wollen: „Welche Lebensziele haben Sie?“

Schreiben Sie sich Ihre Ziele unbedingt auf! In dem Moment, in dem Sie sich mit der schriftlichen Formulierung Ihrer Ziele befassen, werden Sie sich über eine ganze Reihe von Dingen klar, die in Ihren Gedanken bisher nur ein Schattendasein gefristet haben. Gerade die Gedanken darüber, warum wir etwas Bestimmtes erreichen wollen, verhelfen uns zur Klarheit.

Es lohnt sich, Ziele schriftlich zu formulieren, um ihre Verwirklichung anzustreben.

Die formulierten Ziele lassen sich oftmals auch bildlich oder symbolhaft darstellen. Sie können den Schreibtisch schmücken oder an die Wand gepinnt werden, wo Sie sie täglich sehen können. Auch kleine Kärtchen, auf denen die Ziele kurz und prägnant formuliert sind, helfen uns, sie täglich in Augenschein zu nehmen. Das ist eine weitere Hilfe, sich dieser Ziele ständig bewußt zu sein.

Danach sollte aus der allgemeinen Zielformulierung eine Gliederung entstehen, aus der ersichtlich wird, in welchen Schritten Sie das Ziel erreichen wollen. Diese Teilziele sollten ebenfalls sehr sorgfältig und gewissenhaft formuliert werden. Die Teilziele sind wie Treppenstufen, die Sie Schritt für Schritt an Ihr Ziel heranbringen.

Unsauber, unpräzise, nur schemenhaft formulierte Ziele sind die häufigsten Ursachen für die Nichterreichung!

Je konkreter Sie die Teilziele formulieren und je kleiner die Teilschritte sind, desto mehr Chancen auf Zielerreichung haben Sie. Dabei sollten die Teilziele ebenfalls positiv formuliert werden. Ein Beipiel für eine erfolglose Negativformulierung, die sich wohl jeder Raucher einmal im Jahr vornimmt, ist: „Ich rauche keine Zigarette mehr!“

Wenn Sie statt zu rauchen nunmehr Bonbons lutschen oder Kaugummi kauen, dann können Sie statt dessen positiv formulieren: „Das Rauchen hat für mich keine Bedeutung mehr. Von jetzt ab werde ich immer öfter Kaugummi kauen."

Die drei für den Verkäufer wichtigsten Buchstaben sind: t – u – n.

Alle formulierten Ziele und Teilschritte sollten auch in die Tat umgesetzt werden. Um das zu erreichen, müssen die einzelnen Schritte in konkrete Aufgaben umgesetzt werden. Ein positives Ziel ist z.B.:

„Bis zum Dezember werde ich meinen Umsatz gegenüber dem Vorjahr um 30 Prozent gesteigert haben."

Dieses Ziel wird nun in einzelne Schritte zerlegt, die sofort erledigt werden können oder die ohne große Verzögerung durchgeführt werden können. Diese kleinen Schritte werden dann in die Tagesplanung oder in die Aktivitätenliste übernommen. Dort könnte beispielsweise stehen: „Heute 50 Kundenbriefe aussenden. Die zuletzt ausgesandten Briefe nachtelefonieren." Falsch wäre es, nur zu schreiben „Heute Kundenakquisition".

Durch dieses Verfahren haben Sie das Ziel in viele kleine, konkrete Aufgaben zerlegt, die baldmöglichst durchgeführt werden. Bei einem solch konsequenten Vorgehen werden die Ziele oftmals schneller erreicht, als in der Zielplanung vorgesehen.

Voraussetzung ist:

- Sehen Sie sich Ihre Ziele und Teilziele immer wieder an.
- Handeln Sie entsprechend Ihren Zielen!
- Bei Veränderungen der Situation müssen auch Ziele neu überdacht werden. Definieren Sie gegebenenfalls neue Ziele nach demselben Muster.
- Passen Sie die jeweiligen Aufgaben den neuen Zielen an.

Vergessen Sie dabei jedoch nicht, immer wieder einmal nach innen zu horchen und Ihren Gefühlszustand zu kontrollieren. Überdenken Sie auf Ihrem Weg zur Erreichung Ihres Ziels auch immer wieder, warum Sie dieses Ziel erreichen wollen und inwieweit es für Sie noch relevant ist. Beobachten Sie sich selbst genau und überprüfen Sie Ihre Maßnahmen. Können Sie die angewandten Maßnahmen vor sich selbst und vor anderen vertreten?

Neue Zielsetzungen beinhalten möglicherweise auch eine Persönlichkeitsveränderung. Setzen Sie sich Verhaltensmaßstäbe, und halten Sie sich konsequent daran. Suchen Sie nicht nach Ausflüchten, wenn Sie einmal eine Stufe nicht im ersten Anlauf schaffen. Ausreden vor sich selbst haben eine zerstörerische Wirkung, da Sie sich ja selbst belügen.

Der Mensch ist kein Produkt der Umstände; die Umstände sind ein Produkt des Menschen. (Benjamin Disraeli)

Es sind Ihre Entscheidungen, die Ihr Leben bestimmen, und nicht die Lebensumstände. Sie wissen bereits, Sie alleine bestimmen, ob Sie glücklich oder traurig sind.

Mental fit sein

Jeder Verkäufer erlebt die Berg- und Talfahrt der Umsätze auf seine Weise. Bei einem Verkäufer, der auf Provisionsbasis arbeitet, wirkt sich eine Talfahrt der Umsätze u.U. verheerend aus, wenn er sich nicht mental fit hält. Eine häufig zu beobachtende Reaktion von Verkäufern ist, sich mit Hoffnungen auf die Realisierung von Eventualkunden emotional hochzuziehen. „Träume sind Schäume", sagt schon der Volksmund. Besser ist es, sich selbst zu motivieren und sich nicht von solchen immer wieder entstehenden Umsatzeinbrüchen beeindrucken zu lassen.

Wie es sich bei Ihnen auswirkt, erfahren Sie am besten, wenn Sie in den Spiegel schauen und sich Ihre Mimik betrachten, nachdem einige sicher geglaubte Kunden sich anders entschieden haben. Die Arbeit von Wochen oder Monaten ist damit verloren. Diesem emotionalen Tief können Sie Ihre mentale Fitness entgegensetzen und damit sogar erreichen, daß Sie gar nicht erst in ein Tief hineinrutschen, das Ihre persönlichen Verkaufsfähigkeiten, Ihre Dynamik und Entscheidungsfreude behindert.

Mentale Fitneß hilft Ihnen jeden Tag, Ihre Fähigkeiten voll zu entfalten. Dazu ist es aber auch nötig, Begabungen und Wissen zu vertiefen und daran zu arbeiten. Bei der Vertiefung Ihres Wissens helfen Ihnen die nachfolgenden Kapitel. Dieses Kapitel befaßt sich schwerpunktmäßig mit der Schaffung und Erhaltung der inneren Stabilität und Fitneß.

Distanzieren Sie sich von pessimistischen Äußerungen wie „Immer bin ich es, den so etwas trifft" oder „Ich kann wohl doch nicht so gut verkaufen, wie ich dachte" oder „Ich gehöre eben zum Durchschnitt". Lassen sie der Zuversicht und dem Optimismus den Vorrang. Jeder Mensch kann seine Fähigkeiten und Begabungen fördern, wenn er selbst die Initiative ergreift. Es gibt eine Wachstumsgrenze, aber keine Leistungsgrenze.

Jeder Mensch ist ein Original und einzigartig, deshalb sind Vergleiche unnötig.

Vergleiche mit anderen Menschen bringt Sie viel zu häufig in den Zustand des Unterlegenseins. Anders verhält es sich, wenn Sie sich positive Vorbilder suchen. Das spornt den Eifer an, in Teilbereichen zu werden wie dieses Vorbild. Das ist ein positiver Reiz. Sich unterlegen zu fühlen ist keine gute Voraussetzung, um Ihre gesteckten Ziele zu erreichen oder überhaupt erfolgreich zu sein. Machen Sie sich klar: Jedes und jeder auf dieser Welt ist ein Teil zur Ergänzung einer großen Einheit, und jedes Teil hat seine spezielle Aufgabe, die zur Ergänzung beiträgt.

Finden Sie Ihre Begabungen heraus. Jeder Mensch verfügt über Begabungen. Mit Begabungen sind nicht irgendwelche überragenden Fähigkeiten gemeint, wie sie z.B. bei einer Steffi Graf oder bei einem Kostolany zu finden sind.

Machen Sie sich Ihre eigenen Wünsche und Bedürfnisse einmal wirklich klar, die nötig sind für Ihre innere Stabilität. Lassen Sie dabei zunächst aber Prämien, Gehaltserhöhung und Beförderung außer acht.

Denken Sie einmal andersherum! Was benötigen Sie, oder auf welchem Gebiet müssen Sie Ihre Fähigkeiten noch weiterentwickeln, um die innere Stabilität zu fördern oder zu sichern?

Von Bedeutung bei der Formulierung Ihrer Wünsche sind Werte wie Glaubwürdigkeit, Liebenswürdigkeit und Offenheit. Diese Werte mögen einen altmodischen Charakter haben, aber angewendet verfehlen sie auch heute nicht ihre Wirkung.

Denken Sie daran, daß Sie Ihre Wünsche und Bedürfnisse nur über die richtige Handhabung Ihrer Emotionen verwirklichen können, die Ihnen dienlich sind. Unterliegen Sie nicht weiterhin dem Trugschluß, daß Emotionen Reaktionen auf Ereignisse sind.

Sie haben die Macht über Ihre Emotionen, denn Sie sind der Urheber Ihrer Emotionen!

- Wenden wir uns der schönsten aller Emotionen zu, der *Liebe*. Das wird Sie jetzt vielleicht etwas verwundern, und Sie fragen sich, was hat Liebe mit Verkaufen zu tun? Doch auch hier übt die Liebe in ihren Variationen einen äußerst positiven Einfluß aus. Zeigen Sie sich Ihren Mitmenschen gegenüber liebenswürdig und zugeneigt, auch wenn diese unter Umständen gerade ihre ganze Wut oder den aufgestauten Frust an Ihnen ablassen. Achten Sie aber darauf, daß Ihre Liebenswürdigkeit nicht nur aufgesetzt ist oder sich gar ironisch oder zynisch auswirkt. Das hätte dann genau den gegenteiligen Effekt.
  Begegnen Sie dem anderen wirklich liebevoll, wird sich dessen Stimmung zusehends verbessern. Gehen Sie mit sich selbst liebevoll um. Am besten so, wie Sie es sich von Ihrer Frau bzw. Ihrem Mann oder von Ihrem Chef etc. wünschen. Denken Sie ab und zu an das alte Sprichwort: „Was du nicht willst, das man dir tu, das füg' auch keinem andern zu." Oder anders gesagt:

Behandle die Menschen so, wie du von ihnen erwartest, daß sie dich behandeln.

- Durch *Dankbarkeit* werden Sie Ihren Gefühlszustand positiv aufladen und Ihr Leben bereichern, da Sie dem, was das Leben Ihnen bietet, Achtung und Wertschätzung entgegenbringen. Damit sind nicht nur die angenehmen Erlebnisse und Ereignisse gemeint, auch die negativen Erfahrungen bringen Sie jeden Tag ein Stück weiter, wenn Sie richtig damit umgehen.

- Die *Flexibilität* hilft Ihnen, Methoden zur Problemlösung zu ändern. Flexibilität bedeutet auch, sich anzupassen. Passen Sie Ihre Problemlösungsmethoden den Herausforderungen an. In Situationen, die nicht veränderbar sind, verändern Sie Ihre Wahrnehmung, Ihren Blickwinkel, Ihre Prinzipien, Ihre Paradigmen und, wenn erforderlich, Ihre Verhaltensweise. Richten sie Ihr Augenmerk auf Ihren Gefühlszustand! Verharren Sie nicht in der Situation oder bei dem Verursacher der Situation! Sie vergeuden nur unnötig Energie.

- Die *Fröhlichkeit* vertreibt Trübsal, Frustrationen, Enttäuschungen, Minderwertigkeitsgefühle und vieles mehr. Die echte Fröhlichkeit, nicht die zur Schau getragene, verschafft Ihnen Sympathie und erleichtert Ihnen den Umgang mit anderen Menschen, da sie sich auf sie überträgt. Sie schwingen in der Phase der heiteren Gelassenheit. Die Lebensfreude, die Sie dabei empfinden, läßt Sie alle Herausforderungen annehmen und Aufgaben mit weniger Energieaufwand meistern. Negative Emotionen haben keine Chance, Sie zu überwältigen.

- *Selbstvertrauen* gibt Ihnen innere Sicherheit. Üben Sie sich jeden Tag darin, indem Sie an sich glauben, sich vertrauen und Aufgaben ohne Ängste angehen oder übernehmen. Selbstvertrauen ist nicht einfach da und stellt sich nicht irgendwann einmal ein, man muß es jeden Tag trainieren.

Alle Tätigkeiten, in denen Sie sich sicher fühlen, gehen Ihnen wie selbstverständlich von der Hand, weil Sie sie schon hundert oder tausend Mal ausgeführt haben. Gehen Sie also neuen Herausforderungen, auch Experimenten, nicht einfach aus dem Weg, sondern packen Sie sie an. Nur konsequentes tägliches Training bringt Erfolg. Etwaige Mißerfolge sind dazu da, um aus ihnen zu lernen.

Verbannen Sie den Satz „Das kann ich nicht“ aus Ihrem Leben!

- Eine wichtige Rolle spielt die *Vitalität*. Gönnen Sie Ihrem Körper Entspannung, Ruhezeiten und ausreichend Schlaf. Verschaffen Sie sich regelmäßig Bewegung, am besten an der frischen Luft. Das muß nicht unbedingt in sportliche Aktivitäten ausarten. Zu langes Nichtstun läßt Ihre Vitalität, auch die emotionale, erschlaffen. Eine physische Vitalität ist die beste Grundlage, sich auch emotional wohl zu fühlen. Ein gewisses Maß an Energieverbrauch ist täglich notwendig, um sein Energiebewußtsein zu schärfen.

- Von ebenfalls großer Bedeutung für die innere Stabilität sind *Entschlossenheit* und *Beharrlichkeit.* Sie sind die Grundlage und die Voraussetzung für alle oben genannten Fähigkeiten.
  Die Beharrlichkeit läßt auch in schwierigsten Situationen nicht das Gefühl zu, das Ende der Fahnenstange erreicht zu haben, sondern hilft Ihnen, andere Möglichkeiten zur Bewältigung des Problems zu suchen. Sie müssen nur fest dazu entschlossen sein. Diese Entschlossenheit hilft Ihnen mehr, als wenn Sie sich dazu zwingen. Zwingen Sie sich dazu, tun Sie es widerwillig. Widerwille hat mit Ekel zu tun, und Ekel ist bestimmt nicht die beste Voraussetzung, eine Sache erfolgreich durchzuführen. Entschlossenheit beinhaltet Engagement und Zielstrebigkeit.
  Nehmen wir an, Sie haben ein unangenehmes Telefonat vor sich. Sie möchten es hinter sich bringen. Vorsicht! Überwindung und Zwang helfen Ihnen, es überhaupt durchzuführen, aber tragen nicht dazu bei, Ihren Gefühlszustand, geprägt von Widerwillen, zu verbessern. Läuft das Gespräch schief, tritt eher das Gegenteil ein. Überlegen Sie sich lieber genau, was Sie mit diesem Telefonat bezwecken und von welcher Wichtigkeit es für Sie ist. Setzen Sie sich ein Ziel, das Sie mit diesem Telefongespräch erreichen wollen, dann fällt Ihnen auch ein solches Telefonat nicht mehr so schwer.

Streben Sie nicht danach, Unbehagen zu vermeiden, sondern Freude und Wohlbehagen zu gewinnen!

Begreifen Sie negative Erlebnisse als Impulse und als Herausforderung, etwas tun zu müssen, und zwar in die entgegengesetzte Richtung. Vielleicht bedarf es auch nur einer kleinen Änderung. Überlegen Sie sich zum Beispiel, ob Sie Ihre Kommunikationstechnik ändern müssen, um künftig solche Erfahrungen zu vermeiden. *Nega-*

tive Erfahrungen zeigen Ihnen immer wieder, daß Ihr Weg nicht der richtige war. Stellen Sie sich nicht stur! Wählen Sie einen anderen Weg zum Ziel!

Machen Sie sich klar, was Sie wirklich wollen.

Ändern Sie Ihre Problemlösungsmethode!

Gehen Sie dem Unbehagen aus dem Weg, wird es sich auf Dauer nur verstärken.

- Fühlen Sie sich *gekränkt,* verschwenden Sie Ihre Energie nicht, indem Sie über Rache nachdenken. Finden Sie lieber heraus, was das Gefühl des Gekränktseins Ihnen vermitteln will. Vielleicht steckt hinter der *Kränkung* gar keine Absicht? Vielleicht weiß der andere gar nicht, daß er Sie gekränkt hat? Vielleicht Sind Sie zu empfindlich?
  Eine letzte Möglichkeit ist noch, mit der betreffenden Person ein klärendes Gespräch auf sachliche Art und Weise zu führen.

- *Frustration* fühlt ein Mensch, wenn er an der Erreichung eines Ziels gehindert wird, wenn Hindernisse und Widerstände ihn vermeintlich aufhalten. Der Mensch ist überzeugt, daß er besser sein könnte als ihm gerade „erlaubt" wird. Sehen Sie die Frustration als Aufforderung, flexibel zu sein und nach neuen Wegen zu suchen, um Ihr Ziel zu erreichen. Ändern Sie Ihre Strategie! Holen Sie sich notfalls von einem erfahreneren Kollegen, von Freunden oder guten Bekannten Rat.

- Eine Steigerung der Frustration ist die *Enttäuschung*. Enttäuschung macht traurig. Meist handelt es sich um eine Niederlage oder eine Hoffnung, die man aufgeben muß. Beharren Sie in so einem Fall nicht auf Ihren Erwartungen. Überlegen Sie, welches der Grund für das Scheitern Ihrer Pläne war, und sehen Sie es als Möglichkeit, daraus zu lernen. Stecken Sie sich neue Ziele, gehen Sie sie zuversichtlich an. Achten Sie aber darauf, daß Ihre Erwartungen der Realität entsprechen.

Erfolg ist die Gewohnheit, sich in die richtige Richtung zu bewegen, bis man sein Ziel erreicht hat.

- Bevor Sie *Schuldgefühle* übernehmen, machen Sie sich bewußt, ob es tatsächlich Ihre Schuld ist. Ich schreibe mit Absicht „Schuld übernehmen“, weil in vielen Fällen einem die Schuld zugeschoben wird. Falls es wirklich Ihre Schuld ist, unterdrücken Sie die Gefühle nicht, Sie fügen sich sonst noch mehr Schmerz zu. Schuldgefühle schmerzen, weil man feststellen muß, gegen seine eigenen Maßstäbe und Wertvorstellungen verstoßen zu haben. Geben Sie diesen Verstoß zu und versprechen Sie sich selbst, in Zukunft darauf zu achten, daß ein solches Verhalten nicht mehr vorkommt.

- Den meisten Menschen dürfte ein *Minderwertigkeitsgefühl* bekannt sein. Sie müßten aber gar keins haben. Es liegt nur an ihrer eigenen Perspektive, wie sie sich selbst sehen. Hinterfragen Sie daher immer genau, wenn sich ein Minderwertigkeitsgefühl einschleicht, ob es berechtigt ist. Sind Sie wirklich davon überzeugt, dann besteht Handlungsbedarf. Verbessern Sie Ihre Leistungen. Schaffen Sie es nicht alleine, suchen Sie sich ein Vorbild, oder lassen Sie sich helfen. Denken Sie an den Spruch aus der Sesamstraße:

Wer, wieso, weshalb, warum – wer nicht fragt, bleibt dumm.

- Fühlen sie sich tatsächlich *überfordert*, überlegen Sie sich, ob Sie nicht vielleicht zu viele Anforderungen auf einmal an sich stellen. Setzen Sie Prioritäten, und konzentrieren Sie sich zunächst auf das, was Ihnen am leichtesten fällt. Überlasten Sie sich nicht, sondern gehen Sie schrittweise vor. Grundsätzlich sollten Sie sich folgenden Satz immer vor Augen halten:

Entscheidend sind nicht die Umstände, sondern entscheidend ist immer unsere Einstellung.

Sollten Sie bei mehreren der vorgenannten Punkte Änderungsbedarf für sich erkennen, dann gehen Sie bitte folgendermaßen vor:

Nehmen Sie sich zunächst einen oder maximal zwei Punkte vor, die Sie für die wichtigsten halten. Planen Sie Ihre Änderungsstrategie und was Sie an einzelnen Schritten unternehmen wollen. Dann packen Sie es an! Nach einiger Zeit machen Sie eine Erfolgskontrolle und prüfen, ob das Ziel der Änderung schon erreicht ist. Erst wenn Sie mit dem Ergebnis zufrieden sind, gehen Sie an die Bearbeitung des nächsten Punktes.

Diese Vorgehensweise ist deshalb sinnvoll, weil es anderenfalls zu einer Überforderung kommen kann und damit das Ziel an sich, nämlich die Verbesserung des persönlichen Wohlbefindens, in Gefahr ist. Denn Verhaltensänderungen können nicht in wenigen Tagen erreicht werden, oftmals sind hierfür Wochen oder sogar Monate erforderlich. Lassen Sie sich deshalb nicht gleich entmutigen, wenn – trotz guter Vorsätze – ein Erfolg noch nicht am nächsten Tag spürbar ist.

Nicht das Beginnen wird mit Erfolg belohnt, sondern einzig und allein das Durchhalten.

Zielerreichung durch Selbstmotivation

In Phasen, in denen der Umsatz nicht die Größenordnung erreicht, die er erreichen müßte, und in denen es wie verhext zu sein scheint, bedarf es der Selbstmotivation. Das ständige Auf und Ab der Erfolgskurve kann demotivierend wirken und verhindern, daß der nächste Kunde mit genauso viel Freude und Schwung angesprochen wird wie der, der zufällig in einer guten Phase kontaktiert wird. Wie sich die eigene Ausstrahlung auf den Verkaufserfolg auswirkt, läßt sich sehr gut erkennen. Ihre Erfolgschance, bei schwierigen Kunden Abschlüsse zu erzielen, ist erheblich größer, wenn Sie diese Kunden nach einem Erfolgserlebnis ansprechen.

Es gibt ein Instrument, um sich in umsatzreduzierten Zeiten selbst zu motivieren, aber auch, um eventuell die Ursachen für den ausbleibenden Erfolg festzustellen und dann handeln zu können. Dieses Instrument hilft, die persönliche Jahres- oder Quartalsplanung und Einkommensplanung auf Provisionsbasis vorzunehmen, indem über die langjährigen Kennzahlen die zu erbringenden Aktivitäten beziffert werden.

Zu Beginn der Arbeit mit diesem Modell liegen diese langjährigen Kennzahlen noch nicht vor. Sie können Ihre Quoten dann schätzen.

Beispielsweise wissen Sie, wie viele Telefonate Sie führen müssen, um einen Kundentermin zu erhalten, und wie viele Erstkundentermine Sie benötigen, um einen Abschluß zu tätigen. Diese Quoten sind stark abhängig vom Produkt. Wenn sie aber einmal festgestellt sind, bleiben sie gleich, vorausgesetzt, die Marktdaten und Kundengewohnheiten ändern sich nicht.

Es wird ein tabellenähnliches Raster für jeden gewählten Zeitabschnitt gezeichnet. Die Beschriftung kann jeder seinen eigenen Bedürfnissen anpassen.

Links stehen die Planzahlen. Sie sagen aus, wie es in diesem beliebigen Zeitabschnitt sein sollte. Rechts stehen die für diesen Zeitabschnitt ermittelten Werte. Liegen Erkenntnisse vor, daß die Ergebnisse der Quartale regelmäßig sind, dann kann es so bleiben. Anderenfalls, wenn also beispielsweise das dritte Quartal immer einen Umsatzeinbruch hat, aber das vierte Quartal dafür sehr gut ist, werden die jeweiligen Soll-Zahlen angepaßt.

In dem nachfolgenden Beispiel bleibt unberücksichtigt, daß ein Teil des Neugeschäfts über Empfehlungen erzielt wird. Um diese zu erfassen, wird ein zweites Raster rechts neben die Zeile Abschlüsse gezeichnet, in dem die Zahlen für erhaltene Empfehlungen und daraus resultierende Abschlüsse stehen. Der Einfachheit halber habe ich im folgenden auf dieses Raster verzichtet.

Das Beispiel:

Ein Außendienstverkäufer auf Provisionsbasis möchte im nächsten Jahr 100000,– DM erzielen. Er weiß aus seinen früheren Abrechnungen, daß er pro Abschluß im Durchschnitt 1400,– DM erhält. Er muß also rund 71 Abschlüsse im Jahr tätigen.

Das Jahr wird mit zehn Monaten angesetzt, dadurch werden Urlaub und Krankheit oder sonstige Ausfalltage berücksichtigt. In diesen zehn Monaten muß er also im Durchschnitt sieben Abschlüsse jeden Monat erzielen. Die Aufstellung soll in diesem Beispiel für einen Monat erfolgen. Also ist die erste Zahl, die eingetragen wird: sieben Abschlüsse pro Monat.

Weiterhin weiß er, daß er durchschnittlich sechs Kunden aufsuchen muß, um einen Abschluß zu erhalten. Die nächste Sollzahl ergibt sich also mit 6 x 7 = 42 Erstkundenbesuche.

Ebenfalls ist ihm bekannt, daß seine Quote von Telefonat zu Termin bei 8 : 1 liegt. Dies bedeutet rund 80 Telefonate in jeder

Woche. Er hat sich damit nicht zuviel vorgenommen. In der Reihe Telefonate wird 8 x 42 = 336 für den Monat eingetragen.

Es werden Vorschaltbriefe ausgesandt, um die Kunden für eine besondere Problematik zu sensibilisieren. Diese Vorschaltbriefe erleichtern das Nachtelefonieren. Da es aber Adressenänderungen, Irrläufer usw. gibt, werden 25 Prozent mehr Briefe ausgesandt, als Telefonate vorgesehen sind. In diesem Beispiel also 420 Briefe. Diese Mehraussendungen sind auch deshalb erforderlich, um ausreichend Material für die Nachtelefonate zu haben. Ein recht großer Teil wird bei dem ersten Kontaktversuch nicht zu erreichen sein. Diese Ausfälle werden durch die Mehraussendungen kompensiert.

Die Motivationstabelle könnte mit diesen Zahlen so aussehen:

Quote	SOLL	3. Monat	IST	Quote
	420	Mailings	400	
–20 %	336	Nachfaß-telefonate	307	–24 %
8,00 : 1	42	Erstkunden-termine	38	8,08 : 1
6,00 : 1	7	Abschlüsse	5	7,60 : 1
	durchschnittl. 1400,–	Soll DM 9800,– Ist DM 8500,–	durchschnittl. 1700,–	

In der rechten Spalte werden die tatsächlichen Ergebnisse des Monats eingetragen. Diese geben konkrete Hinweise auf Ursachen für Abweichungen.

Das Verhältnis von ausgesandten Briefen und möglichen Nachtelefonaten läßt auf die Qualität des Adressenmaterials schließen.

Ist die Quote von Nachfaßtelefonaten zu erzielten Terminen schlechter als der langfristige Durchschnitt, dann müssen diese Gespräche überdacht oder neu gestaltet werden, um wieder mehr Termine zu erreichen.

Stimmt die erreichte Quote von Erstkundenterminen zu Abschlüssen nicht, dann kann es an dem Verkaufsgespräch liegen. Sie entdekken sehr schnell, in welcher Phase des Verkaufsgesprächs etwas nicht stimmt, und haben damit die Möglichkeit, zu reagieren. Für negative Ergebnisse können aber auch immer Änderungen des Marktgeschehens oder des Kundenverhaltens verantwortlich sein. Dies gilt es ebenfalls zu überprüfen.

Zur Eigenmotivation können Sie diese Tabelle sehr gut heranziehen. Durch die statistisch erfaßten Zahlen kann Sie ein Umsatztief nicht so leicht erschüttern, da Sie anhand der Tabelle mögliche Fehlerquellen aufspüren und darauf reagieren können.

Aber auch wenn Sie nicht gerne die erforderlichen aktiven Kundentelefonate durchführen, hilft Ihnen die Berechnung. Sie wissen, daß Termine erforderlich sind, um Gespräche zu führen. Durch die erhaltenen Termine wird die Basis für die Abschlüsse gelegt. Sie können nun errechnen, wieviel ein Telefonat in bezug zum Provisionsergebnis eingebracht hat.

Beispielsweise diese Rechnung :

269 (307–38) Interessenten geben Ihnen im Beispiel keinen Termin, nur 38 sind mit einem Besuch einverstanden. Trotzdem erhalten Sie nach der Tabelle 8500/307 = 29,17 DM für jedes durchgeführte Telefonat im Durchschnitt. Und zwar unabhängig davon, ob der Kunde einen Termin zugesagt oder kein Interesse gezeigt hat. Diesen Betrag haben Sie mit jedem Telefonat, ob kurz oder lang, ob erfolgreich oder nicht, tatsächlich verdient.

Sie erkennen deutlich, daß im berechneten Monat 33 Interessenten das Angebot nicht angenommen haben und nur fünf Kunden eine Entscheidung zugunsten Ihres Angebots trafen. Die Abschlußquote war aber besser als im langfristigen Durchschnitt der Soll-Spalte.

Wenn Sie wissen, daß Sie alles getan haben, um den Kunden zu gewinnen, dann kann es für Sie ganz gleich sein, wie der einzelne sich entscheidet. Maßgeblich ist, daß Ihre Quote stimmt. Ja, es ist tatsächlich so, daß Sie die Kunden mit negativer Entscheidung ebenso benötigen wie die Kunden, bei denen Sie abschließen können.

Je länger Sie dieses Modell für sich verwenden, desto sicherer werden Sie den festgestellten Quoten vertrauen, und um so mehr hilft Ihnen dieses Vertrauen, Durststrecken zu überwinden. Sie wissen dann aus den Tabellen der Vormonate, daß ein Ausgleich dadurch erfolgt, daß wieder Zeiten mit überdurchschnittlich vielen Abschlüssen kommen werden.

Auch das „Nein“ des Kunden ist so gesehen nicht mehr problematisch, da Sie wissen, daß das „Nein“ ebenso erforderlich ist wie ein „Ja“, nur eben wesentlich häufiger in Erscheinung tritt.

Die Grundlagen der Kommunikation

Mimik, Gestik und Körpersprache verraten mehr als gedacht

Rund zwei Drittel unserer täglichen Kommunikation findet nonverbal statt! Die nonverbale Kommunikation beinhaltet jede Bewegung eines Körperteils oder des gesamten Körpers, mit der der Mensch seine Botschaft an die Mitmenschen weitergibt.

Die nonverbale Kommunikation nimmt einen großen Raum in unserer täglichen Kommunikation mit Kunden, Geschäftspartnern, Vorgesetzten oder Mitarbeitern ein.

Es ist jedoch bei allen körpersprachlichen Signalen zu beachten, daß sie für sich allein genommen nicht sehr aussagekräftig sind. Solche einsamen Körpersignale sind nur als Indiz zu werten, daß etwas vorgegangen sein könnte, das sie ausgelöst hat. Mehren sich die Signale einschließlich verbaler Äußerungen, dann können wir den Informationen der nonverbalen Kommunikation sicher glauben.

Mimik und Gestik haben in bezug auf die „Sprache" die größte Aussagekraft. Jedoch gilt auch hier:

Kein Körpersignal ist absolut eindeutig!

Mimik

Mimik ist die Bewegung des Gesichts. Das Gesagte wird bewußt oder unbewußt durch die Mimik untermalt. Durch die Bewegung unserer Muskeln im Gesicht unterstreichen wir eine Aussage und verleihen ihr eine besondere Bedeutung. Andererseits reagiert der Angesprochene mit seiner Mimik meist unkontrolliert auf Gesagtes oder auf Ihr Verhalten. Dadurch, daß Ihrem Gesprächspartner seine

Mimik nicht bewußt ist, hilft sie Ihnen, seinen momentanen Gefühlszustand wahrzunehmen.

Es liegt an Ihnen, die Mimik Ihres Gespächspartners, also seine nonverbal ausgedrückten Gefühle, zu registrieren und zu interpretieren.

- Beispielsweise kann die Stirn in Falten gelegt werden. Das kann Verwunderung, Erstaunen oder Überraschung ausdrücken.
- Es können die Augenbrauen angehoben werden, das bedeutet Skepsis oder Erstaunen.
- Im Zustand der Konzentration werden die Augenbrauen oftmals zusammengezogen.
- Wenn uns etwas „stinkt", neigen wir dazu, die Nase zu rümpfen.
- Wenn die Wangen nach oben gezogen werden und der Mund sich verbreitert, die Augen etwas geschlossen werden, entsteht ein Lächeln.

„Ein Mensch ohne Lächeln sollte kein Geschäft aufmachen."
(Chinesisches Sprichwort)

Mit der Mimik drückt jeder Mensch spontan Gefühlssituationen aus, ohne die Sprache zu verwenden. Wir kennen alle den entsprechenden Gesichtsausdruck von Freude, Schmerz, Trauer, Entsetzen, Haß, ein ängstliches, unsicheres Lächeln ...

Sagen Sie jemandem, er möge ein entsprechendes Gesicht machen, dann gelingt es dieser Person regelmäßig auf Anhieb, weil diese Muskelreaktionen auch bewußt herbeigeführt werden können.

Nach all dem, was Sie mittlerweile über Emotionen wissen, sind Sie in der Lage, diese Gefühle zu interpretieren und den Gefühlszustand einschließlich seiner Reaktionen, physiologischer und psychischer Art, nachzuvollziehen.

Machen Sie eine kleine Übung anhand der folgenden Fotos. Betrachten Sie nur die Fotos, bevor Sie den Kontext lesen!

1. Was drücken die jeweiligen Gesichter Ihrer Meinung nach aus?
2. Wie fühlt sich dieser Mensch?

3. Was empfinden Sie beim Betrachten des jeweiligen Fotos?

Wir geben im Kontext einige Anhaltspunkte, welchen Eindruck die meisten Menschen hatten, denen wir diese Bilder zeigten.

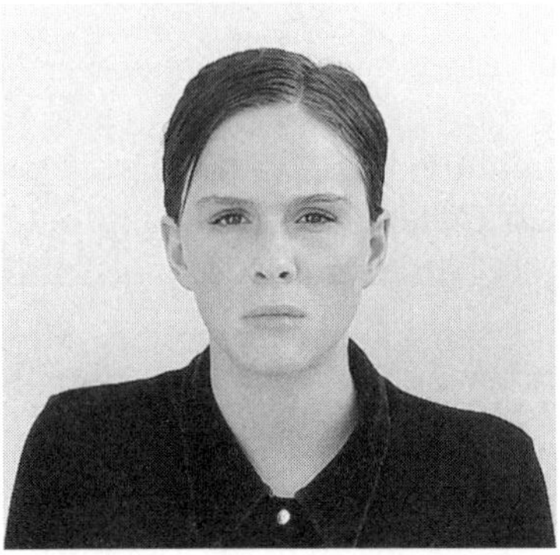

Abb. 7: Eine ernste, eher verspannte Mimik, die auf einen emotionalen Zustand der Verschlossenheit schließen läßt und in dem die unausgesprochene Frage steht: „ Was kommt jetzt?“

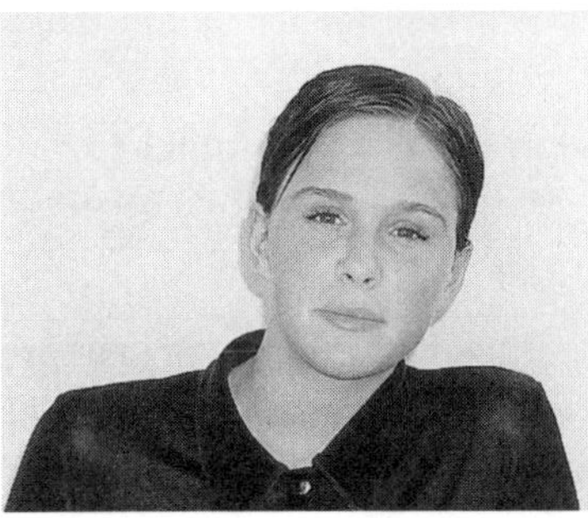

Abb. 8: Der Gesichtsausdruck ist lokker und gelöst. Er läßt auf Offenheit den angesprochenen Themen gegenüber schließen.

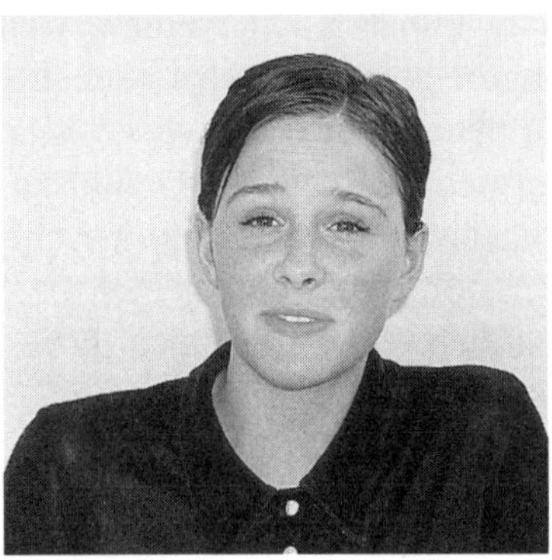

Abb. 9: Dies ist der Gesichtsausdruck eines Menschen, der einen anderen „auf den Arm nehmen“ will. Eine leichte Ironie ist unverkennbar.

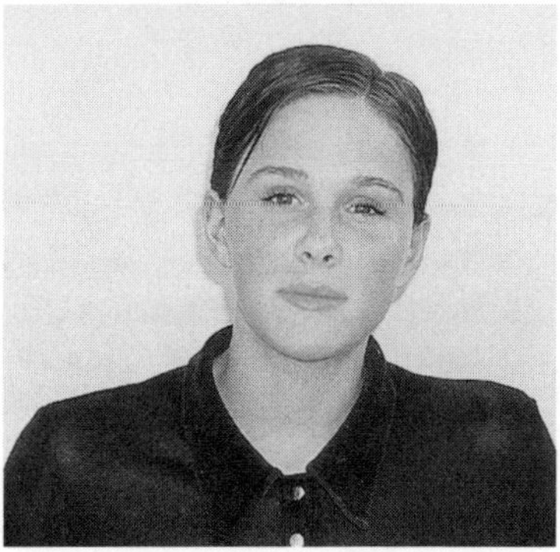

Abb. 10: Diese Mimik zeigt verhaltene, aus irgendwelchen Gründen gebremste Freude.

Abb. 11: Diese Mimik kokettiert. Sie drückt aus: „Nun sag schon, was du meinst!"

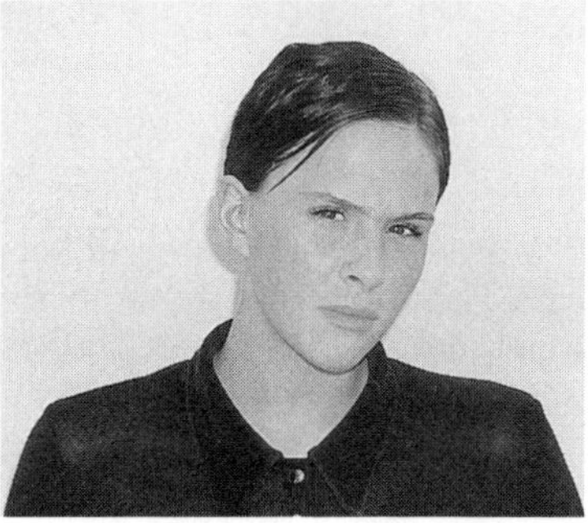

Abb. 12: Hier wird Unglaube oder sogar Mißtrauen deutlich. Eine kritische Einstellung zu dem besprochenen Thema wird erkennbar. Die Kompetenz des Gesprächspartners kann mit einem solchen Gesichtsausdruck in Frage gestellt werden.

Abb. 13: Dieser Ausdruck vermittelt Skepsis oder auch Ängstlichkeit. Ein solcher Gesprächspartner ist mit großer Feinfühligkeit zu behandeln. Auch das öffnende Zuhören könnte hier angebracht sein.

Abb. 14: Die Person auf dem Bild ist geschlossen. Sie überlegt vielleicht, welche Konsequenzen sie aus dem Gesagten ziehen muß. Sie sollte in der Überlegung nicht gestört werden. Erst wenn der Blick sich hebt, ist die Gelegenheit gegeben.

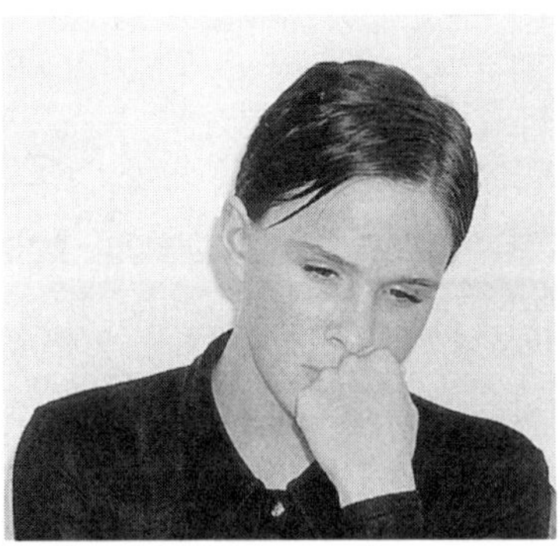

Abb. 15: Der nur wenig weiter zur Seite geneigte Kopf zeigt ein Anhalten der Nachdenklichkeit. Wenn die Überlegungen abgeschlossen sind, wird sich der Blick heben und dem Gesprächpartner zuwenden.

Abb. 16: In diesem Bild überlegt die Person, sie ist aber im Gegensatz zu den beiden vorherigen Bildern nicht so verschlossen.

Abb. 17: Der zum Boden gehende Blick zeigt Unsicherheit.

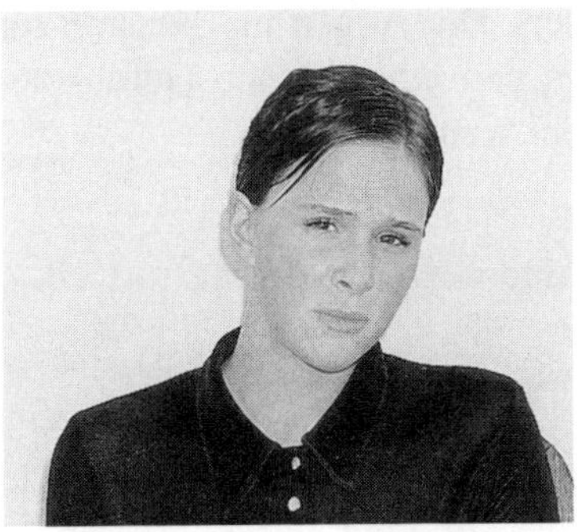

Abb. 18: Diese Mimik drückt Verwunderung aus. Ein leichter Anflug von Ironie ist erkennbar. Der Gesprächspartner dieser Person sollte sie zunächst zu Wort kommen lassen, um den Grund für das Erstaunen festzustellen.

Wenn die Mimik von unserem Gesprächspartner der Situation entsprechend und maßvoll eingesetzt wird, hat man das Gefühl, mit jemandem zu sprechen, der besonders ausdrucksvoll ist.

Ein beharrliches Lächeln ist beispielsweise eher verwirrend. Ein Mensch mit einem ständig ernsten und besorgten Gesichtsausdruck wirkt wenig einladend für eine Kontaktaufnahme. Schauen Sie deshalb öfters einmal in den Spiegel, und überprüfen Sie Ihren momentanen Gesichtsausdruck! Reagieren Sie nicht betroffen und beleidigt, wenn Ihnen jemand sagt, daß Sie grimmig schauen. Nehmen Sie es als Aufforderung, etwas daran zu ändern. Selbst wenn Sie mit Ihren Kunden telefonieren, ist ein Lächeln durch die Leitung zu „hören" und macht das Gesprächsklima angenehmer. Für Vieltelefonierer empfiehlt sich auch ein kleiner Handspiegel, der, auf den Tisch gestellt, jederzeit eine Kontrolle der eigenen Mimik während des Telefonats ermöglicht.

Die Augen sind das Fenster zu unserer Seele.

Eine wichtige Rolle spielen unsere Augen. Die Augen sagen uns sehr viel über unseren Gesprächspartner, deshalb ist der Blickkontakt von großer Bedeutung.

Der Blick kann strahlend, stechend, starr, leer, durchdringend, wütend, freudig, verliebt usw. sein. Auch der Ausspruch „Wenn Blicke töten könnten" deutet an, daß ein solch mörderischer innerer Zustand sich an den Augen des anderen ablesen läßt. Es ist allerdings ein Trugschluß zu meinen, man könnte den Charakter eines Gesprächspartners aus den Augen ablesen. Die Augen als Fenster zur Seele vermitteln uns einen Einblick in den momentanen Gefühlszustand des anderen, nicht mehr und nicht weniger.

Als ein wesentliches Element in der Körpersprache gilt ein positiv wirkender Blickkontakt.

Daher sollten Verkäufer sich zumindest an die üblichen Regeln halten, da sie uns im Gespräch dazu verhelfen, grobe Fehler zu vermeiden.

- *Kein starrer Blick*
  Unser Gesprächspartner ist kein Kaninchen, das mit dem starren Blick einer Schlange fixiert wird. Eine solche Fixation der Augen könnte unseren Gesprächspartner verunsichern und sogar aggressiv machen. Gerade das wollen wir im Verkauf aber nicht erreichen.

- *Immer wieder Blickkontakt*
  Der häufigere Blickkontakt vermittelt den Eindruck, daß auch tatsächlich zugehört wird und die Aufmerksamkeit auf den Sprecher gerichtet ist. Ein im Verkauf durchaus positiver Effekt.

- *Kurzzeit-Blicke*
  Die normale Verweildauer eines Blickkontaktes beträgt etwa eine bis drei Sekunden. Dann schweift der Blick ab und wendet sich kurze Zeit später wieder dem Gesprächspartner zu. Längeres Ansehen des Gegenübers kann den Eindruck von Aggressivität vermitteln.

- *Kein reduzierter Blickkontakt*
  Ein reduzierter Blickkontakt bedeutet, der Gesprächspartner blickt ständig zur Seite oder fixiert während des Gesprächs bestimmte Gegenstände. Dies vermittelt den Eindruck von Unsicherheit oder gar das „Vortäuschen falscher Tatsachen".

Menschen, die den Gesprächspartner zu täuschen versuchen oder getäuscht haben, verringern normalerweise die Häufigkeit des Blickkontaktes. Aber Achtung: Um sich den Anschein von Seriosität und Aufrichtigkeit zu geben, gelingt es manchen von ihnen, den Blickkontakt über einen beschränkten Zeitraum bewußt positiv zu steuern. Doch das läßt sich nicht über einen längeren Zeitraum durchhalten. Wenn Sie das Gefühl haben, getäuscht zu werden, achten Sie insbesondere auf andere Signale wie Haltung, Gestik und die übrige Mimik.

Ein aufmerksamer Beobachter ist in der Lage, in einem etwas längeren Gespräch zu überprüfen, ob die Wahrheit gesprochen wird oder nicht. Ganz besonders gilt dies natürlich für Personen, die man gut kennt.

„Ich schau dir in die Augen, Kleines!"
(Humphrey Bogart in dem Film „Casablanca")

Gestik

Gestik nennt man die Bewegung der Hände. Ein Ausdrucksmerkmal für das Temperament eines Menschen ist die Gestik. Die Südländer hält man aufgrund ihrer lebhaften Gestik für temperamentvoller als die oftmals „kühl“ klassifizierte nordische Bevölkerung.

Für Verkäufer gilt während des Verkaufsgesprächs:

Die Hände gelegentlich mit den Handflächen nach oben gerichtet zeigen, das wirkt ähnlich öffnend wie das Reichen der Hand.

Hände sollen abwechselnd ruhen und in Bewegung sein. Diese Bewegungen der Arme und Hände können öffnend oder schließend sein. Wenn jemand verbal angegriffen oder beschuldigt wird, dann sind seine Reaktionen entweder selbst angreifend oder verteidigend. Er bewegt die Hände auf die eigene Person zu, zum Beispiel auf den Oberkörper mit den Handflächen nach innen, oder er bewegt die Hände nach vorne, als wolle er etwas von sich wegschieben.

Haltung und Gestik legen Zeugnis darüber ab, in welcher emotionalen Strömung ein Mensch sich gerade befindet.

Je stärker die Gefühle im Gespräch miteinbezogen werden, desto detaillierter wird auch die Gestik.

Hat jemand etwas beinahe gesagt, was er aber nicht äußern wollte, oder ist ihm dies gerade herausgerutscht, dann gibt es oftmals eine spontane Handbewegung zum Mund, als ob man ihn verschließen wollte.

Wenn Sie eine Präsentation frei, offen und ungezwungen abhalten, dann kann Ihnen nicht passieren, was bei abgelesenen Texten häufig zu beobachten ist: Die Gestik der Hände wirkt wie einstudiert. Sie hat manchmal nicht die Spur von Bezug zum Vortrag. Das wirkt auf die Zuhörer befremdend. Das ist immer so, wenn die Körpersprache nicht zur Person oder zu dem gerade Gesagten paßt.

Eine richtig angewandte Gestik verstehen wir auch ohne Worte, denken Sie zum Beispiel an die Pantomime.

Vielmehr ist Ihr Einfühlungsvermögen als Verkäufer gefragt, um bewußt zu unterscheiden, ob eine Gestik oder Mimik öffnend ist oder ob sie Verschlossenheit signalisiert. Zeigen die ausgestreckten Handflächen nach oben oder sind die Arme geöffnet, läßt dies auf Offenheit schließen. Sind die Arme verschränkt oder werden die Hände gar zwischen Beinen und Sitzfläche des Stuhls eingeklemmt, ist dies in der Regel als verschlossen zu interpretieren.

Im Verkaufsgespräch sind dies zwei simple, leicht zu beurteilende Kriterien. Die Beurteilung dieser Reaktionen hat Auswirkungen auf die Fortführung Ihres Verkaufsgesprächs. Denn Sie werden bei einem sich eher schließenden Kunden mit restriktiven Merkmalen im Gespräch bewußt auf entschärfende und entkrampfende Formulierungen achten, indem Sie beispielsweise kurz auf seinen Gefühlszustand eingehen: „Sie scheinen beunruhigt zu sein“ oder „Es scheint, Sie sind sich nicht sicher.“

Es macht allerdings nicht viel Sinn, sich bei der kleinsten körpersprachlichen Äußerung zu fragen, was diese denn nun zu bedeuten hat.

Ein Lächeln miteinzubringen, vielleicht sogar ein Lob auszusprechen, wirkt ebenfalls entkrampfend. Auf diese Weise schaffen Sie es mit einfachen Mitteln, einen Kunden wieder zu „öffnen“.

Körperhaltung

Die Körperhaltung eines Menschen verrät eine Menge über den momentanen Gefühlszustand oder sogar über Einstellungen. Der Stand und die Bewegungen des Rumpfes, der Beine und Füße lassen zum Beispiel erkennen, ob sich der Mensch gerade in einem deprimierten oder freudigen Zustand befindet und ob er dem Leben offen oder eher ablehnend gegenübersteht.

Unsere körperliche Ausdruckshaltung wirkt auf unser Gefühl und unser Inneres, und umgekehrt drückt sich unser Gefühl und unser innerer Zustand auch in unserer Körperhaltung aus.

Vor einiger Zeit stand ich vor einem Kino, in dem gerade ein Italo-Western beendet war. Nicht wenige der herausströmenden männlichen Zuschauer hatten einen Gang und eine Körperhaltung, die stark an den Cowboy Lucky Luke erinnerten.

Wissenschaftlich ist diesem Phänomen, dem Zusammenhang von Körperhaltung und Gefühlen bzw. Gedanken, zwischenzeitlich eine Grundlage gegeben worden. Sie zeigt sich in der Möglichkeit, im autogenen Training oder in der Psychosomatik, mittels Gedankenbefehl und Bioresonanztherapie die Körperfunktionen meßbar zu beeinflussen. Unsere innere Haltung beeinflußt unbewußt auch unser Äußeres und unsere Körpersprache insgesamt.

Interessenten schätzen den Verkäufer nicht nur nach seinem Aussehen, sondern auch aufgrund seiner Körperhaltung und der daraus resultierenden Signale ein. Sie erkennen daran, ob der Verkäufer unsicher ist, ob er Bedenken hat, ob er motiviert ist usw. Der Verkäufer seinerseits kann den Kunden besser einschätzen, seine Ängste und Unsicherheiten besser würdigen, wenn er die Sprache des Körpers kennt.

Aber bei der Interpretation der Körpersignale ist grundsätzlich Vorsicht geboten, da die Signale in der Regel mehrdeutig sind. Es ist daher auch immer der Zusammenhang zu berücksichtigen. Ein Beispiel mag das Gesagte belegen: Immer wieder können wir im Gespräch feststellen, daß unser Gesprächspartner sich zurücklehnt und die Arme kreuzt.

Die Interpretation in der Körpersprache heißt: Der andere nimmt sich zurück, unser Gesprächspartner wird skeptisch, das Gesagte stößt auf Widerstand, die weitere Verhandlung wird erschwert.

Aber diese Interpretation kann durchaus falsch sein, denn möglicherweise nimmt unser Gesprächspartner nur eine gelockerte Körperhaltung ein, und die gekreuzten Arme entspannen seine Schultermuskulatur.

Aus diesem Grunde ist es erforderlich, bei der Beobachtung von signifikanten Körpersignalen zu überlegen, was wir in der vorher abgelaufenen Reaktionszeit gesagt haben. Stellen wir fest, daß keine Äußerung diese Reaktion verursachen konnte, dann führen wir das Verkaufsgespräch einfach weiter.

Wenn wir aber wissen, daß in unseren Aussagen Unangenehmes oder zur Skepsis anregende Äußerungen vorhanden waren, dann nehmen wir als Verkäufer den Gesprächsfaden an dieser Stelle noch einmal auf und beleuchten das Gesagte von einer anderen Seite. Wir stellen dann das Thema unter einem anderen Gesichtspunkt oder in einem anderen, freundlicheren Zusammenhang dar, um die aufgetretene Gesprächsstörung zu beseitigen.

Nur wenn wir erkannte Störungen sofort beseitigen, nimmt unser Gespräch den gewünschten Verlauf.

Aufgeschobene Reaktionen unsererseits oder nicht erkannte Signale führen dazu, daß sich die negative Haltung unserer Kunden verstärkt und irgendwann nicht mehr umkehrbar ist.

Abb. 19: Eine verschlossene Haltung: Durch die verschränkten Arme und die übereinandergeschlagenen Beine ergibt sich eine doppelte Barriere. Eine ablehnende Haltung kann ebenfalls zum Ausdruck kommen, wenn die Beine um die Stuhlbeine herumgeschlungen sind.

Diese Haltung des Gesprächspartners ist schwer zu öffnen. Es bedarf in solchen Fällen besonderer emotionaler Ansprache und Maßnahmen zur Vertrauensgewinnung, um ablehnende Kunden wieder gesprächsbereit zu machen.

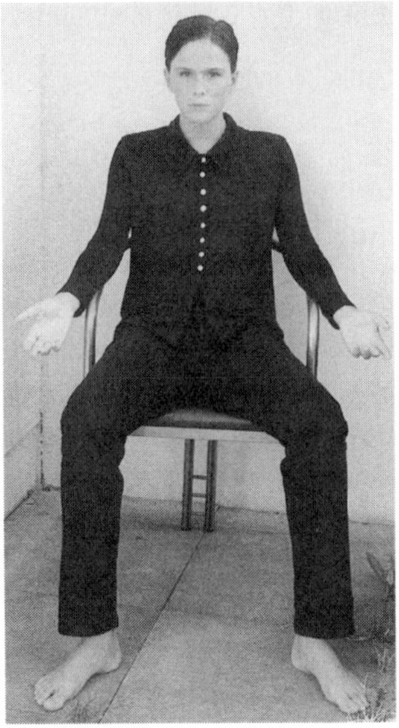

Abb. 20: Die offene Gesprächshaltung: Die nach oben geöffneten Hände lassen eine friedliche Absicht erkennen. Der Mensch legt sich offen dar oder hört ruhig und aufgeschlossen zu.

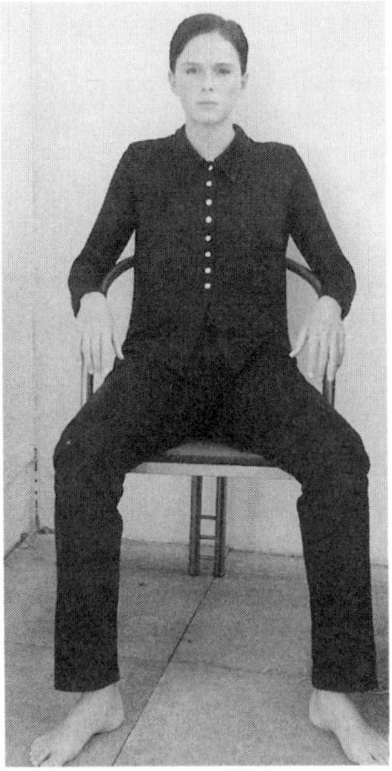

Abb. 21: Die entspannte Situation: Eine neutrale und durchaus noch offene Haltung. Der Oberkörper und die Beinhaltung lassen einen entspannten Zustand vermuten.

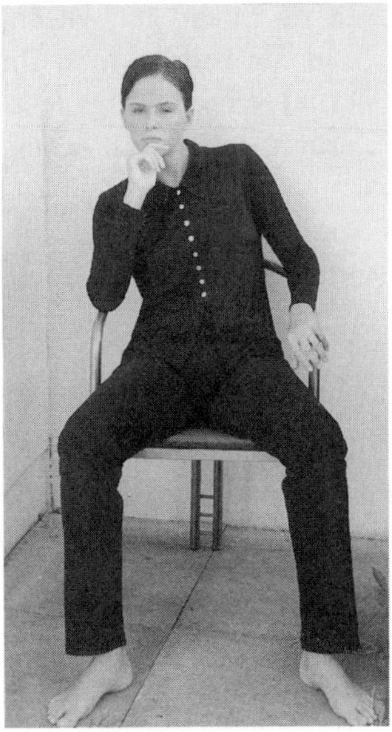

Abb. 22: Die nachdenkliche Körperposition: Die etwas asymmetrische Körperhaltung wird als entspannt gedeutet. Das Kinn ist auf die Hand gestützt. Dadurch ist der Kopf in bequemer Stellung. Die nach innen gekehrten Hände zeigen, daß die Spannung nach innen genommen wird. Der ins Leere gerichtete Blick dient dem Schutz vor Ablenkung.

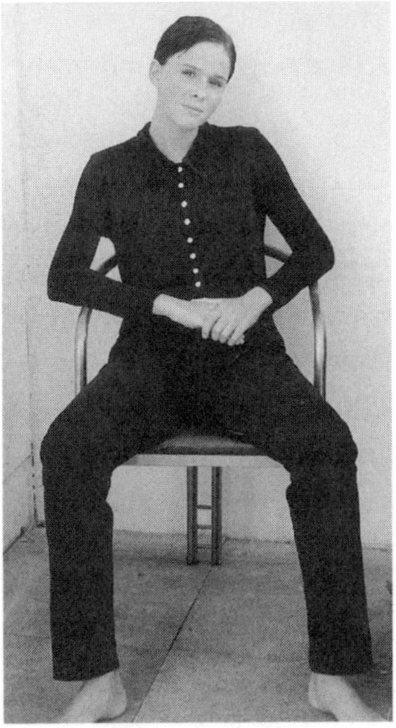

Abb. 23: Entspannt, leicht zurückgenommen: Der Oberkörper und die Beine sind entspannt. Die aufgestützten Arme und die Hände, die sich gegenseitig halten, drücken Passivität aus. Das bedeutet aber nicht Interesselosigkeit. Man ist aufnahmefähig, aber wartet noch ab und will sich die Meinung des anderen in aller Ruhe anhören.

Die Körpersprache zeigt sich auch im Gang des Menschen, in der Bewegung der Füße und Beine und in den Körperbewegungen allgemein. Denken Sie an sich selbst: Geht es Ihnen gut, ist Ihr Schritt beschwingt, Ihr Körper ist locker. Sind Sie bedrückt, ist Ihr Schritt schleppend, die Körperbewegungen sind schwerfällig. Körpersprache und Gesagtes sind immer im Zusammenhang zu sehen. Optimal ist es, wenn beide im Einklang sind.

Körperhaltung, Bewegung, Mimik und Sprache in ihrer Gesamtheit signalisieren, ob ein Gefühl von Sicherheit oder Unsicherheit, Fröhlichkeit oder Traurigkeit, Vertrauen oder Skepsis in unserem Partner vorherrscht. Diese Signale geben uns die Möglichkeit, uns in den jeweiligen Gefühlszustand hineinzuversetzen und dann entsprechende positive Reaktionen im Verkaufsgespräch einzubringen.

Nachfolgend einige Beispiele für Unsicherheit und Skepsis assoziierende Signale:

- Körpersprache:
  - eine gekrümmte, kopfgeneigte Haltung
  - die Schultern sind hochgezogen
  - das Aufstützen bzw. Festhalten an Tischen, Armlehnen usw.
  - die Füße sind um den Stuhl gekrallt
  - ein Bein wird hinter das andere verschränkt
  - mangelhafte Übereinstimmung von Körpersignalen und verbalen Äußerungen

- Gestik:
  - äußerst sparsame Gesten
  - die Hände bleiben während des Gesprächs fast bewegungslos am Körper
  - das Spielen mit Gegenständen wie Kugelschreiber etc.
  - Gestik und verbale Äußerungen widersprechen sich

- Mimik:
  - die Gesichtszüge wirken verbissen oder verspannt
  - kein oder wenig Blickkontakt
  - ein unsteter oder hektisch hin und her gehender Blick

- Aussprache:
  - es wird leise und undeutlich gesprochen oder genuschelt
  - die Artikulation ist sehr gleichförmig
  - häufige Verlegenheitspausen
  - mangelnde Ausdrucksfähigkeit

– Sätze werden angefangen und nicht zu Ende geführt
– sprunghafter Themenwechsel

Ebenso gibt es eine Fülle von Signalen, die auf eine positive Einstellung und Sicherheit schließen lassen. Einige Beispiele für Sicherheit ausstrahlende Signale:

- Körpersprache:
  – eine aufrechte Haltung
  – ein sicherer Stand
  – lockere Körperbewegungen
  – Übereinstimmung von Körpersprache und Gesagtem
- Gestik:
  – offene Handhaltung
  – ausholende Armbewegung
  – lebhafte, aber nicht hektische Gestik
  – typgemäße Gestik, keine imitierte
  – Gestik und Sprache stimmen überein
- Mimik:
  – häufiger und regelmäßiger Blickkontakt
  – ein offener Blick
  – eine freundliche, lächelnde Mimik, aber kein einstudiertes Lächeln
- Aussprache:
  – deutliche Artikulation
  – klarer, verständlicher Ausdruck
  – keine halben Sätze
  – einfache überschaubare Sätze
  – auf das vorher Gesagte wird eingegangen
  – kein unpassender Themenwechsel
  – Dynamik in der Sprache

Die Distanzzonen in der Körpersprache

Bei der nonverbalen Kommunikation spielen auch die Distanzzonen eine Rolle. In der beengten Räumlichkeit eines Fahrstuhl ergibt sich oftmals zwangsläufig eine Unterschreitung dieser Distanzzonen. Jeder Mensch kann die dadurch auftretenden Gefühle selbst nachvollziehen, es ist ein irgendwie unangenehmes Gefühl. Und überlegen wir einmal, wo unsere Blicke hinwandern. Die Stockwerktastatur ist ein beliebtes Ziel für unsere Augen, aber auch der Stockwerkanzeiger kann unsere Blicke fesseln. Wenn die andere Person es nicht merkt, dann geht der Blick gelegentlich auch zu einer ausgiebigen Musterung über. Daß sich die Menschen offen in die Augen sehen, passiert nach meinen Fahrstuhlbeobachtungen eher selten. Dabei ist es so leicht, diese unangenehm empfundene Atmosphäre aufzulockern.

Versuchen Sie doch einmal ein ganz zwangloses Gespräch von „Hallo" bis zu „Schönes Wetter heute" in Gang zu bringen. Auch ein fröhliches „Guten Tag!" tut seine Wirkung. Der andere wird nach ganz kurzer Zeit nicht mehr als Fremder gesehen, die notwendigen Abstandszonen verringern sich, und das unangenehme Gefühl verschwindet.

Distanzzonen sind Freiräume unseres Gesprächspartners, die wir nicht unterschreiten sollten.

Die für Verkäufer wichtigsten *Distanzzonen* bei unbekannten Geschäftspartnern sind:

- Der *Nah- oder Intimbereich* bis zirka 50 cm. In diesem Bereich finden die Berührungen statt. Oftmals werden gewollte oder ungewollte Berührungen von unbekannten Personen als unangenehm empfunden. Deshalb sollten wir als Verkäufer von uns ausgehende Berührungen möglichst vermeiden. Das Einhalten insbesondere der intimen Distanzzone ist im Geschäftsleben sehr wichtig. Wird sie nicht eingehalten, hat der andere das Gefühl, wir seien aufdringlich, penetrant, unangenehm, und wird entsprechend mit Rückzug oder Angriff reagieren.

- Der *persönliche Bereich* reicht von 50 cm bis etwa 1,50 m. Man kann auch sagen, die Distanz für ein persönliches Gespräch wird als optimal empfunden, wenn sich das Gesicht unseres Gesprächspartners am Ende unseres ausgestreckten Arms befindet.

- Die *gesellschaftliche Distanz* für Reden vor einem kleineren Kreis liegt bei 1,50 m bis 3 m.
- Die *Ansprachedistanz* für Reden vor größeren Gruppen oder in Versammlungen liegt jenseits von 3 m.

Das Einhalten der Distanzzonen ist eine Grundbedingung für ein gutes Gesprächsklima.

Bitte beachten Sie, daß Streßsituationen den Distanzbedarf vergrößern. Sollten Sie also eine Streßsituation bei Ihrem Gesprächspartner erkennen, halten Sie bewußt eine etwas größere Distanz ein, als Sie es normalerweise tun würden.

Die Sprache als Schlüssel

Sprache ist erst möglich durch die Stimme. Deshalb ist die Stimme ein mitentscheidender Faktor bei der Sprache. Die Stimme ist Ihnen von der Natur gegeben. Manche haben das Glück, über eine beeindruckende oder eine als sehr angenehm empfundene Stimme zu verfügen. Sie werden jedoch auch Menschen kennen, bei denen Sie schon die Stimme nervt, weil sie z.B. sehr durchdringend oder zu hoch klingt.

Die Stimme erzeugt Stimmung.

Die Stimme ist ein wichtiges Hilfsmittel des Verkäufers. Ein Verkäufer, der mit seiner Stimme eine positive Stimmung erzeugen kann, ist zweifelsohne im Vorteil.

Die Stimme wird erzeugt durch die Luft, die durch die Stimmbänder geleitet wird. Versuchen Sie jedoch nicht, Ihre Stimme zu verändern. Sie strapazieren nur unnötig Ihre Stimmbänder, was schließlich zu Heiserkeit oder zu einem Gekrächze führen kann. Außerdem wird Ihre Stimme gekünstelt klingen und gar nicht zu Ihrem Typ passen.

Für einen aufmerksamen Zuhörer sind die Stimme und der Tonfall von großer Bedeutung. Gerade wenn er nicht alle Worte versteht, konzentriert sich seine Aufmerksamkeit oftmals auf den Klang der Worte.

Sie können Ihre Stimme und damit auch Ihre Sprache kontrollieren.

- Atmen Sie ruhig und entspannt – Vollatmung!
- Sprechen Sie deutlich!
- Nehmen sie die Zähne auseinander!
- Achten Sie auf die Endsilben! Häufig werden sie verschluckt.
- Betonen Sie Konsonanten richtig! Achten Sie vor allem auf das „t"!
- Ein „leitender" Angestellter ist etwas anderes als ein „leidender" Angestellter.
- Sprechen Sie laut, aber schreien Sie nicht! Sie treten nicht als Marktschreier auf, der seine Ware anpreist.
- Wechseln Sie das Sprechtempo!
- Wichtiges wird langsam gesprochen, bei Erzählungen kann lebhafter gesprochen werden.
- Sprechen Sie aber auf keinen Fall zu schnell oder gar hastig. Dadurch wird dem Zuhörer das Mitdenken erschwert, und die Aufmerksamkeit läßt nach.
- Zu langsames Sprechen macht den Zuhörer nervös und ungeduldig, oder seine Gedanken schweifen ab.
- Bleiben Sie mit Ihren Gedanken bei dem, was Sie gerade sagen, und eilen Sie mit den Gedanken nicht voraus. Sie könnten sich verhaspeln.
- Heben und senken Sie die Stimme! Aber nicht übertreiben!
- Sprechen Sie zusammenhängend in ganzen Sätzen!
- Beginnen oder unterbrechen Sie Ihre Sätze nicht mit „äh", „also", „eigentlich" oder „na ja"! Vielen Verkäufern wird diese Eigenart erst dann bewußt, wenn sie sich nach einer Aufnahme selbst reden hören.
- Heben sie Wichtiges durch die richtige Betonung hervor! Die richtige Betonung entsteht durch Veränderung der Tonhöhe, der Lautstärke, des Sprechtempos und der Klangfarbe.

- Lachen Sie zwischendurch ruhig einmal, allerdings niemals unmotiviert! Das Lachen lockert Sie und ihren Gesprächspartner auf, wie ein gemeinsames Lachen eine verspannte Situation auflockert.

Es gibt viele Menschen, die die Zähne und Lippen nicht auseinander bekommen und dadurch nuscheln. Im Rhetorikseminar verwenden wir eine Übung, die zu deutlicherer Aussprache verhilft. Nehmen Sie einen Korken, am besten den Plastikkorken einer Sektflasche, zwischen die Lippen und Zähne. Dann lesen Sie rund 10 Minuten laut aus der Tageszeitung oder einer sonstigen Lektüre vor und versuchen dabei, auch wenn es am Anfang besonders schwerfällt, gut zu artikulieren. Wenn Sie den Korken entfernen, werden Sie sofort eine bessere Aussprache bei sich feststellen. Um diese dauerhaft zu erhalten, sollte die tägliche Korkenübung eine Zeitlang beibehalten werden.

Die Sprache gehört zu den wichtigsten Arbeitsmitteln des Verkäufers.

Nur wenigen Verkäufern ist bewußt, daß es der Umgang mit der Sprache ist, der Hürden im Verkaufsgespräch entstehen läßt oder Hemmnisse aus dem Weg schafft. Hürden bedeuten, daß der Gesprächspartner zu diesem Zeitpunkt emotional blockiert wird. Hemmnisse schaffen Sie aus dem Weg, wenn Sie mit Ihrer Sprache die Gefühlssituation des anderen gezielt und geschickt ansprechen.

Nachfolgend sind einige wesentliche Elemente der Sprache und deren Wirkung herausgegriffen, die für den Verkäufer Fragen aufwerfen können oder beim Ausüben seines Berufs über Erfolg oder Mißerfolg mitentscheiden.

Sprache sind nicht nur Worte.

Die Sprache hat mehrere Funktionen. Sie dient der Information, der Selbstdarstellung, der Kontaktaufnahme und dem Appell.

- *Information*
  Ein Gespräch wird geführt, um Informationen auszutauschen oder zu übermitteln, es hilft uns, Entscheidungen sachgerecht zu treffen. Vorausgesetzt das Gesagte ist wahr, machen Informationen aus einem Unwissenden einen Wissenden.
  Das ist aber nur möglich, wenn die Informationen nicht projektiv oder selektiv aufgenommen werden. Bei der projektiven Aufnahme projiziere ich meine Wünsche, Hoffnungen und Ängste in das Gesagte hinein. Bei der selektiven Aufnahme höre ich nur das, was ich hören will. Mit dem Phänomen der selektiven Wahrnehmung muß jeder Verkäufer bei seinen Kunden rechnen.
  Wird vom Verkäufer auf die Frage des Kunden, ob ein besonderes Detail auch in der Standardausführung enthalten sei, die Antwort, um den Abschluß nicht zu gefährden, vorsichtig so formuliert: „Selbstverständlich können Sie dieses optional erhalten", dann kann er schon fast sicher sein, daß sein Kunde den Erfahrungsfilter vor seinem Ohr eingeschaltet hat und, obwohl er gehört hat, was gesagt wurde, nur selektiv verstanden hat: „Selbstverständlich können Sie dieses erhalten."
  Der Ärger nach der Lieferung ist mit diesem Kunden schon vorprogrammiert – mit all seinen negativen Konsequenzen für weitere Geschäfte oder Empfehlungen!
  Gehen wir davon aus, daß der Kunde nicht selektiv wahrnimmt, so kommt es noch darauf an, daß Sprecher und Zuhörer die Worte verstehen. Eine absolut neutrale, sachliche Information im eigentlichen Sinne gibt es in der Kommunikation der Menschen nicht. Jedes Sprechen ist bei den Menschen „gefühlsgeladen", da jeder Mensch zu jeder Zeit irgendwelche Gefühle hat.

Einmal Gesagtes ist nicht mehr zurückzunehmen.

- *Selbstdarstellung*
  Die meisten Menschen versuchen, so wenig wie möglich von sich preiszugeben, vor allem möchten sie einen negativen Gefühlszustand verbergen und benutzen dabei auch die Sprache, um sich dem anderen von der „besten Seite" zu zeigen. Die Sprache wird benutzt, um Selbstsicherheit darzustellen, auch wenn sie unter

Umständen gar nicht vorhanden ist. Auch das – besonders aus dem Tierreich bekannte – Imponiergehabe zählt dazu.
Bei der ehrlichen Selbstdarstellung spricht man auch über sein augenblickliches Befinden und natürlich über seine Kenntnisse, Fähigkeiten und Fertigkeiten. Aber wie auch immer Sie versuchen, etwas zu sagen oder zu übermitteln, es sprechen stets noch andere Indizien für Ihre Person.
Es kommt darauf an, wie Sie sprechen, z.B. frei, gepreßt, ungezwungen, melodisch oder monoton. Der Stil und die Form, wie Sie jemanden anreden, sprechen für oder gegen Sie. Es ist auch von Bedeutung, ob Sie eine klare und verständliche Sprache benutzen oder ob Sie sich an Floskeln und Phrasen festhalten, wie „Ich glaube, meinen zu können, daß ...“ oder „... meine ich sagen zu dürfen, daß ...“. Manche Menschen neigen auch dazu, weit auszuholen oder um etwas herumzureden, statt sich knapp und bündig mitzuteilen.
Der Wortschatz kann über eine Person aussagen, wer sie ist und aus welchen regionalen Bereichen sie stammt. Im Gegensatz zum passiven Wortschatz, der Sie alles Gelesene verstehen läßt, ist der aktive Wortschatz der, aus dem Sie Ihre täglich verwendeten Worte beziehen. Deshalb plädieren wir dafür, daß Verkäufer ihren aktiven Wortschatz ständig erweitern, ihre Sprache pflegen, um mit überzeugenden Formulierungen zu sprechen, ganz ohne Anstrengung.
Sie können sich also noch so anstrengen, unbewußt treffen Sie immer Aussagen, mit denen sich der Zuhörer ein Bild von Ihnen machen kann.

- *Kontakt*

  Die Sprache dient der Kontaktaufnahme, sei es nun zum ersten Mal, oder ein Kontakt zu jemandem, den Sie schon lange kennen. Jedesmal, wenn Sie einen Menschen anreden, nehmen Sie Kontakt zu diesem Menschen auf, das heißt, Sie treten in Beziehung zu ihm. Sie erfahren auf diesem Weg entweder Wertschätzung oder Ablehnung, umgekehrt machen Ihre Mitmenschen mit Ihnen dieselbe Erfahrung. Selbst wenn Sie sich einer gewählten Sprache bedienen, kann schon der Tonfall jede Menge an Positivem und Negativem ausdrücken. Ihr Tonfall und die Art und Weise, wie Sie mit oder zu einem anderen reden, kann diesen genauestens darüber ins Bild setzen, was Sie von ihm halten oder in welchem Gefühlszustand Sie sich befinden.

- *Appell*
  Hinter jedem gesprochenen Wort steht ein offener oder versteckter Appell, z. B. eine Bitte, eine Aufforderung, eine Veranlassung, ein Befehl, eine Anweisung. Das heißt, wir wollen etwas bezwecken oder bei dem anderen etwas bewirken. Je nach Tonlage erfährt der andere, was ich bezwecke, auch wenn ich es in schöne Worte verpacke. Fühlen Sie sich nicht gut oder haben Sie das Gefühl, nicht mehr Herr der Lage zu sein, wird es Ihnen nicht gelingen, den Kunden zu überzeugen oder das zu erreichen, was Sie eigentlich wollten.

Der Ton macht die Musik.

Eine kleine Übung:

Sprechen Sie das Wörtchen „ja" mit einer jeweils anderen Absicht:

- überzeugt
- fragend
- zweifelnd
- nachdenklich
- enthusiastisch
- genervt

Ein einziges Wort schon kann vom Gesprächspartner, je nach Betonung, anders aufgefaßt werden.

Sprechen Sie bitte die folgende Frage laut: „Wie spät ist es jetzt?" Und jetzt sprechen Sie den Satz, indem Sie die kursiv gesetzten Worte betonen:

- *Wie* spät ist es jetzt?
- Wie *spät* ist es jetzt?
- Wie spät *ist* es jetzt?
- Wie spät ist es *jetzt?*

Sie werden bemerkt haben, welche unterschiedlichen Stimmungen Sie mit Ihrer Stimme ausdrücken können. Mit jeweils anderer Betonung oder Modulation der Stimme kann ein einfacher Satz eine ganz andere Bedeutung erhalten.

Sprechen Sie deshalb bewußt, und denken Sie beim Sprechen ständig mit, um auch tatsächlich das „rüberzubringen“, was Ihnen „am Herzen“ liegt.

Gesprächstechniken allein führen nicht zum Erfolg.

Sprachliche Fähigkeiten spielen besonders im Beruf des Verkäufers eine große Rolle. Lange Zeit war es für jeden Verkäufer ein Muß, Rhetorikseminare zu besuchen, um dort Argumentierfähigkeit und Schlagfertigkeit und damit Überlegenheit zu erwerben. Die Folge war häufig, daß der Kunde von diesen rhetorisch bestens geschulten Verkäufern so strapaziert wurde, daß er schon deshalb entnervt von einem Kauf bzw. einem Abschluß Abstand nahm.

Bei den Mitarbeitern eines Finanzdienstleistungsunternehmens fiel mir auf, daß einer von ihnen bei allen Gesprächen ein und dieselbe „Masche“ draufhatte. Jedes Gespräch lief nach demselben Muster ab – bis hin zu dem hausgebackenen Kuchen von Oma, der zum Kaffee mitgebracht wurde. Dieser Mitarbeiter wollte damit erreichen, daß der Kunde sich besonders persönlich angesprochen fühlte. Beim dritten Besuch war mir klar, daß jeder Kunde mit der gleichen Masche und den gleichen Sprüchen bedient wurde. Den Kunden nach Schema F zu behandeln, ein Standardgespräch immer und immer wieder zu absolvieren, wird von Kunden durchaus bemerkt und wirkt sich mit Sicherheit negativ aus.

Jeder Kunde will individuell angesprochen werden.

Auf keinen Fall sollen jedoch die rhetorischen Fertigkeiten außer acht gelassen werden. Es kommt dabei nur auf das Wie und Wann an. Gesprächstechniken zu kennen ist bestimmt hilfreich, doch passen sie nicht in jede Situation, und nicht jede Gesprächstechnik paßt zu jedem Kunden.

Dabei kommt es wieder auf Ihr Einfühlungsvermögen an, bei wem und zu welchem Zeitpunkt Sie Ihre Techniken einsetzen. Besonders nach Produktschulungen neigen Verkäufer dazu, ihr ganzes Repertoire loszuwerden. Sie sind so begeistert von ihrem Produkt, daß sie den Kunden geradezu mit Informationen überschütten, ohne jedoch zu wissen, ob diese Punkte auch für den Kunden interessant sind.

Je öfter sie diese ungezügelten Informationen an Kunden weitergeben, um so leichter geht es ihnen über die Lippen, und um so schneller reden sie möglicherweise. Sie bedenken dabei nicht, daß zwar sie selbst wissen, was sie sagen möchten, aber nicht die Erwartungen und Bedürfnisse der Kunden berücksichtigen.

Gesprächspausen sind notwendig, aber zum richtigen Zeitpunkt. Wenn Sie in der Abschlußphase alles gesagt haben, was zu sagen war, und dem Kunden nach der Entscheidungsfrage nunmehr den Ball zugespielt haben, dann ist jedes Wort des Verkäufers ein Wort zuviel. Warten Sie in einem solchen Fall in Ruhe die Reaktion des Kunden ab. Danach können Sie wieder agieren.

Die in dieser Situation als wirksam geltenden Schweigepausen können für einen Kunden aber auch als unerträglich oder peinlich empfunden werden, wenn sie ohne Grund länger als vier Sekunden andauern. Der Kunde könnte denken, Sie wissen nicht mehr weiter. Aus Verlegenheit redet er irgend etwas, und der Effekt der Pause ist gleich null. Im schlimmsten Fall kommt man gar vom Thema ab. Halten Sie in diesem Moment Blickkontakt, behalten Sie den Kunden also im Auge, und stellen Sie eine Entlastungsfrage: „Wie meinen Sie das?“ oder „Wie denken Sie darüber?“ So nehmen Sie auch dem Kunden das Gefühl der Peinlichkeit.

Eine deutliche Aussprache, kurze und einfach zu erfassende Sätze und die richtige Betonung von wirklich wichtigen Aussagen an der richtigen Stelle erfordern weniger Gesprächspausen.

Wann Sie eine Gesprächspause einlegen, hängt von Ihrem Fingerspitzengefühl, sprich Ihrem Einfühlungsvermögen für den Kunden, ab. Sie müssen bemerken, wann die Aufnahmefähigkeit Ihres Kunden erschöpft ist, wann der Zeitpunkt gekommen ist, dem Kunden Zeit zum Nachdenken und zum Formulieren von Fragen zu geben.

Sensibilität gegenüber dem Kunden heißt, situations- und kundenangemessen zu handeln. Das ist die Basis, die Techniken sind das Handwerkszeug.

Bilder erleichtern die Vorstellung und unterstützen das Gedächtnis.

Die bildhafte Sprache

Wenn Sie sich an die Funktionen unserer beiden Hirnhälften erinnern, wird Ihnen klar sein, daß eine bildhafte Sprache für den Einsatz im Verkaufsgespräch bestens geeignet ist. Durch die bildhafte Sprache wird das Vorstellungsvermögen verstärkt und die Gedächtnisleistung unterstützt. Dies bedeutet für Ihr Verkaufsgespräch, daß sich der Kunde an wesentlich mehr Einzelheiten erinnern kann, das erleichert Ihnen das Verkaufen.

Vergleichen Sie folgende Aussagen:

- sehr langsam – langsam wie eine Schnecke
- sehr schnell – schnell wie der Blitz, pfeilschnell
- sehr hart – hart wie Stein, steinhart
- sehr weich – weich wie Butter, butterweich
- ganz weiß – weiß wie Schnee, schneeweiß, blütenweiß
- wunderbar rot – erdbeerrot, weinrot, kirschrot, blutrot, ziegelrot
- ein schönes Gelb – zitronengelb, sonnengelb
- ganz gerade – pfeilgerade, schnurgerade

Diese Formulierungen lassen im Kopf des Zuhörers Bilder entstehen und sprechen ihn obendrein emotional an.

Vermeiden Sie vor allem die allgemeinen Worte „ganz“ und „sehr“. Sie haben keine Aussagekraft. Ersetzen Sie sie durch aussagekräftigere Wörter. Lernen Sie diese notfalls auswendig, wenn Sie noch nicht darüber verfügen. Hier einige zur Auswahl:

Statt das Wort „sehr“ zu benutzen, verwenden Sie Synonyme wie hochgradig, erheblich, außergewöhnlich, unsagbar oder bemerkenswert. Je umfangreicher Ihr aktiver Wortschatz diesbezüglich ist, desto treffender können Sie argumentieren. Die Sprache ist nun einmal das beste Handwerkszeug des Verkäufers.

Bilder ersparen viele Worte und sprechen den Kunden emotional an.

Wenn Sie Ihr Angebot präsentieren, dann können Sie auch mit einem weißen Blatt Papier beginnen. Bevor Sie sich in langen Erklärungen auslassen, zeichnen Sie ein Schaubild. Oder legen Sie dem Kunden eine vorbereitete Grafik oder ein Diagramm etc. vor. Am besten ist es aber, das Bild bzw. die Grafik im Beisein des Kunden zu entwickeln. Sie sparen sich viele Worte und eventuelle Mißverständnisse, und der Kunde kann sofort Fragen stellen, wenn ihm an der Darstellung etwas unklar ist.

Es ist längst bewiesen, daß der Mensch sich eine Information besser durch Hören und Sehen einprägt als nur durch Hören.

Der Mensch merkt sich ungefähr 20 Prozent von dem, was er hört, 30 Prozent von dem, was er sieht, und 50 Prozent von dem, was er hört und sieht. Die Wahrnehmung über das Ohr ist am schwächsten, da sie von vielen Faktoren beeinflußt wird. Nutzen Sie also diese Chance. Es kommt dabei nicht darauf an, daß Sie künstlerisch besonders begabt sind.

Sprechen Sie die Gefühle an!

Wir wissen bereits, daß bei unseren Entscheidungen das rationale Hirn nur mit etwa 20 Prozent beteiligt ist, die übrigen 80 Prozent sind gesteuert durch bewußte oder unbewußte Emotionen. Sprechen Sie also nicht nur den Kopf, sondern auch die Gefühle an. Es kann Ihnen sonst leicht passieren, daß sie über „die Köpfe hinweg" reden.

Berücksichtigen Sie die Grundbedürfnisse, die Wünsche der Kunden wie Sicherheit, Gesundheit, Anerkennung, Selbstbestätigung, Bequemlichkeit, Freiheit und Liebe, wenn Sie von Ihren Produkten sprechen.

Benutzen Sie ruhig auch diese Begriffe, ohne Umschreibungen, eventuell verpackt in einer rhetorischen Frage. „Wird es Ihnen nicht ein Mehr an Sicherheit bringen, wenn Sie sich dafür entscheiden?" „Erleichtert unser Zusatzgerät nicht die Handhabung von …?"

Die rhetorische Frage verlangt keine Antwort, aber im Kopf des Zuhörers laufen blitzartig Gedankengänge ab, stark geprägt durch den emotionalen Bereich.

Vermeiden Sie Verallgemeinerungen: „Man weiß … " oder „Wie allgemein bekannt ist … " oder noch schlimmer, weil hier zusätzlich ein Konjunktiv verwendet wird: „Wie allgemein bekannt sein dürfte … “ Sprechen sie den Zuhörer persönlich an: „Sie wissen … “

Umgehen Sie Konjunktive wie würde, könnte, müßte, dürfte und sollte. Konjunktive vermitteln Unsicherheit und sind nicht überzeugend. Wie klingt für Ihre Ohren ein solcher Satz: „Ich würde meinen, daß Sie vielleicht … “?

Vermeiden Sie Befehle an den Kunden wie „Sie müssen … !“ oder „Sie dürfen nicht … !“ Wer läßt sich schon gerne sagen, was er muß oder nicht darf. Formulieren Sie lieber eine Frage oder einen Vorschlag: „Sie erhalten von uns die Möglichkeit, sich alles in Ruhe anzuschauen und zu prüfen, ist das für Sie in Ordnung?“ Oder: „Wollen Sie sich das einmal anschauen?“

Die Mundart

In meinen Seminaren wird immer wieder diskutiert, ob ein Verkäufer in der Hochsprache oder in der Mundart reden soll. Die einen meinen, man solle sich nicht verstellen und reden, wie einem der Schnabel gewachsen ist. Andere sind der Auffassung, in der Hochsprache zu reden mache in jedem Fall einen besseren Eindruck.

Die Entscheidung, ein Verkaufsgespräch in Hochdeutsch oder in Mundart zu führen, hängt vom Feingefühl des Verkäufers ab.

Manche Kunden könnten sich verunsichert fühlen, wenn sie in hochdeutscher Sprache angesprochen werden. Sie könnten sich im Gespräch überfordert oder überfahren fühlen, da sie selbst der hochdeutschen Sprache nicht mächtig sind. Werden sie in ihrem Dialekt angesprochen, fühlen sie sich wohl, weil sie sich unter ihresgleichen finden. Ein besonders ausgeprägter Dialekt ist aber auf jeden Fall im Verkaufsgespräch zu vermeiden. Wenn in der Mundart gesprochen wird, sollten zumindest die grammatikalischen Regeln der hochdeutschen Sprache berücksichtigt werden.

Andere Gruppen könnten sich in ihrem Intellekt verkannt fühlen, wenn sie im Dialekt angesprochen werden. Es gibt auch Menschen, die Dialektsprechen mit dumm oder dümmlich oder ungebildet gleichsetzen. Dagegen sind sie beeindruckt, wenn hochdeutsch gesprochen wird und möglichst viele Fremdwörter fallen, auch wenn sie selbst überhaupt keine Ahnung haben, wovon gesprochen wird. Solche „intellektuellen" und „vornehmen" Menschen fühlen sich richtig angesprochen und gut aufgehoben, wenn der Verkäufer sie in gewähltem Hochdeutsch anspricht.

Voraussetzung ist natürlich, daß er des Hochdeutschen mächtig ist, ansonsten ist es besser, die gewohnte Sprache anzuwenden, man würde sich sonst nur lächerlich machen. Achten Sie auch darauf, nur Fremdwörter zu benutzen, deren Bedeutung Ihnen klar ist. Wer sich vor der Kundschaft lächerlich macht, darf nicht mehr erwarten, daß er diese Kundschaft von einem Produkt überzeugen kann.

Wenn ein Hamburger im Bayrischen Wald einkauft, ist es schon aus Verständigungsgründen angebracht, mit ihm in nicht allzu breitem Dialekt zu sprechen.

Wenn beide Gesprächspartner über Toleranz und Einfühlungsvermögen verfügen, gibt es hinsichtlich Dialekt oder Hochsprache sicherlich keine Schwierigkeiten. Leider können Sie sich aber in diesem Falle als Verkäufer nicht auf Ihren Kunden verlassen. Sie müssen sich auf ihn einstellen.

Grundlagen der Kommunikation

Wir sehen, hören, fühlen, schmecken und riechen. Dadurch nehmen wir Informationen aller Art auf. Den größten Teil dieser so gewonnenen Informationen verarbeiten wir allerdings nicht bewußt, sondern unser Unterbewußtsein arbeitet praktisch als Filter. Dieser unbewußte Filter hat die Aufgabe, aufgenommene Informationen mit bereits bestehenden Bild-, Ton-, Geräusch- oder Gefühlsmustern zu verbinden und Assoziationen zu schaffen.

Jeder Mensch ist auf irgendeine Weise konditioniert.

Ich erinnere mich noch sehr gut an einen Vorfall in einer Drogerie. Ich wollte dort gerade mit meiner kleinen Tochter einige Dinge einkaufen. Als sie den Drogisten in seinem weißen Kittel sah, fing die Kleine fürchterlich zu schreien an. Es war offensichtlich, daß sie Angst hatte. Da ich mich nicht erinnerte, jemals vorher mit ihr in diesem Geschäft gewesen zu sein, war mir das ganze Verhalten zunächst unverständlich. Erst nach einiger Zeit wurde mir klar, daß hier eine Konditionierung vorliegen könnte. Wir waren nämlich zwei Stunden vorher bei einem Arzt gewesen, der ebenfalls einen weißen Kittel trug und ihr ziemlich schmerzhaft ein Pflaster von einer Schürfwunde entfernt und ihr gleich danach noch eine Spritze gegeben hatte. Nicht die Person des Arztes war es, die in Verbindung mit den erlittenen Schmerzen gebracht wurde, sondern sein eindrucksvoller weißer Kittel, den sie nun beim Drogisten „wiedererkannt" hatte.

Wenn Menschen sich aus unserer Sicht nicht richtig oder merkwürdig verhalten, kann es oftmals an einer alten, vom Unterbewußtsein gesteuerten Konditionierung liegen.

Gerade aus diesem Grund hat unser Unterbewußtsein einen großen Einfluß auf das, was wir bewußt denken, wie wir handeln, und auf unser Wertesystem. Es beeinflußt das, was wir für richtig oder falsch halten. Es beeinflußt das, was wir über uns selbst und von anderen denken. Durch die Werte und Erfahrungen sind wir konditioniert, auf bestimmte Art und Weise zu handeln oder auch nicht zu handeln – ohne daß wir bewußt darüber nachdenken oder mit wachem Verstand entscheiden. Dies ist ein Bestandteil der emotionalen Intelligenz, die uns in die Lage versetzt, die Konditionierung zum Guten oder Schlechtem selbst zu steuern, sobald uns dieser Zustand bewußt wird.

Von Sir Francis Galton wird eine Anekdote berichtet, die zeigt, daß eine bewußte Konditionierung möglich ist und unsere Kommunikation mit unseren Mitmenschen beeinflußt. Er soll sich selbst in einen negativen emotionalen Zustand versetzt haben, indem er sich einredete, einen ganz schlechten Charakter zu haben, der übelste Mensch überhaupt zu sein usw. Danach ging er auf die Straße. Dort wurde er nicht nur von anderen Passanten angepöbelt und angespuckt, sondern es soll ihn sogar ein Pferd getreten haben.

So wie eine negative Konditionierung möglich ist, so können wir uns selbst auch positiv konditionieren. Dazu benötigen wir nicht mehr als freudige, positive Gedankenbilder oder Erfolgserlebnisse, an die wir uns bewußt erinnern und in deren Erinnerung wir ein wenig schwelgen. Selbst bei einer vorher negativen Stimmungslage wird sich der Normalzustand in Kürze wieder einstellen.

Sagen Sie deutlich, aber positiv, was Sie meinen!

Statt „Das geht so nicht, dazu müßten wir große Teile unseres Betriebes umstellen!“ könnte es so lauten: „Es wird schwer werden, Ihren Vorschlag zu realisieren! Lassen Sie uns gemeinsam die Möglichkeiten überdenken.“

Eine Hilfe für die Deutlichkeit einer Aussage ist die präzise Ausdrucksweise. Verwenden wir also statt „In Kürze werden wir Ihnen die Unterlagen zusenden“ nunmehr „Bis spätestens Mittwoch werden die Unterlagen versendet“ oder statt „Das Angebot enthält die übliche Standardausstattung“ nun „Die Austattung enthält im einzelnen … “.

Geben Sie Ihrem Gesprächspartner Feedback über das Verstandene!

Geben Sie dem Gesprächspartner zu erkennen, was Sie verstanden haben. Liegen Sie damit nicht richtig, dann hat der Gesprächspartner Gelegenheit zur Korrektur seiner Informationen. Das Gespräch geht erst dann in die nächste Runde, nachdem Sender und Empfänger einer Botschaft die Inhalte abgestimmt haben.

Dadurch werden beginnende Mißverständnisse schon am Anfang ausgeräumt und führen nicht mehr zu einer Belastung des Gesprächs oder einem „Aneinander-Vorbeireden“.

Gefühle können schneller und spontaner zu Reaktionen führen als das bewußte Denken.

Deshalb läßt sich sagen: „Gefühlt ist noch nicht gedacht.“ Das bedeutet, daß unsere Emotionen in einem phylogenetisch sehr früh entwickelten Gehirnteil entstehen und diese Emotionen zu konkreten Reaktionen führen können, ohne daß das Denken beteiligt ist. Ein typisches Beispiel hierfür sind Angriffs- und Fluchtreaktionen.

Um von einem Gedanken zu einer verständlichen Artikulation zu gelangen, beherrschen wir unsere Sprache. Gedanken sind frei, sagt man. Gedanken und logische Ketten, die in unserem Gehirn ablaufen, führen noch lange nicht dazu, daß sie auch ausgesprochen werden. Sehr häufig neigen wir zu Gedankensprüngen, d.h., während wir etwas sagen, entfernen sich unsere Gedanken schon davon. So kommt es, daß der Anschlußsatz offensichtlich zu einem anderen Themenkreis gehört. Der Zuhörer kann aber nur den ausgesprochenen Satz hören, den Zusammenhang versteht er nicht, weil er dem nur gedachten Gedanken des Sprechenden natürlich nicht folgen kann.

Hier ist sehr leicht der Ursprung von offensichtlichen Mißverständnissen zu finden, die sich darin äußern, daß der Sprechende später behauptet: „Das habe ich aber ganz sicher gesagt." Aus dem eben Beschriebenen wird deutlich, daß er sehr wohl glauben kann, daß er es gesagt hat.

Neben weiteren Störungen der Kommunikation führt vor allem der persönliche Erfahrungsfilter vor dem Ohr des Kunden dazu, daß er nicht immer alles hört, was gesagt wird.

Man hört nur das, was man hören will!

Manchmal kommen sogar nicht ausgesprochene Informationen hinzu und verfälschen das Gesagte noch weiter. Das geht uns mit allen erhaltenen Informationen so, weil nicht zuletzt auch unser Gedächtnis entscheidet, welche Informationen wir behalten und welche nicht. Gelegentlich wird das vom Kunden aber auch bewußt eingesetzt, wenn er äußert: „Das haben Sie aber nicht gesagt!"

„Angewendet ist noch nicht beibehalten" bedeutet, daß wir durchaus Verhaltensweisen annehmen oder ändern können. Trotzdem passiert es aufgrund der jedem Menschen innewohnenden Trägheit, daß positive Verhaltensweisen nicht beibehalten werden. Wir brauchen deshalb immer wieder einen Anstoß.

Eine gute Beziehung zum Kunden wird von Ihrer Fähigkeit als Kommunikator beeinflußt.

Für eine gute zwischenmenschliche Kommunikation sorgen folgende Regeln:

- Vermeiden Sie Vorwürfe, Bewertungen oder moralische Urteile.
  Sie hinterlassen beim Gesprächspartner immer ein ungutes Gefühl. Hinter einer bewertenden Ausdrucksweise steht unausgesprochen die Aufforderung, daß der andere sein Verhalten ändern soll. Es ist daher zu überlegen, ob das ungute Gefühl bei unserem Gesprächspartner, wenn es denn schon eingetreten ist, so bestehen bleiben soll oder ob nicht zunächst daran gearbeitet werden muß, das Gefühl des anderen wieder ins Positive zu leiten.

- Verbalisieren Sie einfach die vom Kunden empfangenen Gefühle und Wahrnehmungen.
  Sie lassen so dem anderen die Möglichkeit, selbst Stellung zu beziehen.

- Versuchen Sie nicht, den Kunden dahingehend zu beeinflussen, sein Verhalten zu ändern.
  In den sozialen Beziehungen versucht immer jemand, einen anderen zu einer Verhaltensänderung zu bewegen. Dem liegt die Annahme zugrunde, daß der andere in irgendeiner Weise eine falsche Einstellung hat oder sich falsch verhält. Im Gespräch mit dem Kunden sollten wir ihn immer so akzeptieren, wie er ist. Der Kunde will bestätigt werden.

- Umgehen oder umschreiben Sie Probleme nicht, sondern stellen Sie sie sachlich und präzise dar.
  Auf diese Art und Weise stellt sich im Gespräch das Bedürfnis nach Zusammenarbeit und gemeinsamer Problemlösung ein. Gemeinsam mit dem Kunden werden Lösungen für seine Probleme gefunden.

- Versuchen Sie nicht, Ihren Gesprächspartner im negativen Sinne zu manipulieren.
  Niemand ist gerne verborgenen Zielen ausgesetzt. Der Kunde muß sicher sein, daß das, was Sie sagen, auch das ist, was Sie meinen.

- Schenken Sie dem Kunden Beachtung und Zuneigung.
  Der Gesprächspartner möchte als Person ernst genommen werden, als Individuum mit eigenen Bedürfnissen und Zielen. Eine distanzierte oder zurückhaltende Ausdrucksweise mit geringem emotionalen Gehalt zeugt eher von Desinteresse und Abwehr.

- Nehmen Sie die Probleme des Kunden ernst.
  Wenn der Kunde die Erfahrung macht, daß der Verkäufer sich mit seinen Problemen identifiziert, daß er seine Kaufängste akzeptiert, dann ist der Kunde auch bereit, sich dem Verkäufer zu öffnen.

- Bringen Sie weder verbal noch nonverbal Ihre Überlegenheit zum Ausdruck.
  Zeigt der Verkäufer in überheblicher Art, daß er sich dem Kunden in bezug auf das fachliche Wissen überlegen fühlt, versetzt er ihn in einen demütigenden Zustand. Der Kunde reagiert mit Abwehr. Die Möglichkeiten für einen erfolgreichen Abschluß verringern sich.

- Führen Sie das Gespräch partnerschaftlich.
  Partnerschaftliche Gespräche mit dem Kunden drücken sich dadurch aus, daß den vorhandenen oder offensichtlichen Unterschieden bei der Meinungsbildung, den Einstellungen und Wertvorstellungen keine große Bedeutung zugemessen werden.

Toleranz für diejenigen zu haben, die nicht mit unseren Meinungen übereinstimmen, ist eine der großen Tugenden.

In der zwischenmenschlichen Kommunikation kommt es wesentlich darauf an, von Anfang an ein gutes Gesprächsklima aufzubauen, in dem sich alle Beteiligten wohl fühlen. Nehmen Sie den Kunden und seine Gefühle, wie Befürchtungen und Ängste, und auch seine Begeisterung ernst. Auch Begeisterung kann sich ins Gegenteil umkehren, wenn der Kunde das Gefühl entwickelt, in seiner Person nicht akzeptiert und ernst genommen zu werden.

Das Gesprächsklima zwischen dem Verkäufer und dem Kunden bestimmt den Erfolg eines Verkäufers.

Zuhören und öffnendes Zuhören

Wenn wir Zuhören sagen, dann meinen wir damit das passive Zuhören, das aktive Zuhören oder die Methode des öffnenden Zuhörens.

Zuhören, so könnte man glauben, ist die einfachste Sache der Welt. Zu viele Störquellen von innen und außen machen das aber oftmals unmöglich. Gerade darin liegt die Schwierigkeit.

Probieren Sie aus, eine Minute lang nicht an den „weißen Schimmel" zu denken! Ich vermute, es wird Ihnen nicht gelingen.

Allein dieser kleine Versuch zeigt, wie hartnäckig unsere eigenen Gedanken sind und wie schwer sie sich unterdrücken lassen.

Die Natur hat dem Menschen zwei Ohren gegeben, aber nur einen Mund – warum wohl?

Wenn wir dem Kunden etwas sagen, können wir sicher sein, daß er auch zuhört? „Ganz offensichtlich, denn er sagt ja nichts während ich rede", denken Sie vielleicht und unterliegen damit einem Trugschluß. Neben ganz banalen Störquellen, wie Lärm oder Nebengeräusche, können Ablenkungen die Ursache sein, wenn unser Gesprächspartner abschaltet.

Bereits ein einzelnes Wort oder ein Duft können Assoziationen in unserem Kunden wecken, die ihn dabei stören, uns zuzuhören. Seine Gedanken sind, obwohl er scheinbar zuhört, auf einer Reise in ganz andere Erlebnisbereiche. Aus diesem Grund sind Fragen dienlich, um immer wieder einmal den Informationsstand beim Gesprächspartner zu erfassen.

Manchmal gelingt es, die Situation an dem etwas abwesenden, in die Ferne gerichteten Blick unseres Geschäftspartners zu erkennen und zu reagieren, indem Sie aufhören weiterzureden. Sie haben in diesem Augenblick sowieso keinen Zuhörer mehr.

Ein anderer Fall des Nichtzuhörens tritt ein, wenn Ihr Kunde, während Sie vielleicht die Vorzüge Ihres Angebots schildern, bereits darüber nachdenkt, was er jetzt darauf antworten will. Auch hier sind die Gedanken unseres Kunden nicht mehr bei der Sache, sondern gehen ihren eigenen Weg. Er wird zwar Teile des Gesagten mitbekommen, ganz sicher aber auch Teile überhaupt nicht hören.

Leider ist dieses Verhalten, bereits über die Antwort nachzudenken, während der andere spricht, ein weit verbreitetes Übel. Der Zuhörer läßt in diesem Fall dem Redenden nicht seine ungeteilte Aufmerksamkeit zukommen. Die Ursache hierfür liegt jedoch oftmals beim Sprecher. Dieser redet einfach zuviel, ohne den Gesprächspartner zu Wort kommen zu lassen. Letztlich wird der Verkäufer vielleicht nur aus Höflichkeit nicht unterbrochen. Dann aber ist sein Redeanteil nur geduldet.

Reden Sie nicht zuviel auf einmal!

Viele Menschen können sich nicht längere Zeit auf eine Tätigkeit konzentrieren. Schon nach wenigen Minuten nimmt die Konzentrationsfähigkeit drastisch ab – ganz besonders dann, wenn gesundheitliche Störungen oder Müdigkeit hinzukommen. Im Bereich des Zuhörens hat das Konsequenzen. Der Zuhörer schaltet ab, konzentriert sich auf die Formulierung seiner Antwort oder auf die nächste Gelegenheit, selbst das Wort zu ergreifen.

In einer Untersuchung über Unterschiede zwischen guten und besseren Verkäufern hat sich herausgestellt, daß die besseren Verkäufer mehr als die doppelte Zahl an Fragen stellten als die anderen.

Wer fragt, kann nicht reden, sondern will und muß zuhören!

Deshalb sollte sich jeder Verkäufer während seines Verkaufsgesprächs gelegentlich überprüfen und sich die Frage stellen: „Rede ich zuviel, rede ich zu lange, rede ich zu ausführlich, zu detailliert?“

Neben den beschriebenen Hindernissen können die Gründe für das Nichtzuhören auch in der starken Ich-Bezogenheit eines Gesprächspartners, in dem mangelnden Interesse oder im Zeitmangel liegen.

Schalten Sie vor Beginn eines Verkaufsgesprächs alle Störquellen aus, die es Ihnen oder dem Kunden erschweren, zuzuhören:

- Schließen Sie die Fenster und Türen!
- Stellen Sie Geräuschquellen wie Radio und Fernsehgerät ab!
- Sorgen Sie dafür, daß Sie während des Gesprächs nicht durch das Telefon gestört werden!
- Lassen Sie sich auch nicht durch Kollegen stören!

Unterschieden werden folgende Arten des Zuhörens:

- *Das passive Zuhören*
  Das passive Zuhören ist anscheinend ein ganz einfacher Vorgang, bei dem wir nichts tun müssen, außer unsere eigenen Gedanken im Zaum zu halten, um das vom Gesprächspartner Gesagte wahrzunehmen. Sie unterliegen einem Trugschluß, wenn Sie meinen, der Gesprächspartner hört Ihnen aufmerksam zu, wenn er mit starrer Mimik und ohne irgendeine Reaktion dasteht und hört. Zuhören ist eine Kunst. Aber die Probleme des passiven Zuhörens liegen oft in uns selbst, in unseren Gedanken und auch in den momentanen eigenen Gefühlen und in den Gefühlen für den anderen.

Die oberste Regel beim Zuhören heißt: Nicht sprechen!

Man kann nicht zuhören, wenn man spricht. Stellen Sie sich immer auf Ihren Gesprächspartner ein. Ihre Empathie ist hier gefragt. Verstehen Sie seinen Standpunkt, und seien Sie nicht ständig darauf bedacht, nur Ihre Meinung vorzutragen und gelten zu lassen. Toleranz gegenüber anderen Meinungen und Ansichten kommt oftmals zu kurz, wenn wir viel oder zuviel reden.

- *Das aktive Zuhören*
  Das aktive Zuhören dagegen bezieht Aktivitäten mit ein, die dem Gesprächspartner zeigen, daß er unsere Aufmerksamkeit hat. Zeigen Sie dem Kunden, daß Sie Interesse haben, daß Sie wirklich zuhören.

Wir wollen unsere Kunden überzeugen und nicht überreden!

Warum also hören wir unserem Kunden nicht mit ungeteilter Aufmerksamkeit zu? Er liefert uns doch die Problemschilderung

aus seiner Sicht, sein Anliegen, seine Bedürfnisse und Motive. Durch unser Zuhören und die Signale, die wir ihm geben, um zu zeigen, daß wir ihm aufmerksam zuhören, lassen wir den Kunden weitersprechen und uns die benötigten Informationen geben.
Die Signale, die dem Kunden bedeuten, daß wir ihm konzentriert zuhören sind:

- Langsames und leichtes Nicken mit dem Kopf
- Positives Feedback geben über das gerade Gesprochene
- Laute wie „hmm", „aha", „so" oder auch „Ich verstehe, daß … "
- Nachfragen

Das leichte Nicken mit dem Kopf hat neben dem Effekt, daß wir dem Kunden zeigen, daß wir noch aufmerksam zuhören, noch einen weiteren Vorteil. Bei dieser Bewegung zeigt sich, ob der Gesprächspartner noch auf einer Welle mit uns ist. Sie können leicht ausprobieren, ob durch Ihr Kopfnicken der Gesprächspartner nach kurzer Zeit ebenfalls beginnt, mit Ihnen gemeinsam den Kopf zu bewegen. Dies ist ein Zeichen für die gleichartige Wellenlänge, ein Zeichen für noch bestehendes Verständnis für den anderen.
Positives Feedback kann ausgedrückt werden über eine Mimik oder Gestik, die das Gesprochene kommentiert, und in kurzen Sätzen wie: „Bin ich ganz Ihrer Meinung" oder „Das sehe ich auch so."
Die Laute oder auch die Verständniszeichen durch bestätigende Gestik ermuntern den Kunden weiterzusprechen. Solange der Kunde spricht, besteht nicht die Notwendigkeit, Fragen zu stellen. Danach entscheiden Sie wieder über das weitere Vorgehen, ob Sie etwas zu dem Gespräch beitragen wollen oder ob Sie mit einer Frage den Ball wieder an den Kunden übergeben.

- *Das öffnende Zuhören*
  Im allgemeinen werden die Merkmale des öffnenden Zuhörens als Teilbereich des aktiven Zuhörens angesehen.
  Auch Harry Holzheu hat in seinen Büchern hierfür den Begriff „aktives Zuhören" verwendet. Die Unterscheidung zwischen aktivem Zuhören und öffnendem Zuhören wurde von mir zum besseren Verständnis gebraucht. In der einschlägigen Literatur werden Sie wahrscheinlich öffnendes Zuhören immer unter dem Begriff aktives Zuhören erklärt finden.

Mir erscheint es gelungener, das aktive Zuhören zu unterscheiden nach Zuhören unter Begleitung von Aktivitätszeichen und Zuhören unter Einsatz von emotionalem Feedback.

Das öffnende Zuhören spielt sich nur auf der emotionalen Ebene ab.

Über den emotionalen Zugang erreichen wir, daß unser Gesprächspartner sich öffnet. Da wir diese Öffnung durch die Technik dieser besonderen Art des Zuhörens erreichen, wird der Begriff des öffnenden Zuhörens von mir nachfolgend verwendet. Der Gesprächspartner läßt einen Einblick in seine Gefühlswelt zu. Weil viele Menschen den aktiven Umgang mit den Gefühlen noch scheuen, wird diese hervorragende Methode noch nicht sehr häufig angewandt.

Die Meinung, daß Gefühle in der Geschäftswelt nichts zu suchen haben, ist längst überholt. Heute wird akzeptiert, daß Gefühle unsere ständigen Begleiter sind. Die emotionale Intelligenz versetzt uns in die Lage, eigene Gefühle wahrzunehmen und zu steuern und ebenso fremde Gefühle zu erkennen.

Mit dem öffnenden Gesprächsstil begeben wir uns bewußt von der greifbaren rationalen Ebene in die Welt der Gefühle.

Öffnendes Zuhören will gelernt sein.

Diese Art des Zuhörens braucht im Gegensatz zu den beiden anderen genannten Möglichkeiten des Zuhörens Übung, weil unsere Sprache in bezug auf die Gefühle nicht stark ausgeprägt ist. Wenn ich mit meinen Teilnehmern im Seminar Übungen zur Verstärkung der Ausdruckskraft durchführe, dann stelle ich immer wieder fest, daß gerade in dem Teil, der sich mit Emotionen befaßt, die Ausdrucksstärke verbesserungswürdig ist. Die Teilnehmer, die bereit waren, diesbezüglich an sich zu arbeiten, haben die Bandbreite ihrer Möglichkeiten entscheidend verbessern können. Sie sind dadurch auch ganz einfach erfolgreicher geworden.

Diese Methode läßt sich in vielen Situationen des Verkaufs anwenden. Sie läßt sich jedoch nicht anwenden, um unseren Gesprächspartner zu manipulieren oder ihm etwas zu entlocken, was er selbst nicht bereit ist zu sagen. Bei der richtigen Anwendung kann es jedoch passieren, daß plötzlich Dämme brechen und der Gesprächspartner wie einem sehr guten Freund einen Einblick in sein wirkliches Ich gewährt. Dieses Verhalten unserer Gesprächspartner verlangt eine absolute Verschwiegenheit über das gerade Erfahrene. Einem solchen Geschäftspartner nehme ich am Ende des Verkaufsgesprächs wörtlich die Angst, das etwas an Dritte gelangt, das nicht dorthin gelangen soll.

Öffnendes Zuhören schafft Vertrauen.

Die Methode des öffnenden Zuhörens ist besonders geeignet, Vertrauen aufzubauen und Kunden im wahrsten Sinne des Wortes zu gewinnen. Es muß wohl kaum betont werden, daß das anschließende Verhalten dem Vertrauen auch gerecht werden muß. Unbestreitbar erhalten Sie von dem Geschäftspartner im Laufe des Gesprächs nützliche und der gegenseitigen Geschäftsbeziehung dienliche Informationen, die Sie sonst wohl nie erhalten hätten.

Ein Geschäftspartner, der nicht auf den emotionalen Aspekt eingehen will, sich also nicht öffnen will, weil beispielsweise Ängste vorhanden sind oder Zeit und Ort unpassend sind, ist auch nicht problematisch. In diesem Fall sind Sie emotional intelligent genug, sein Verhalten selbstverständlich ohne weiteres Nachbohren zu akzeptieren und zu respektieren.

Die Methode des öffnenden Zuhörens verlangt ein ehrliches, offenes Umgehen mit seinen Mitmenschen. Hierzu gehört die Grundeinstellung: Man muß Menschen mögen! Dieser Spruch beinhaltet eine positive Grundhaltung, und diese bewirkt auch öffnende Gefühle unserem Gesprächspartner gegenüber. Wenn diese Grundhaltung vorhanden ist, dann sind wir auch bereit, uns bewußt und gesteuert, so oft wie wir wollen, auf die emotionale Ebene zu begeben. Dort können wir so lange bleiben, wie wir oder unser Gesprächspartner es für richtig halten.

Öffnendes Zuhören ist ohne den Willen, in die Gefühlswelt des anderen einzutauchen, nicht durchführbar.

Gefühle sind ansteckend. Ich kann mich sehr gut an einen früheren Chef erinnern, der fast jeden Tag mit miesepetrigem Gesicht und übellaunig ins Büro kam. Das Betriebsklima während seiner Anwesenheit war gedrückt, kaum einer wagte zu lachen oder etwas lauter zu sprechen. Es war für alle Mitarbeiter regelrechter Streß. Erst wenn dieser Chef außer Haus war, dann stellten sich spontane Fröhlichkeit und Humor ein, die für das Wohlbefinden am Arbeitsplatz so wichtig sind.

Haben Sie nicht auch schon erlebt, daß Sie schlechte Laune hatten und einem Menschen begegneten, der Sie trotz Ihrer negativen Stimmungslage mit herzerfrischender Fröhlichkeit angesprochen hat?

War es nicht so, daß plötzlich Ihre Stimmung umkippte? Ebenso kann sich eine positive Stimmung umkehren.

Ein Umschwung erfolgt immer dann, wenn wir die Gefühle wahrnehmen und bereit sind, sie zu ändern. Wir übertragen unsere Gefühle im Positiven wie im Negativen auf andere Menschen. Aus diesem Grund ist der Bereich der emotionalen Fitneß so wichtig, um „gut drauf“ und für ein Gespräch mit dem Kunden mental fit zu sein. Positive Gefühle bewirken ein gutes Gesprächsklima.

Der Einstieg in diese Art des Zuhörens geschieht dadurch, daß der Kunde so angesprochen wird, wie unser Einfühlungsvermögen seine augenblickliche Gefühlslage einschätzt.

Sollte die Gefühlslage nicht oder nicht genau getroffen werden, dann beeinflußt es den weiteren Gesprächsverlauf nicht negativ.

Auf keinen Fall sollte der Einstieg über rationale Themen geschehen:

„Sie haben da eine Sammlung ausnehmend schöner Mineralien in ihrem Schrank. Sammeln Sie immer noch?“

Damit sprechen Sie zwar Gefühle an, denn die Sammelleidenschaft wird regelmäßig von guten und freudigen Gefühlen getragen und nur selten von rein materiellen Beweggründen. Trotzdem verstoßen Sie damit gegen die Einstiegsregel:

Der Gesprächspartner entscheidet, worüber er reden möchte.

Der Einstieg erfolgt also dadurch, daß das wahrgenommene Gefühl in einem ganz kurzen Satz dargestellt wird und sich eine ebenfalls kurze Frage anschließt. Das könnte sich beispielsweise so anhören: „Sie scheinen sehr gelöst zu sein, wieso das?“ oder „Sie wirken so fröhlich auf mich, sind Sie immer so?“ oder „Sie machen den Eindruck, bedrückt zu sein, was ist passiert?“

Ihr Gesprächspartner wird selbst entscheiden, ob er darüber spricht, oder, wenn Sie eine falsche Vermutung aufgestellt haben, Sie gegebenenfalls korrigieren, indem er auf das wirklich vorherrschende Gefühl eingeht.

Dem Anwender dieser Methode wird insbesondere dann Feingefühl abverlangt, wenn der Gesprächspartner negative, bedrückende Gefühle regelrecht ausstrahlt. In solchen Fällen, wenn der Gesprächspartner zögert oder abweisend ist, drücken Sie am besten genau das aus, was Sie in diesem Moment empfinden. Beispielsweise könnten Sie sagen: „Sie möchten lieber nicht darüber reden.“

Damit haben wir schon wesentliche Regeln des öffnenden Zuhörens erfaßt. Harry Holzheu faßt sie wie folgt zusammen:

1. *Statements*
   Statements werden dann richtig angebracht, wenn sie nur das empfangene Gefühl wiedergeben. Dieses Gefühl wird mit einem Satz formuliert und nie in einer Frage ausgedrückt. Nachdem der Satz ausgesprochen wurde, sind zwei bis vier Sekunden Pause als Reaktionszeit des Gesprächspartners abzuwarten. Statements sind beispielsweise :
   „Sie sind fröhlich.“ „Sie haben Bedenken.“ „Sie sind skeptisch.“ „Sie sind nachdenklich.“ „Das beruhigt Sie.“ „Sie sind glücklich.“ „Sie fühlen sich übergangen.“ „Sie sind im Zweifel.“

2. *Spiegeln*
   Beim Spiegeln reflektieren Sie mit eigenen Worten das, was der Gesprächspartner gerade gesagt hat.

3. *Signal*e
   Ein „Aha“ oder „Hmhm“, während oder nachdem der Gesprächspartner gesprochen hat, lädt ein, weiterzusprechen. Es signalisiert, daß wir aufmerksam zuhören.

4. *Vertiefende Fragen*
   Die vertiefenden Fragen sind offene Fragen. Der Gesprächspartner kann nicht mit nur einem Wort antworten, sondern antwortet mit einem oder mehreren Sätzen. Beispiele für vertiefende Fragen sind: „Wie empfinden Sie bei … ?“ „Was bedeutet das Ihnen … ?“ „Wie stehen Sie zu … ?“

Diese vier Elemente werden jeweils abwechselnd benutzt. Wenn Sie nur ein Element, beispielsweise die Statements, verwenden, dann gerät das Gespräch sehr schnell in eine unangenehme Monotonie und ist nicht mehr geeignet, den Gesprächspartner zu öffnen.

Falls das reflektierte Gefühl nicht richtig verstanden wurde, erfolgt in der Regel eine Korrektur durch den Gesprächspartner. Es kann also kein Schaden durch Anwendung dieser Reflexionsform entstehen. Andererseits wird der Gesprächspartner positiv aufgeschlossen, geöffnet.

Holzheu weist auch eindringlich darauf hin, was bei der Anwendung dieser Methode unbedingt zu vermeiden ist.

Auf keinen Fall sollten konkrete Sachfragen gestellt werden. Der Grund ist einleuchtend. Wenn in einem emotionalen Gespräch durch sachliche Fragen die rationale Ebene betreten wird, dann befinden sich die Gesprächspartner nicht mehr im emotionalen Bereich, und dieser muß erst wieder neu angesprochen werden. Es ergibt sich einfach eine Störung des emotional geführten Gesprächablaufs.

Wer diese emotionale Methode verwendet, um andere Menschen aufzuschließen, der sollte sich selbst zu keiner Phase des Gesprächs einbringen. Nicht selten ist in einem „normalen“ Gespräch zu hören, wie plötzlich jemand sagt „Das habe ich auch erlebt … “ und sich damit selbst in das Gespräch einbringt. Passiert das häufiger, wird schon in einem alltäglichen Gespräch dieser Gesprächspartner nicht gerne angesprochen, weil er es immer als Aufforderung ansieht, selber zu sprechen. Zuhören können die meisten dieser Leute nicht. Für die emotionale Steuerung eines Gesprächs ist das Sicheinbringen eine Todsünde.

Weiter ist es nicht angebracht, eigene Wertungen in das Gespräch einzubringen. Dies gilt nicht nur für negative, sondern auch für die sonst so gerne gehörten positiven Wertungen wie „Das ist ja großartig“ oder „Das haben Sie wirklich gut gemacht.“

Ebenso störend wirkt Kritisieren oder Moralisieren. Die eventuell vorhandenen negativen Gefühle, zum Beispiel aufgrund erlebter negativer Erfahrungen, werden dadurch noch verstärkt. Eine Chance zu geschäftlichen Erfolgen besteht aber gerade dann nicht.

Ebensowenig ist es angebracht, zu beruhigen, zu beschwichtigen oder zu trösten und vor allem zu bagatellisieren. Vor kurzem hörte ich ein Gespräch, in das diese Elemente eingebracht wurden. Der eine sagte: „Ein guter Kollege und Freund liegt schon seit zwei Wochen schwer krank im Krankenhaus, und die Ärzte wissen immer noch nicht genau, was er hat.“ Darauf der andere: „Ach wissen Sie, da machen Sie sich mal keine Gedanken, das wird schon wieder.“ Es wird in keiner Weise auf die sorgenvollen Gefühle des einen eingegangen, noch schlimmer, diese Gefühle werden vom anderen in keiner Weise respektiert oder akzeptiert.

Man sollte auch vermeiden, Ratschläge zu erteilen, zu belehren oder zu warnen. Ratschläge, die von Fremden erteilt werden, sind oftmals falsch, weil Fremde nicht den Einblick in besondere Situationen haben. Mit der Erteilung unangemessener Ratschläge geht jeder ein Risiko ein. Das Risiko nämlich, daß negative Gefühle auf ihn projiziert werden.

Nach dem bewußten Einstieg in die emotionale Phase wiederum bewußt in die rationale Phase zurückzukehren erfordert ebenfalls einige Übung, jedoch wird die Weiterführung des Gesprächs erleichtert. Die erforderliche Übung läßt sich am besten im Gespräch mit Freunden und Bekannten erlangen, bevor diese Technik Einzug in die Verkaufsgespräche hält. Erst wenn die Sicherheit für den Umgang mit den Gefühlen gegeben ist, kann diese Technik auch im Geschäftsleben angewendet werden.

Abschließend ein Appell an alle, die diese Methode ausprobieren wollen: Stellen Sie sich selbst zurück und den Gesprächspartner in den Vordergrund. Seien Sie dabei neutral, und akzeptieren Sie die Gefühle des Gesprächspartners als zu seiner Persönlichkeit gehörig. Seien Sie wohlwollend mit Ihrem Gesprächspartner.

Denken Sie immer daran, daß Sie nur das Beste für den Gesprächspartner wollen.

Die Kundenansprache durch Brief und Telefon

Briefe müssen den Kunden ansprechen

In einer Zeit, in der die Informationsflut immer größer wird und langsam nicht mehr zu bewältigende Ausmaße annimmt, kommt es ganz besonders darauf an, daß Briefe an Interessenten auch tatsächlich gelesen werden.

Die Praxis, einen Brief als Werbung abzutun und ihn ungelesen in den Papierkorb zu werfen, ist wohl jedem bekannt. Deshalb stellt sich die Frage, was wir tun können, damit ein Werbebrief beim Kunden oder Interessenten auch „ankommt".

Die Anlässe, den Weg über einen Brief zu nehmen, sind vielfältig. Der Brief kann ein Akquisitionsschreiben, eine Einladung zum Jubiläum oder zur Hausausstellung, ein Informationsbrief anläßlich einer Messe usw. sein.

Wichtig ist, daß der Brief vom Empfänger geöffnet wird. Wird der Brief geöffnet, ist noch längst nicht sicher, daß er gelesen wird. Dies alles hängt von der äußeren und inhaltlichen Gestaltung des Briefes ab.

Die gesamte Gestaltung des Briefes und das inhaltliche Anliegen müssen Vertrauen schaffen, Ihre Seriosität und Zuverlässigkeit widerspiegeln. Der Inhalt soll dem Leser stufenweise Informationen geben und ihn auffordern, Entscheidungen zu treffen.

Die äußere Form

Die nachfolgenden Hinweise zur Gestaltung verhelfen Ihren Briefen zu mehr Beachtung.

- *Der Briefumschlag*
  Der Briefumschlag ist das erste, was der Kunde von Ihrem Brief sieht. Schon die *Farbe des Umschlags* kann Aufmerksamkeit erzeugen. Ich denke hierbei an eine Versandfirma, deren Umschläge zur Abwechslung nicht bunt waren, sondern sich durch ein einheitliches Grau auszeichneten, das sehr stark an Briefe vom

Finanzamt oder andere öffentliche Schreiben erinnerte. Dabei wurden vielleicht negative Emotionen angesprochen, die sich beim Öffnen des Briefes aber sehr schnell umwandelten. Es ist klar, daß die Empfänger in großer Zahl diesen Brief zunächst geöffnet haben. Und genau darauf kommt es in dieser Phase an. Die Form des Umschlags spielt ebenso wie die Größe und das Gewicht im Hinblick auf das Porto schon eine Rolle, wenn sehr viele Briefe ausgesendet werden.
Bei kleineren Auflagen aber können Sie mit Ideenreichtum Aufmerksamkeit erzielen und noch mehr Beachtung finden.
Briefmarken, insbesondere *Sondermarken,* sind besser als Stempler. Auf Standardmarken sollten Sie zumindest bei Kleinauflagen verzichten. Der Umschlag sollte nicht zeigen, daß er an eine Vielzahl von Empfängern ausgesandt wurde, sondern den Eindruck des Besonderen vermitteln. Der Leser fühlt sich dadurch persönlich angesprochen und ist eher geneigt, diesen Brief zu öffnen.
Ein zusätzlicher aktivierender Text auf dem Umschlag kann einen Hinweis auf das Innere geben. Diese zusätzlichen Texte wirken erheblich besser, wenn Sie „handschriftlich" geschrieben sind. „Bitte den Inhalt sofort lesen!" könnte so eine Aufforderung sein.
Adreß-Etiketten sind möglichst zu vermeiden. Der Brief wirkt damit unpersönlich. Die Papierindustrie hat sich selbst unter Beachtung der restriktiven Postvorschriften schon einiges zur Gestaltung des Umschlags einfallen lassen. Hier ist besonders die *Fenstertechnik* zu erwähnen. Zusätzliche Fenster ermöglichen Einblicke in den Inhalt – gerade soviel, daß der Leser neugierig den Brief öffnet. Die Ihnen zugestandenen Gestaltungsmöglichkeiten lassen sich auch im Rahmen der Firmen-CI phantasievoll ausschöpfen. Hier ist Ihre Kreativität gefragt.
Achten Sie darauf und überprüfen Sie notfalls, daß Name und Anschrift korrekt geschrieben sind. Der Adressat legt darauf großen Wert.

Der Briefumschlag ist Ihre Visitenkarte.

- *Der Inhalt*

  Auch bei einem falsch geschriebenem Namen in der Anrede

schließt der Adressat unweigerlich auf nachlässiges Verhalten. Es kann dazu verleiten, den Brief gleich wegzuwerfen. Tut er dies nicht, können seine Emotionen beim Lesen des falschen Namens schon die erste Kontaktaufnahme negativ beeinflussen und eventuelle spätere Verhandlungen unnötig erschweren.
Die Zeilenlänge soll so gehalten werden, daß auch rechts noch ein Rand verbleibt.
Ein Absatz muß mühelos zu lesen sein. Er wird auf fünf Zeilen beschränkt. Maximal werden auf der ersten Seite fünf Absätze verwendet. Dies macht den Text leicht lesbar, und das Gesamte bleibt überschaubar. Wenn möglich sollte man sich auf eine Seite beschränken. Fordern Sie dem Leser für den Anfang nicht zuviel ab.
Unterstreichungen, Fettdruck, Kursivschrift oder Kapitälchen sind ein Blickfang, und sie heben hervor, worauf es ankommt. Jedoch sollte sparsam damit umgegangen werden. Bei mehreren unterstrichenen Textstellen sollten die Unterstreichungen harmonisch und ausgeglichen aufgeteilt sein.
Die Unmengen verschiedener Schriften, über die inzwischen jeder PC verfügt, verleiten dazu, eine Schriftenvielfalt in den Brief einzubringen. Verwenden Sie aber nicht mehr als zwei verschiedene Schrifttypen für den ganzen Brief.
Unterschriften sind oftmals nicht entzifferbar. Der Adressat hat aber einen Anspruch darauf, zu wissen, wer ihm schreibt. Sollten Sie eine unleserliche Unterschrift haben, dann sollte Ihr Name noch einmal gedruckt zu lesen sein.
Eine PS-Zeile darf in keinem Brief fehlen. Sie dient als Aktionszeile, die den Leser auffordert, etwas zu tun, beispielsweise die Einladungsbestätigung noch heute zurückzusenden. Sie kann aber auch eine Zusammenfassung der wichtigsten Argumente enthalten und dient dann nochmals als Verstärkung.

Der Inhalt gibt Einblick in Ihre Arbeitsweise und Auskunft über Ihr Anliegen.

Der Brief aus dem Blick des Lesers

Der Leser eines Briefes beginnt in der linken oberen Ecke.

- *Adresse bzw. Anrede*
  Sein Blick bewegt sich als erstes zu seinem Namen, falls der Brief personalisiert ist, um zu prüfen, ob sein Name korrekt geschrieben wurde.

- *Das Firmenlogo*
  „Wer schreibt mir?“ könnte der Leser fragen, denn sein Blick wandert zum Firmenlogo oder anderen, stark farbig herausgehobenen Briefelementen.

- *Das Datum*
  Der Sprung zum Datum erfolgt jetzt, weil das Datum als alleinstehender Text auffällig ist.

- *Die Headline*
  „Soll ich den Brief lesen?“ Die Headline gibt die Antwort auf diese Frage. Sie liefert den ersten Anhaltspunkt für den Leser, worum es in dem Schreiben geht. Bei der Formulierung der Headline bedarf es deshalb ganz besonderer Sorgfalt. Die Headline kann eine Frage sein, eine Behauptung oder ein Argument. Sie muß die Neugierde des Lesers wecken. Neugierde macht aufnahmefähig. Direktmarketingunternehmen sehen in der richtigen Formulierung der Headline ein wesentliches Kriterium dafür, ob ein Werbebrief Top oder Flop wird.

- *Der Text*
  „Welchen Vorteil bietet die Firma mir, was habe ich davon?“ fragt sich der Leser nun. Der Text wird beim ersten Anschauen nur überflogen. Die Antwort auf seine Fragen holt er sich jetzt zunächst bei dem Unterstrichenen, Fettgedruckten etc. Es ist besser, wenn Sie den Text auf einer Seite unterbringen können, zwei Seiten mögen für manche Leser schon zuviel des Guten sein. Zeitdruck oder mangelndes Interesse veranlassen den Leser, den Brief zumindest erstmal auf die Seite zu legen. Er möchte so schnell wie möglich die Frage „Warum schreibt die Firma ausgerechnet mir?“ beantwortet haben. Sorgen Sie dafür, daß diese Information so schnell wie möglich zu erlesen ist.

- *Die Unterschrift*
  Auch wenn der Leser beschließen sollte, den Brief erst einmal zur Seite zu legen, wird er aber vorher noch nach der Unterschrift

schauen. Wie schon erwähnt, soll sie leserlich sein und Vor- und Zunamen enthalten. Geben Sie auch Ihre Position im Unternehmen mit an. So erhält der Leser weitere Informationen über Ihre Person.

- *Die PS-Zeile*
  Diese Zeile verlangt gleich viel und ebenso genaue Überlegungen wie die Kopfzeile. Sie ist Ihre letzte Chance, denn sie ist entscheidend dafür, ob der Text jetzt oder zu einem späteren Zeitpunkt nochmals sorgfältig gelesen wird oder ob der Brief endgültig in den Papierkorb wandert.

Der Kunde muß mit dem Brief Antworten und einen Anstoß zu eigenen Aktivitäten bekommen.

Briefe sollen motivieren und aktivieren

Widmen Sie dem Briefanfang und den ersten Sätzen große Sorgfalt. Hier können Sie Probleme aus der Sicht des Kunden aufzeigen oder den Kunden unter Verwendung von Reaktionsauslösern aktivieren. Das sind Wörter, die Zustimmung und Interesse beim Kunden erzeugen. Beispielsweise: neu, gratis, kostenlos, risikolos, garantiert, unverbindlich usw. Oder Sie schreiben, um das Interesse des Kunden zu wecken: „In zwei Minuten wissen Sie, wie … "

Die unausgesprochene Frage des Lesers lautet in jeder Sekunde: „Was bringt es mir, wenn ich reagiere?" oder „Was habe ich davon, wenn ich bestelle?" Es muß ihm das Gefühl vermittelt werden, für sich etwas Gutes zu tun, wenn er positiv auf den Brief reagiert. Seine Gefühle dürfen dabei nicht zwiespältig sein, sie müssen klar signalisieren, daß Ihr Angebot seinen Bedürfnissen entspricht.

Laden Sie ihn beispielsweise zur Vorstellung eines neuen Modells in Ihr Unternehmen ein, muß er dem Brief entnehmen können, warum er sich auf den Weg machen soll, welche Vorteile ihm daraus entstehen können und *welchen Nutzen* er daraus ziehen kann.

Senden Sie ihm als Anlage ein Produktinformationsblatt, um die Kaufentscheidung zu erleichtern. Darauf sollten die für dieses Produkt wichtigsten Kaufmotive in Bildern oder textlich dargestellt sein.

Gut sind in jedem Falle immer Bilder oder grafische Darstellungen, da sie die Vorstellung von diesem Produkt unterstützen und für das Gedächtnis, sprich Merkfähigkeit, förderlich sind.

Diese Motivansprache kann die tatsächlich bestehenden Wünsche und Bedürfnisse des Kunden, auch wenn er sie bis jetzt noch nicht bewußt wahrgenommen hat, mit großer Wahrscheinlichkeit treffen und ihn zu Aktivitäten anregen. Der Erfolg eines Briefes hängt davon ab, inwieweit der Leser sich persönlich angesprochen und verstanden fühlt.

Je mehr der Kunde emotional einbezogen wird, um so mehr erhöhen Sie die Chancen, daß der Brief seinen Zweck erfüllt.

Bleiben Sie aber im Rahmen des Möglichen, und verzichten Sie auf reißerische Aussagen und tolle Versprechungen, wie „Sie haben für ein Leben lang ausgesorgt“, die schon von vornherein auch für den Dümmsten unwahrscheinlich klingen.

Zum Schluß noch ein paar Sätze zum Sprachstil im Brief. Vermeiden Sie Substantive, wenn Sie den gleichen Sachverhalt auch mit Verben ausdrücken können. Gerade die Substantive in einem Kundenbrief wirken klotzig und unpersönlich. Mit Verben erreichen Sie erheblich mehr Dynamik wie Ihnen die Beispiele zeigen: Statt: „Das Angebot für Sie ist in Arbeit befindlich“ besser: „Ihr Angebot wird bearbeitet.“ Statt: „Wir werden Ihnen in Kürze eine Antwort zukommen lassen“ besser: „Wir beantworten Ihr Schreiben bis spätestens Dienstag.“ Statt: „Mit gleichem Datum werden wir die Ware zum Versand bringen“ besser: „Wir versenden die Ware am gleichen Tag.“

Weiterhin hat der Sprachstil unterschiedliche Wirkung. Beispielsweise wird sehr häufig das Wort „man“ verwendet. Stellen Sie sich vor, der Kunde hört oder liest „Man hat dadurch den Vorteil … “ Für den Kunden wirkt das unsicher, verallgemeinernd oder unpersönlich. Besser ist es, den Kunden direkt anzusprechen: „Sie haben … “ oder „Ihnen bringt es … “ Das wirkt kundenorientiert, positiv und persönlich.

Ebenso wirkt die häufig zu hörende Formel „Wir“ oder „Unser Haus“ auf den Kunden meinungslos, verunsichernd und unpersönlich. Besser ist es, die Gemeinsamkeiten herauszuheben. „Wir beide wissen … “

Diese Art der kundenbezogenen Formulierungen gelten nicht nur für den Brief, sondern auch für das Telefonat und das persönliche Gespäch.

Die Arbeit mit dem Telefon

Wenn Sie sich im Gespräch mit einem Interessenten oder Kunden befinden, dann haben Sie eine ganze Reihe von Möglichkeiten, zu erkennen, was in Ihrem Gesprächspartner vorgeht. Denken Sie nur einmal an die Möglichkeit, ihm in die Augen zu sehen, seine Mimik und die Körperhaltung zu beobachten und zu werten. Alles das fehlt bei der Arbeit mit dem Telefon.

Sie haben anscheinend für die Kommunikation mit ihrem Telefonpartner „nur" Ihr Ohr und Ihre Stimme. Jedenfalls solange sich das Bildtelefon noch nicht endgültig durchgesetzt hat.

Wer möchte nicht am Telefon einen guten Eindruck bei seinem Gesprächspartner hinterlassen? Da vor allem die Stimme wirksam wird, sie zeichnet bei dem Gesprächspartner ein Bild von Ihnen, lohnt es sich, darüber nachzudenken, welche Möglichkeiten uns zur Verfügung stehen, um die persönliche Ausstrahlung am Telefon zu verbessern.

Eine gute persönliche Ausstrahlung, im wesentlichen durch Sprache und Stimme geprägt, führt dazu, daß Ihr Gesprächspartner Sie mit Attributen wie kompetent, sicher, souverän, verständnisvoll und sympathisch versieht.

Die Stimme

Mit der Stimme können wir sehr viel steuern. Sie kann unterschiedlich klingen: hell oder dunkel, laut oder leise, schnell oder langsam, moduliert oder gleichförmig, kristallklar oder undeutlich, ausdrucksstark oder -schwach. Wer bedächtig und mit tiefer Stimme spricht, der wirkt beispielsweise erfahrener auf den Zuhörer und wird beim aktiven Telefonieren auch nicht so schnell abgeschoben.

Immer wieder trifft man Menschen, die eine untypisch hohe oder tiefe Stimme haben. Über das Telefon können wir zunächst nicht erkennen, ob wir mit Herrn Müller sprechen, wenn sich eine tiefe Stimme mit „Müller" meldet. Es kann durchaus auch Frau Müller sein, die eine ungewöhnlich tiefe Stimme hat. Umgekehrt kann es genauso passieren, daß Sie jemanden wegen der hohen Stimme mit Frau Müller ansprechen, es sich tatsächlich aber um Herrn Müller handelt. Die falsche Ansprache sollte Sie aber nicht in Verlegenheit bringen, denn Frau Müller wird etliche Male am Tag falsch angesprochen. Es ist für sie nichts Ungewöhnliches, und Sie können sofort Ihre Thematik ansprechen.

Die Körperhaltung während des Telefonierens hat einen Einfluß auf den Klang der Stimme. Sitzen Sie bitte nicht „im" Stuhl. Eine nach vorne gebeugte Sitzhaltung ist die ungünstigste Haltung am Telefon überhaupt. Es simuliert die typische Streßhaltung. Der Bauch- und Brustraum ist eingeengt, es sind nur kurze Sätze ohne Luft zu holen möglich, die Stimme klingt gepreßt. Besser dagegen ist die aufrechte oder leicht nach hinten geneigte Körperhaltung. Sie wirkt ähnlich entspannend wie die „Füße auf dem Tisch"-Haltung. Der Resonanzraum wird vergrößert, die Stimme klingt um Nuancen tiefer und angenehmer. Geben Sie Ihrer Stimme möglichst viel Ausdruckskraft und Modulation. Damit erzeugen Sie den Eindruck, daß Sie mit Energie an die Sache herangehen.

Mimik und Gestik

Auch während des Telefonierens spricht nichts dagegen, ganz normal zu gestikulieren. Ihre Gedanken und ihre Stimme wirken dadurch lebendiger, auch wenn der Gesprächspartner Sie nicht sehen kann.

Ein Lächeln hört man noch in 10000 km Entfernung.

Einen ganz wesentlichen Einfluß auf das Gesprächsklima hat das Lächeln. Wenn Sie Menschen beobachten, die konzentriert telefonieren, dann werden Sie immer wieder feststellen können, daß die Mimik eher verspannt, manches Mal sogar verbissen ausschaut. Von

Lächeln keine Spur. Gerade aber das Lächeln wird vom Gesprächspartner wahrgenommen. Auch Humor wirkt, wenn er in das Gespräch mit eingebunden ist, ähnlich öffnend.

Um sich selbst zu kontrollieren oder um ein falsch laufendes Telefonat noch zu switchen, kann ein kleiner Taschenspiegel, vor sich auf den Tisch gestellt, sehr gute Dienste leisten. Wenn Sie sich während des Telefonats im Spiegel sehen und an diese Zeilen denken, dann läßt es sich kaum vermeiden, daß sich ein Lächeln auf Ihre Gesichtszüge legt. Ist der Spiegel etwas größer, dann kann dieser Effekt auch noch verstärkt werden, indem mit einem wasserfesten Stift in einer der unteren Ecken ein breit grinsender Smiley gemalt wird.

Die Formulierung

Ziel eines Telefonats muß sein, dem anderen den Grund für den Anruf in klarer, verständlicher, deutlicher Sprache zu nennen und eine Brücke zum Gesprächspartner zu schlagen. Der einzige Grund für ein Telefonat, bei dem die Aktivitäten auf unserer Seite liegen, ist der, daß wir uns für den Gesprächspartner nützlich machen, unserem Kunden also einen Nutzen verschaffen können. Deshalb sollten die Formulierungen baldmöglichst auf die Hauptsache kommen. Zum Beispiel „ … es handelt sich kurz gesagt um folgendes …“

Lassen Sie gelegentlich den Namen des Gesprächspartners in das Gespräch einfließen. Sein eigener Name ist dem Kunden schließlich sehr bekannt. Auf keinen Fall sollte die Namensnennung übertrieben werden. Ihr Gesprächspartner könnte sonst den Eindruck eines sehr devoten Verkäufers von Ihnen bekommen. Dies steht aber im Widerspruch zu den positiven Eigenschaften wie aktiv, dynamisch und kompetent.

Der Gesprächsabschluß

Führen Sie am Ende des Telefonats einen für den Kunden zukunftsweisenden Gespächsabschluß herbei. Hier können beispielsweise der zukünftig erfahrbare Nutzen für den Kunden oder die Freude über eine auch zukünftig gute Zusammenarbeit zum Ausdruck kommen.

Das Gespräch endet höflich mit einer Dankformel. „ … vielen Dank für das Gespräch, ich freue mich schon auf unser persönliches Treffen am … auf Wiederhören."

Unmittelbar nach dem Telefonat werden alle Stichworte oder Notizen, die während des Telefonats angefertigt wurden, zusammengefaßt und abgesprochene Termine sofort in das Terminbuch oder den Kalender übertragen.

Viele Unarten am Telefon verprellen den Kunden

Versetzen Sie sich bitte einmal in die emotionale Situation des Anrufers, um zu verstehen, was dieser fühlt, wenn er von einem Unternehmen so behandelt wird, wie nachfolgend beschrieben. Sie werden dann selbst feststellen können, welches die am häufigsten auftretenden Telefonsünden sind und – falls diese auch in Ihrer Umgebung zu beobachten sind – wie man sie abstellen kann. Diese Telefonsünden erschweren zumindest den Verkauf, geben oftmals aber auch dem Anrufer Hinweise auf das Verhalten des Unternehmens seinen Kunden gegenüber. Denken Sie bitte einmal an Ihre Gefühle, wenn Sie bei Ihren Anrufen die folgenden Unarten festgestellt haben :

- *Ein unfreundliches Verhalten, vielleicht sogar ein barscher Tonfall*
  Ein Kunde muß schon ein ganz besonderes Interesse an der angebotenen Ware oder der Dienstleistung haben, wenn er sich dadurch nicht abschrecken läßt.

- *Das Telefon klingelt häufig, bis sich endlich jemand meldet*
  Ein kundenfreundliches Verhalten kann der Anrufer daraus ganz sicher nicht entnehmen. Der Anrufende wird ungeduldig.

- *Der Firmenname oder der Name der Ansprechperson wird unverständlich gesprochen*
  Besonders dann, wenn der Name hundertmal am Tag gesprochen werden muß, wird häufig zu leise oder zu schnell gesprochen oder sogar genuschelt. Sinnvolle Kürzungen bei zu langen Firmennamen sind angebracht, um das Verstehen zu verbessern. Statt „Andreas Müller-Kublisczinski Vermögensverwaltung und Ver-

mögensberatungs GmbH, guten Tag!“ kann abgekürzt gesagt werden: „Müller-Vermögensverwaltung, guten Tag!“

- *Automatisches Weiterverbinden*
  Sie fragen im Empfang nach dem für ihr Problem zuständigen Mitarbeiter. Danach hören Sie nur noch ein Klicken in der Leitung. Sie erfahren weder den Namen des Gesuchten, noch mit wem denn nun verbunden wird.

- *Die Zuständigkeiten im eigenen Hause sind nicht bekannt*
  Es beginnt eine langwierige Suche durch alle Abteilungen des Unternehmes, bis sich jemand zuständig fühlt. Die Wartezeit und auch die Gebühren gehen zu Lasten des Anrufenden und verursachen regelmäßig Verärgerung. Diese wiederum sorgt nicht für ein angenehmes Gesprächsklima.

- *Der Anrufende bleibt in der Leitung hängen*
  „Ich verbinde Sie mit ... “ ist die hier am häufigsten zu hörende Formulierung. Es sind die letzten Worte, die Sie hören, bevor die Beschallung mit einer mehr oder weniger angenehmen Musik erfolgt. Kürzlich habe ich sogar statt der Musik Witze vom Band gehört. Unangenehm war, daß sich kurz vor der Pointe der Angerufene meldete. Immerhin gab es Gesprächsstoff, und der Gesprächspartner konnte wenigstens den Schluß des Witzes zum Besten geben.

- *Wenn der Gesprächspartner nicht erreichbar ist, fehlt es an Hilfestellung*
  Möchten Sie eine Nachricht hinterlassen? Kann Herr Müller Sie zurückrufen? Herr Müller ruft gerne zurück, sobald er wieder im Büro ist. Darf ich Ihre Telefonnummer notieren? Diese Fragen sind Hilfestellungen, um ein späteres Gespräch ohne großen Aufwand zu ermöglichen.

- *Rückrufe werden versprochen und nicht eingehalten*
  Sie erfahren, daß Ihr Gesprächspartner um 14 Uhr wieder im Büro ist. Also rechnen Sie damit, daß kurze Zeit später der versprochene Rückruf erfolgt. Nun vergehen Minuten und Stunde um Stunde. Der Rückruf erfolgt nicht. Ihre jetzt eintretende Verärgerung ist nur zu verständlich.

- *Vertrauliche Gespäche werden begonnen, ohne sich zu vergewissern, daß der Angerufene frei sprechen kann*
  Der Anrufende weiß nie, in welcher Situation sich der Angerufene befindet. Eine kurze Rückfrage hilft, die Situation zu klären. „Haben Sie grad einen Moment Zeit für mich?" oder „Können Sie im Augenblick frei sprechen?" Solche und ähnliche Fragen helfen sowohl dem Anrufer als auch seinem Gesprächspartner, peinliche Situationen zu vermeiden.

Vorbereitung des Telefonats

Je besser die Vorbereitung, desto höher die Wahrscheinlichkeit, das angestrebte Ziel zu erreichen.

Oftmals hängt das Ergebnis eines Telefonats auch von der Vorbereitung auf das Telefonat ab. Hier sind einige Punkte, über die jeder, der im Geschäftsleben aktiv telefoniert, nachdenken sollte. Die Vorbereitung dient nicht nur der Ergebnisverbesserung, sondern auch der Effektivität. Darum lohnt sich eine Telefonatsvorbereitung und die geistige Einstimmung auf die zu führenden Telefonate immer.

- *Aus welchem Grund will ich den Kunden anrufen?*
  Die Antwort gibt Auskunft über Ziele und Zweck des Anrufs. Es wird festgelegt, was erreicht werden soll, welche Minimal- oder Maximalziele angestrebt werden. Das Maximalziel könnte ein Gesprächstermin beim Kunden sein. Das Minimalziel könnte sein, in dem Kunden den Wunsch zu erzeugen, einen späteren Anruf gerne entgegenzunehmen.

- *Welche Informationen bzw. Unterlagen benötige ich für das Telefonat?*
  Das können z.B. ausgesandte Vorschaltbriefe sein, aber auch Produktinformationen, die dem Kunden zur Erläuterung des Angebots gegeben werden sollen. Gegebenenfalls muß eine gesamte Kundenakte bereitliegen, oder die verfügbaren Daten im PC müssen bereits aufgerufen sein.

- *Wann will ich den Gesprächspartner anrufen?*
  Nicht jeder Zeitpunkt ist für einen Anruf geeignet. Hier gibt es branchenspezifische Unterschiede, die meistens bei den ersten Versuchen erkennbar werden. So gibt es besonders gute Stunden, in denen der Gesprächspartner erreicht werden kann, und ebenso Stunden, in denen der Gesprächspartner mit großer Sicherheit nicht erreichbar ist. Nach diesem Merkmal der Erreichbarkeit richtet sich auch die eigene Zeitplanung zur Festsetzung fixer Telefonzeiten.

- *Mit wem will ich sprechen?*
  Diese Frage gibt mir eine Antwort darauf, wen ich im Unternehmen ansprechen möchte bzw. welche Hierarchieebene angesprochen werden soll. Am vorteilhaftesten ist es, wenn der Name des zuständigen Entscheiders bekannt ist. Wenn nicht, dann läßt sich der Name durch eine einfache Frage in der Telefonzentrale des angerufenen Unternehmens feststellen. „Bitte, wer in Ihrem Hause ist zuständig für … "

- *Welche Einwände sind zu erwarten?*
  Besonders auf das, was der Kunde oder Interessent auf mein konkretes Angebot erwidern wird, kann ich mich schon vor dem Telefonat vorbereiten. Es ist beinahe wie bei einem Schachspiel, in dem man den nächsten Zug des Gegners vorhersehen sollte – mit dem kleinen Unterschied, daß wir den Kunden oder Interessenten nie als Gegner betrachten sollten. Wenn ich aber weiß, welche Einwände aus der Sicht des Kunden kommen werden, dann ist es leicht, sich auf diese in Ruhe vorzubereiten.

- *Welche Argumente habe ich zur Verfügung?*
  Das beantwortet die Frage nach den Vorteilen und dem Nutzen meines Angebots für den Kunden. Alles, was dem Kunden hilft, die besonderen Vorteile meines Angebots besser zu verstehen, sollte an dieser Stelle überlegt werden.

- *Welches Wissen kann ich bei meinem Gesprächspartner voraussetzen?*
  Es geht hierbei um die präzise und deutliche Formulierung dessen, was ich dem Kunden an Informationen vermitteln möchte. Je einfacher die Sprache ist, desto besser ist sie vom Gesprächspartner zu verstehen. Fachausdrücke und fachspezifische Abkürzun-

gen sollten nur dann verwendet werden, wenn mit Sicherheit davon ausgegangen werden kann, daß sie dem Kunden geläufig sind.

- *Wie will ich mein Gespräch beginnen, welchen Aufhänger möchte ich nutzen?*
  Wenn es sich um das erste Telefonat mit dem Kunden handelt, dann muß zunächst einmal das Eis gebrochen werden, z.B. mit Formulierungen wie: „Mein Name und meine Firma sagt Ihnen im Moment noch nichts ... " oder „Ich beziehe mich auf die Information, die Sie von uns vor einigen Tagen schriftlich erhalten haben ... "

Ein geschickter Gesprächsanfang nimmt oftmals die ersten Hürden im Kontakt mit einem unbekannten Gesprächspartner.

Wir müssen deshalb den Gesprächspartner für unser Vorhaben interessieren und seine Aufmerksamkeit fesseln. Gesprächsaufhänger können aus dem Umfeld des Gesprächspartners oder der eigenen Sphäre stammen, sie können in der wirtschaftlichen Situation allgemein oder in dem speziellen Angebot, das man dem Gesprächspartner unterbreiten möchte, gefunden werden. Gerade der Gesprächsbeginn ist entscheidend dafür, ob der Interessent oder Kunde zuhört oder das Gespräch abbricht. Deshalb muß eine Antwort auf die Frage des Interessenten „Worum geht es?" gefunden werden. Es sei noch einmal wiederholt: Der einzige Grund anzurufen liegt darin, dem Kunden einen Nutzen zu verschaffen. Wird das von dem Kunden erkannt, dann wird gleichzeitig eine Brücke zu dem Gesprächspartner geschlagen.

- *Habe ich Terminvorschläge vorbereitet?*
  Um Zeit und Geld zu sparen, ist es für auswärtige Termine erforderlich, eine Routenplanung vorzunehmen. Die vorgeschlagenen Termine sollten also vor oder nach einem bereits feststehenden Termin in der näheren Umgebung des neuen Kunden liegen. Ein Stadtplan oder ein Umgebungsplan an der Wand tut hier gute Dienste. Farbige Nadeln – jeder Wochentag erhält eine

andere Farbe – erleichtern die tägliche Tourenplanung. Es lassen sich dann auch leichter die Fahrtzeiten zu den verschiedenen Terminen abschätzen.

Eine gute Vorbereitung des Telefongesprächs hilft uns, das Telefonat zum Schlüssel des Erfolgs werden zu lassen.

Für viele Verkäufer bedeutet es eine unüberwindbare Hürde, wenn sie eine geschulte Sekretärin am Telefon haben und zum Chef durchgestellt werden möchten. Die Aufgabe der Sekretärin ist es, Spreu vom Weizen zu trennen und dem Chef Unterbrechungen seiner Arbeit durch Unwichtiges zu ersparen. Ungeschickt ist es, der Sekretärin direkt oder indirekt zu verstehen zu geben, sie sei nicht der richtige Ansprechpartner.

Aus diesem Grund sollten Sie ein oder mehrere herausragende Argumente parat haben, aus denen zu entnehmen ist, welch großen Nutzen Sie dem Unternehmen und dem Chef bieten können.

Auch der Bezug auf den vorgeschalteten Brief bringt häufig das Gespräch schon weiter. Denn zu der geführten Korrespondenz können sich jederzeit Fragen ergeben.

Angebracht ist es, die Sekretärin zu fragen ob sie Ihnen bezüglich dieser Fragen weiterhelfen kann. Damit bringen Sie zum Ausdruck, daß Sie der Sekretärin Kompetenz in diesen Angelegenheiten einräumen. Ein aufrichtiges Lob zur richtigen Zeit läßt oftmals die Dämme brechen.

Das Verkaufsgespräch

Die Vorbereitung

Jedes Verkaufsgespräch verläuft individuell. Es gibt Verkäufer, die deshalb sagen, man könne gar nichts beeinflussen – entweder kauft der Kunde oder nicht. Die Spitzenverkäufer jedoch planen jedes Verkaufsgespräch bis ins Detail durch und können teilweise ihren großen Erfolg darauf zurückführen. Wie schon im ersten Teil ausgeführt, spielt gerade im Verkaufsgespräch die emotionale Ebene eine wichtige Rolle. Ebenso sind die Mimik und die Körperhaltung, die ja die Emotionen ausdrücken, von Bedeutung. Da diese Komponenten schon ausführlich behandelt wurden, bleiben sie in diesem Kapitel weitestgehend außen vor. Voraussetzung ist in jedem Falle, daß Sie sich in einem emotional guten Zustand befinden. Wie Sie dies erreichen, wurde bereits besprochen. Hilfen finden Sie auch bei den Übungen im Teil III.

Jedes Verkaufsgespräch besteht aus mehreren Stufen, die aufeinander aufbauen oder alternierend den Ablauf bestimmen. Die Vorbereitung dient dem besseren Ablauf in den einzelnen Phasen des Gesamtprozesses. Ein Beispiel aus dem technischen Vertrieb kann das sehr gut zeigen.

Der Verkaufsingenieur hat mit seinem Kunden ein Erstgespräch, in dem bereits eine Vorberatung stattfindet. Daran schließt sich das nächste Gespräch in Form einer problemorientierten Beratung an. Hier werden dem Kunden Problemstellungen und erste Lösungsansätze bewußt.

Dann folgt die Projektabklärung und Erarbeitung der Konzeption. Das Lösungskonzept wird dem Kunden vorgestellt. Nach Genehmigung des Konzepts werden die Kosten festgestellt.

Das Angebot wird dem Kunden präsentiert, die Details werden besprochen, der Nutzen wird herausgestellt. Der Kunde befindet sich noch im Auswahlverfahren, deshalb muß der Verkäufer das Angebot verfolgen, sozusagen am Ball bleiben. Anschließend werden die Endverhandlung und die Auftragsverhandlung geführt. Der Verkaufsingenieur kümmert sich auch um den After-Sales-Service.

Dieser Aufbau zeigt, daß es viele Phasen mit unterschiedlichen Anforderungen im Verkauf gibt. Und für jede Phase ist die Vorbereitung gleichermaßen wichtig. Auch bietet jeder dieser vielen Abschnitte eine Chance, die Beziehung zum Kunden zu verbessern.

Der Verkäufer gilt als Kenner seiner Produkte.

Hier sind Fachwissen und Produktwissen gefragt. Ohne entsprechend genaue Kenntnisse über die eigenen Produkte oder die Dienstleistung lassen sich weder die passenden Argumente vorformulieren noch die Einwände des potentiellen Kunden vorhersehen. Das Vorformulieren und die gedanklich kritische Auseinandersetzung mit den eigenen Produkten hat den Vorteil, daß bei dem späteren Kontakt mit dem Kunden Argumente überzeugend und sicher vorgetragen werden können.

Der Verkäufer kennt seinen Markt.

Die aktuellen Marketingmaßnahmen und Preisaktionen sowie das Leistungsspektrum der wichtigsten Wettbewerber sollten dem Verkäufer bekannt sein.

Vor kurzem habe ich in einem Inhouse-Training erlebt, daß mehrere Verkäufer darüber klagten, daß die Wettbewerber zu viel günstigeren Preisen sogar noch höhere Leistungen anbieten. Ein Nicken fast aller Teilnehmer daraufhin erweckte den Eindruck, daß das wohl den Tatsachen entspräche. Erst auf die Frage, in welchen konkreten Fällen welcher Anbieter mit welchem Preis konkurriere, stellte sich heraus, daß nicht ein einziger der Verkäufer sich tatsächlich über das Preis-Leistungs-Verhältnis des Wettbewerbers informiert hatte.

Stellen Sie sich bitte einmal vor, welch eine deprimierende Wirkung ein solches Gefasel auf die Kollegen hat. Klagen und Stöhnen über Umsatzeinbußen ohne gründliche Informationen sind keine Entschuldigung für Mißerfolge und ergeben keine besseren Verkaufserfolge. Außerdem blamieren Sie sich einem Kunden gegenüber, der sich auf dem Markt auskennt und Sie als Verkäufer aufklärt. Dabei sollte es ja genau anders herum sein.

Der Verkäufer gilt als Problemlöser und Entscheidungshelfer für den Kunden.

Weiterhin gehört zu der Vorbereitung das Zusammentragen aller Informationen, die über den zu besuchenden Kunden greifbar sind. Auch hier läßt sich oftmals schon frühzeitig der Stoff für die spätere Problemlösungsargumentation finden. Dies gilt natürlich besonders, wenn ein bereits bestehender Kunde kontaktiert werden soll. Es sollte eine Selbstverständlichkeit sein, daß die Kundenkartei ständig fortgeschrieben wird und alle relevanten Informationen eingetragen werden. Verfügen Sie über keinerlei Informationen, wenden Sie das aktive Zuhören an, und Sie werden Informationen erhalten. Informationen im vorhinein zu wissen hilft Ihnen, emotional auf die Probleme Ihres Kunden einzugehen, ihn besser zu verstehen, Antworten für ihn zu finden und Entscheidungshilfen zu geben.

Eine gute Vorbereitung vermeidet Störungen und gibt Sicherheit.

Vor jedem Kauf fragt sich der Kunde „Warum sollte ich gerade dieses Produkt kaufen?“ und „Warum sollte ich mich für dieses Unternehmen bzw. für diesen Verkäufer entscheiden?“

Der Vorbereitung des Verkaufsgesprächs hinsichtlich der Antworten auf diese beiden Schlüsselfragen kommt größte Bedeutung zu. Die Antworten auf diese beiden Fragen werden ausformuliert und in Fragestellungen verpackt, die den Kunden auf die Spur zur Lösung führen.

Nichts ist überzeugender aus der Sicht des Kunden, als wenn er sich selbst die Antworten geben kann.

Bei einem „Training on the job“ konnte ich kürzlich einen Verkäufer von Finanzdienstleistungen beobachten. Während des Gesprächs begann er verzweifelt, in seinen Unterlagen nach der Kundenbroschüre xy zu suchen. Wieder und wieder blätterte er immer hektischer seine Verkaufsmappe durch und murmelte: „Ich hab das doch kürzlich noch gesehen … “ Der zwischenzeitlich ungeduldig gewordene Kunde beendete das Gespräch kurzerhand mit den Worten: „Sie können es mir ja beim nächsten Mal geben. Jetzt habe ich erst einmal etwas Wichtigeres zu tun.“ Ein nächstes Mal hat es bei diesem Kunden nicht mehr gegeben, denn wie zu erfahren war, hat er nur wenige Stunden später das Angebot eines Wettbewerbers angenommen.

Ähnliches erlebte ich bei dem Besuch eines Immobilienverkäufers bei seinem Altkunden. Diesem hatte er schon vor zwei Jahren eine Immobilie als Kapitalanlage verkauft. Eine Vorbereitung hielt er nicht für nötig, da ihm dieser Kunde ja bekannt war. In diesem Gespräch nahm er einfach an, daß der Kunde die gleichen Anlagezwecke verfolgte, und steuerte sein Ziel an, indem er die Unterschiede von Sachwert und Geldwert in epischer Breite darlegte. Der Kunde rutschte unruhig auf seinem Stuhl hin und her.

Nach einiger Zeit sagte er: „Das ist ja alles ganz gut und schön. Sie haben mir früher schon einmal dasselbe erzählt. Aber es geht mir heute nicht um meine Anlage, sondern meine Tochter hat einiges Geld geerbt, und ich möchte sie in ihrer Entscheidungsfindung unterstützen, wie sie das Geld am besten anlegt.“

Dieses Gespräch gestaltete sich im weiteren Verlauf sehr zähflüssig, und es waren erhebliche Anstrengungen und mehrere Anläufe notwendig, bis ein Termin mit Vater und Tochter gemeinsam zustande kam. Die Schuld dafür lag eindeutig bei dem Verkäufer und seiner mangelnden Vorbereitung. Schon deswegen hätte er zu Anfang des Gesprächs dem Kunden Gelegenheit geben müssen, sein Anliegen vorzubringen. Diesem Verkäufer fehlte ein Gesprächs- und obendrein ein Analysekonzept.

Grundvoraussetzungen für ein Gespräch sind ein Gesprächs- und Analysekonzept.

Zur Vorbereitung auf das Kundengespräch stellen sich deshalb gute Verkäufer regelmäßig folgende Fragen:

- Was liegt wo in meiner Verkaufsmappe?
- Sind meine Verkaufsunterlagen auf dem neuesten Stand?
- Welche Formulare, Flyer oder Präsentationsmaterialien benötige ich?
- Auf welche Referenzen kann ich mich berufen?
- Welches Wissen kann ich bei diesem Kunden voraussetzen?
- Welche Gesprächsaufhänger kann ich heute verwenden?
- Welche Einwände kann ich erwarten?
- Welche Argumente stehen mir zur Verfügung?
- Wie erfahre ich am schnellsten, wo den Kunden der Schuh drückt?

Nach der Beantwortung solcher Fragen gehen diese Verkäufer mit einem sicheren Gefühl in das Gespräch. Diese Sicherheit stimmt mit ihrer Körperhaltung, Mimik und Gestik sowie mit ihrer Sprache überein und ist damit überzeugend. Der Kunde reagiert darauf positiv. Die Verhandlungen führen leichter zum Erfolg.

Nur wirkliche Sicherheit überzeugt.

Setzen Sie sich auch nicht durch zu nah aufeinanderfolgende Termine unter Zeitdruck. Es erzeugt ein unangenehmes Gefühl, von jemandem erwartet zu werden und der Erwartung nicht nachkommen zu können. Sie könnten in dem Gespräch ungeduldig erscheinen. Ihr momentaner Gesprächspartner spürt Ihre Ungeduld und fühlt sich unter Druck gesetzt. Sie erzeugen bei ihm ebenfalls ein ungutes Gefühl, wenn Sie in seiner Gegenwart telefonieren, um den Termin abzusagen oder zu verschieben.

Genauso erzeugt es bei dem Wartenden ein ungutes Gefühl oder Verärgerung bis hin zur Wut, bestellt zu sein und sitzengelassen zu werden. Seine Stimmung ist dann keine Basis für ein positives Gespräch. Zeitdruck oder nicht eingehaltene Termine werden auf jeden Fall immer zu Störungen führen.

Nehmen Sie sich ausreichend Zeit für Ihren Kunden!

Die Sympathiephase

Die ersten Sekunden der Begegnung mit dem potentiellen Kunden sind entscheidend für das weitere Gesprächsklima. Wird es offen und kooperativ oder eher verspannt und schwierig?

Durch visuelle Wahrnehmung der Körpersprache und olfaktorische Einflüsse prägt sich sehr schnell der Eindruck: „Diesen Menschen mag ich“ oder auch „Dieser Mensch ist mir unsympathisch.“ Diese Stufe des Verkaufsgesprächs ist deshalb so wichtig, weil hier die Basis für das später entstehende Vertrauen gelegt wird.

Die Sympathie ist die Vorstufe des Vertrauens.

Genau wie Sie wird auch die Mehrzahl der Käufer auf einen sympathischen Verkäufer positiver reagieren. Im Verlauf des Gesprächs muß dieser positive Eindruck allerdings noch verifiziert werden, um das Vertrauen zu festigen.

Andererseits besteht die Möglichkeit, bei einem mißglückten Start des Gesprächs die erkannten Fehler wieder auszubügeln. Das allerdings macht erhöhte Anstrengungen notwendig, die Ihre Konzentration und das gesamte Verkaufsgespräch belasten können. Warum also sollte der Verkäufer nicht schon vorher alles tun, um mit einem gelungenen Gesprächseinstieg die Weichen positiv zu stellen?

Bitte überlegen Sie selbst einmal, welche Eigenschaften jemand hat, den Sie sympathisch finden. Sie werden voraussichtlich zu dem Ergebnis kommen, daß jemand sympathisch ist, wenn er

- Optimismus ausstrahlt,
- unkompliziert erscheint,
- sich positiv gibt,
- gut gelaunt ist,
- weiß, was er will,
- passend gekleidet ist,
- gepflegt aussieht,
- angenehm duftet,
- höflich ist usw.

Sympathie erleichtert das Verkaufsgespräch.

Mit einem unsympathischen Gesprächspartner möchte keiner lange sprechen, und jeder wird versuchen, das Gespräch bald zu beenden. Halten wir uns einmal vor Augen, welche Eigenschaften Antipathien fördern, das sind beispielsweise:

- ungepflegte Kleidung
- ungepflegtes Äußeres
- unangenehmer Mundgeruch
- starker Körpergeruch
- schlechte Aussprache
- gekünsteltes Auftreten
- mechanische Freundlichkeit
- aufgesetzte Selbstsicherheit usw.

Wenn Sie sich das Bild eines Menschen vor Augen halten, der Ihnen unsympathisch ist, dann werden Sie feststellen, daß Sie noch viele weitere Punkte finden, die ihn zu einem unsympathischen Menschen machen. Daher gilt es, gerade bei dem eigenen Verhalten diese Punkte zu vermeiden.

Gehen Sie in sich, und stellen Sie Ihre unsympathischen Seiten fest!

Ihr Partner oder ein guter Kollege kann Ihnen dabei helfen.

Der Verkäufer kann sich noch recht gut unter Kontrolle halten, wenn er mit einem Kunden spricht, den er nicht für sympathisch hält, denn er möchte ja etwas erreichen. Der Käufer dagegen, der den Verkäufer für unsympathisch hält, wird keinen großen Wert auf ein Verkaufsgespräch legen, geschweige denn mit dem unsympathischen Verkäufer einen Vertrag schließen. Er hat die Möglichkeit, den Verkäufer auszuwählen. Wenn Sie selbst die Wahl hätten, etwas bei einem sympathischen oder bei einem unsympathischen Verkäufer zu kaufen, auf wen würde Ihre Wahl fallen, auch wenn Ihnen das Angebot des unsympathischen Verkäufers eher zusagen würde?

Überprüfen Sie ein paar Details, die für den ersten Kontakt sehr wichtig sind, zum Beispiel die Begrüßung. Ein Händedruck zur Begrüßung – oder bei der Verabschiedung – kann vieles ausdrücken, von der Teilnahmslosigkeit bis zur Überheblichkeit. Durch den Händedruck wird sehr häufig auch unbewußt eine bestehende Meinung über eine Person gefestigt oder bestätigt.

Überprüfen Sie die Wirkung Ihres Händedrucks!

Als positiv werden die beiden nachfolgend beschriebenen empfunden.

- *Der warmherzige Druck*
  Er ist kurz und fest, aber auch nicht zu fest. Er strahlt Sicherheit und Kompetenz aus. Insbesondere bei der Begrüßung von Damen mit Ringen an den Fingern ist Zurückhaltung bei der Stärke des Händedrucks angesagt, ohne daß der Händedruck lasch wirkt.

- *Die „Blick-Hand"*
  Ein fester, aber nicht zu fester Händedruck mit ehrlichem Blickkontakt drückt Offenheit und Interesse aus. Dieser Blick eröffnet uns auch Chancen, durch die Augen des Gesprächspartners etwas mehr über ihn zu erfahren.

Die folgenden Darreichungen der Hand führen zumindest am Anfang zu einer eher negativen Meinung der Gesprächspartner.

- *Der „Preßdruck"*
  Die Hand des anderen wird wie in einem Schraubstock zusammengepreßt. Dieser Händedruck signalisiert Sturheit, Dominanzverhalten und Unnachgiebigkeit. Oftmals wird er verwendet, um Selbstsicherheit vorzutäuschen. Im Verlauf eines Gesprächs und insbesondere in schwierigen Gesprächsphasen lassen sich Täuschungen dieser Art allerdings nicht lange aufrechterhalten, weil sie spätestens dann vom Gesprächspartner erkannt werden.

- *Der „Schwabbelgriff"*
  Ein Händedruck ohne Festigkeit läßt auf mangelnde Selbstsicherheit und Kontaktscheue schließen. Das lasche Darreichen der

Fingerspitzen sagt sogar aus: „Rühr mich nicht an!“ oder „Du bist mir sowieso egal.“

- *Der „feuchte Schwamm“*
  Ein lascher, feuchtwarmer oder feuchtkalter Händedruck, bei dem man die gereichte Hand am liebsten sofort wieder loslassen und abwischen möchte, deutet auf Unsicherheit und zurückgehaltene Erregung oder Aufregung.
  Im Sommer läßt sich durch die Schweißbildung in der Innenfläche der Hand nicht immer vermeiden, daß die Hand feucht ist. Aber auch dagegen lassen sich Vorsichtsmaßnahmen ergreifen. Tragen Sie beispielsweise Ihre Unterlagen vor der Begrüßung in der linken Hand, dann vermeiden Sie schon weitestgehend schwitzige Handflächen.
  Ein Verkäufer, der stark unter Schweiß und schwitzigen Händen im Sommer zu leiden hatte, berichtete im Seminar, daß er die Hand vorher an der Hose oder an der Jacke trocknet, denn diese lassen sich reinigen. Der positive Eindruck seines Kunden ist ihm wichtiger. „Lieber eine nasse Hose als eine nasse Hand!“

Der Gesprächsaufhänger

Ein geschickter Gesprächsanfang nimmt oftmals die ersten Hürden.

Es kommt in dieser Situation darauf an, den Gesprächspartner für unser Vorhaben zu interessieren oder seine Aufmerksamkeit zu fesseln.

Gesprächsaufhänger können aus der Welt des Gesprächspartners stammen oder aus der eigenen, aus dem täglichen Umfeld oder aus dem speziellen Angebot, das man dem Gesprächspartner unterbreiten möchte. Nicht angebracht sind Aufhänger, die Interesse vortäuschen und als Mittel zum Zweck benutzt werden. Sagt der Verkäufer „Einen schönen Hund haben Sie!“, ist selbst aber Katzenfreund und fürchtet sich vor Hunden, dann hat er damit unter Umständen die Basis für ein Scheitern des Gesprächs gelegt. Der Kunde merkt natürlich an seinen Reaktionen, daß dies nicht der Wahrheit entspricht, und es kann passieren, daß er diesen Verkäufer als unehrlich einstuft. Im günstigsten Fall rechnet er diese Aussage der Höflichkeit das Verkäufers zu. Liegt allerdings ein echtes Interesse vor, dann kann auch die Furcht zur Sprache gebracht werden, da ehrliche Worte vom Gesprächspartner sehr wohl verstanden und akzeptiert werden.

Soll ein Gesprächspartner auf sein offensichtliches Hobby angesprochen werden, dann nur mit Vorsicht. Es soll vorkommen, daß Kunden diese Gelegenheit wahrnehmen und endlos von ihren Hobbys erzählen. Der bedauernswerte Verkäufer sitzt dann noch nach Stunden in dieser Redeflut, ohne sein Verkaufsgespräch führen zu können.

Einige Beispiele für sachbezogene Gesprächsaufhänger:

- Sprechen Sie über eigene Werbeaktionen oder bekannt gewordene Aktionen oder Anzeigen des Gesprächspartners.
- Verweisen Sie auf den kürzlich abgesandten Brief an den Kunden oder das geführte Telefonat.
- Beziehen Sie sich auf eine Empfehlung.
- Informieren Sie Ihren Kunden über ein augenblickliches Sonderangebot, das ihm einen günstigen Einkaufspreis ermöglicht.
- Machen Sie auf Testberichte in Zeitschriften aufmerksam, in denen Ihr Produkt getestet wurde.

Ein Beispiel für einen emotionalen Einstieg ist das Lob.

Ein Lob, vorausgesetzt es ist ehrlich gemeint und nicht an den Haaren herbeigezogen, kann als Gesprächsaufhänger benutzt werden, um das Gesprächsklima positiv zu beeinflussen. Da wir alle wissen, wie wichtig ein Lob für die Motivation ist, sollten wir uns einmal fragen, wie oft wir es anwenden.

So ein Lob könnte wie folgt formuliert sein: „Wie haben Sie es nur geschafft, in so kurzer Zeit ein so erfolgreiches Unternehmen auf die Beine zu stellen?“ Ein geschickter Gesprächsanfang nimmt oftmals die ersten Hürden.

Lob öffnet und wirkt motivierend.

Vermeiden Sie Gesprächshindernisse. Jedes Gespräch mit dem Interessenten kann schon zu Beginn zu einem Streitgespräch werden. Das sollte aber auf jeden Fall vermieden werden, da Sie, selbst wenn Sie das Duell gewinnen, einen Kunden verloren haben. Formulierungen, die Widerspruch herausfordern, rufen negative Emotionen hervor und versetzen den Gesprächspartner in einen zwiespältigen Gefühlszustand. Zwiespältig deshalb, weil ihm einerseits Ihr Angebot gefällt, aber andererseits die Art, in der Sie mit Ihm reden, bewußt oder unbewußt gegen den Strich geht.

Deshalb sollte man folgende Formulierungen, auch „Gesprächskiller“ genannt, vermeiden:

- „Bei meiner Erfahrung … “
- „Das sagen Sie!“
- „Hören Sie mal zu … “
- „Haben Sie mich richtig verstanden … ?“
- „Ich als Spezialist auf diesem Gebiet sage Ihnen … “
- „Jeder vernünftige Mensch weiß doch, daß … “
- „Passen Sie mal auf !“
- „Sie müssen doch zugeben … “
- „Sie müssen doch einsehen, daß … “
- „Sie können doch nicht sagen, daß … “
- „Sie irren sich, wenn Sie glauben … “
- „Wie können Sie nur behaupten, daß … “
- „Wie ich Ihnen schon ausführlichst erläutert habe … “

Überlegen Sie bitte, wie Sie selbst fühlen und reagieren würden, wenn Sie so angesprochen werden. All diese Aussagen sind für den anderen entwürdigend und hören sich an, als würden die geistigen Fähigkeiten in Frage gestellt. Es dürfte Ihnen nicht schwerfallen sich vorzustellen, welche Emotionen der Kunde entwickelt, und damit wissen Sie, wie er wahrscheinlich reagieren wird.

Gesprächskiller sind Sympathiekiller

Unterbrechungen in einem Verkaufsgespräch machen ärgerlich, ganz besonders am Anfang eines Gesprächs, da Sie sich noch in der Sympathiephase befinden. Durch diese Unterbrechungen können sich

Ihre Emotionen und die des Kunden ändern. Es bedarf dann zusätzlicher Anstrengungen, die Emotionen im Griff zu behalten.

Daher ist es angebracht, vor der Wiederaufnahme des Gesprächs sich über den Gefühlszustand des Kunden zu informieren, sei es anhand seiner Mimik, Körperhaltung oder durch eine konkrete Frage. Selbstredend müssen Sie sich selbst auch überprüfen, da ja Ihr Gesprächspartner eine Veränderung Ihres Gefühlszustandes, der sich auf ihn übertragen kann, genauso spürt. Notfalls sprechen Sie offen und ehrlich darüber. Das bringt Ihnen mehr Pluspunkte ein als ein künstlich aufrechterhaltener und damit vorgetäuschter Gefühlszustand.

Zum anderen wird auch Ihr rationales Gehirn durch störende Emotionen beeinflußt und geschwächt, da Sie für den emotionalen Bereich jede Menge Energie aufbringen müssen. Es ist fraglich, ob Sie dann noch in der Lage sein werden, überzeugend zu argumentieren und richtig zu reagieren, denn Ihr Kopf ist in diesem Fall überlastet.

Als letzte Möglichkeit verbleibt Ihnen aber immer noch, dem Kunden zu sagen: „Ich glaube, wir haben einen sehr ungünstigen Zeitpunkt für unser Gespräch vereinbart. Sind Sie damit einverstanden, wenn wir das Gespräch auf einen günstigeren Termin legen, damit wir uns rund 30 Minuten ungestört unterhalten können?“

Wenn Sie Einfluß darauf nehmen können, Störungen zu vermeiden, dann sorgen Sie vor dem Gespräch dafür, daß keine Unterbrechungen, wie zum Beispiel ein Telefonanruf, möglich sind.

Ich habe es auch schon erlebt, daß Verkäufer sich mit Absicht unterbrechen ließen, um zu beweisen, wie gefragt und beschäftigt sie sind. Die Konsequenz war allerdings, daß ich das Gefühl hatte, nicht wichtig genug zu sein oder nicht ernst genommen zu werden. Das ließ meine Sympathie für diese Verkäufer erheblich schmelzen.

Image ist das, was man in bezug auf eine Person denkt, fühlt, glaubt oder empfindet.

Der Bedarf

Schon in der Vorbereitungsphase kann festgelegt werden, welche Informationen erfragt werden sollen oder welche benötigt werden, um ein individuelles Angebot erstellen zu können. Hierfür lassen sich eigene, ganz persönlich erstellte Checklisten verwenden. Emotionale Kommunikation und Fragetechniken werden auf dieser Stufe vorrangig angewendet. Ebenfalls maßgeblich für den weiteren guten Verlauf des Kundengesprächs sind Zuhören und gesprächsfördernde Verhaltensweisen.

Diese Stufe stellt Anforderungen an die emotionale Intelligenz. Das Erfassen der Gefühlssituation und der Motive des Kunden eröffnet dem Verkäufer die Möglichkeiten der gezielten Argumentation und bewußten emotionalen Ansprache eröffnet.

Durch die bewußte emotionale Ansprache können in dieser Phase bereits bestehende Befürchtungen oder Ängste des Kunden gemildert oder ausgeräumt werden. Das können Zweifel an sich selbst oder der zu treffenden Entscheidung sein oder die Angst vor hoher finanzieller Belastung. Je nach Branche und Produkt können diese Befürchtungen der Kunden eine andere Gestalt annehmen. Grundsätzlich gilt:

Jede Form von nicht ausgesprochenen, aber handlungsbestimmenden Ängsten und Befürchtungen führt zu Blockaden und damit zu Absagen.

Am 13.10.1995 war in den Kieler Nachrichten eine sehr interessante Beschreibung eines Verkaufsgesprächs und der dabei verwendeten Sprache zu lesen.

„Schöner Körper“

Eine Lampe wollte Kilia kaufen, als sie das Geschäft betrat. Einfach nur eine Wohnzimmerlampe. „Krone, Rondell, Balkenstrahler oder Deckenfluter?“ flötete der Verkäufer mit Kennermiene. „Wir hätten da auch eine Kaltlichtserie als Schienenversion, Glaspendel mit Zug, Bogenstrahler, oder wünschen die Dame ein Seilsystem?“ – „Äh, eine Lampe mit Glühbirne, Lampenschirm und Kabel zum An-die-Decke-hängen“, bemühte sich Kilia laienhaft zu erklären, während sie sich zögernd umsah. Der Verkäufer war ein Meister seines Fachs und stellte, ohne Luft zu holen, das Sortiment weiter vor. „Mit einem Halogenstab ist man immer eingerichtet; die Ventilatorenkombination, das Akkuset mit Mehrfachadapter und die Tischversion mit CD-Ständer sind grad im Sonderangebot." Kilia ging ein Licht auf: Was für eine komplizierte Materie! Und welch ein Lichtblick, als sie in dem Riesenangebot genau das entdeckte, was sie suchte, nämlich eine schlichte Hängelampe. Beim Bezahlen schließlich gab ihr der Verkäufer die Erleuchtung, was sie eigentlich gekauft hatte: „Sie haben da einen wirklich schönen Beleuchtungskörper!"

Es ist verwunderlich, daß Kilia das Geschäft nicht schon nach dem ersten Redeschwall des Verkäufers verlassen hat. Ihrem scharfen Blick war es zu verdanken, daß sie unter dem großen Angebot genau die richtige Lampe entdeckte. Doch nicht nur ihrem scharfen Blick. Anscheinend befand sich Kilia an diesem Tag im Zustand der heiteren Gelassenheit, und sie wußte ganz genau, was sie wollte. Wäre sie nicht in einem so lockeren Gefühlszustand gewesen, hätte der Verkäufer kein Geschäft gemacht. Dieses Herunterbeten aller möglichen Beleuchtungskörper inklusive der für einen Laien unverständlichen Begriffe führt im Normalfall bei einem Kunden zu Unsicherheit, Ärger oder gar Aggression.

In diesem Fall könnten drei und mehr Lampen dahängen, die seiner Vorstellung entsprächen, er würde sie in seinem jetzt blockierten Zustand gar nicht wahrnehmen. Vielleicht würde er auch seine vom Verkäufer aufgezeigte Unwissenheit auf diesem Gebiet peinlich empfinden und deshalb das Geschäft verlassen.

Der Verkäufer war gut trainiert, was seine Fach- und Produktkenntnisse betraf. An Informationen hat es ihm nicht gemangelt. Was ihm fehlte, war Einfühlungsvermögen, sich nämlich auf die Bedürfnisse seiner Kundin einzustellen. Er gab der Kundin keine Chance, ihre Vorstellungen von der Lampe für ihr Wohnzimmer zu äußern.

Besser wäre es gewesen, die Kundin anzuhören und dann gemeinsam mit ihr nach einem Objekt zu suchen, das ihren Vorstellungen entsprach. Sein Glück war, daß die Kundin sich momentan in einem guten emotionalen Zustand befand.

Der Verkäufer hat genau das getan, was kein Verkäufer tun sollte. Es geht nicht darum, mit seinem Wissen zu brillieren. Das Wichtigste ist, aus dem vorhandenen Angebot das für den Kunden adäquate Produkt herauszufinden. Dies wiederum geht nur, wenn der Verkäufer sich Zeit nimmt, die richtigen Fragen zu stellen, sich die Wünsche des Kunden anzuhören, ihm eine Beratung anzubieten und gemeinsam mit dem Kunden abzuwägen, welches Produkt seinen Wünschen am ehesten gerecht wird, und ihn schließlich in seiner Entscheidung zu bestärken.

Nicht ohne Grund ist eine der wichtigsten Gesprächsphasen in einem Verkaufsgespräch die Bedarfsanalyse oder Bedarfsweckung. Um die Wünsche und Bedürfnisse zu erfahren, bedient sich der Verkäufer der Fragetechnik.

„Wer fragt, der ist für fünf Minuten dumm, wer nicht fragt, der bleibt ein Leben lang dumm."

Dieses chinesische Sprichwort ist sicherlich richtig. Manches Mißverständnis und manche Unsicherheit könnten durch kurzes Nachfragen vermieden werden.

Es reicht jedoch nicht aus, nur zu fragen; es muß auch richtig gefragt werden. Im folgenden erfahren Sie die wichtigsten Prinzipien einer erfolgreichen Fragetechnik. Die Fragetechnik wird auch als Königsdisziplin der Rhetorik bezeichnet. Sie können mit der richtigen Fragestellung viel erreichen. Wer fragt, der

- erhält Informationen über die gegenwärtigen Emotionen seines Gesprächspartners,
- kann die Emotionen beeinflussen,
- erspart sich Vermutungen und damit Zeit,
- läßt seinen Gesprächspartner aktiv werden,
- zeigt sein Interesse,
- gewinnt Zeit zum Nachdenken und Reagieren,
- kann nicht reden und hört deshalb mehr zu,
- bringt den Gesprächspartner zum Nachdenken,
- löst durch eigene Überlegungen Entscheidungen seines Gesprächspartners aus.

Wer fragt, der führt!

Wer richtig fragt, führt seinen Gesprächspartner in die gewünschte Richtung. In der Systematik der Fragen lassen sich zwei wesentliche Frageformen unterscheiden.

Die geschlossenen Fragen

Das sind Fragen, die ihrem Wesen nach nur kurz oder mit einem Ja bzw. Nein beantwortet werden. Es sind deshalb Entscheidungsfragen. Sie beginnen fast immer mit einem Verb. Zum Beispiel:

- „Haben Sie schon von unserem Unternehmen gehört?"
- „Kennen Sie schon die Vorteile des ...?"
- „Benötigen Sie noch weitere Informationen?"

Kalkulieren Sie bei der geschlossenen Frage immer ein, daß die Antwort für Sie nachteilig sein könnte. Andererseits kann durch die geschlossene Frage das Gespräch stark in die gewünschte Richtung gelenkt werden. Wenn vorher die Reihenfolge der Fragen und die möglichen Antworten wie bei einem Schachspiel überdacht wurden, dann können Sie dadurch immer einen Zug weiter sein.

Wenn eine Fülle von Informationen benötigt wird und die dazugehörigen Fragen einer Checkliste entnommen oder auf einem Analysebogen abgefragt werden, dann kann es zu einer Überforderung des Kunden kommen. Der Kunde sollte aber niemals das Gefühl haben, ausgefragt zu werden. Sein zu diesem Zeitpunkt eventuell ausgeglichener Gefühlszustand kann gestört werden. Es gelten deshalb die folgenden Grundsatzregeln für den Einsatz von Fragen:

- Fassen Sie die Fragen blockweise zu maximal fünf Fragen zusammen!
  Die Fragen stellen Sie aber nicht hintereinander, sondern warten auf jede Frage zunächst die Antwort des Kunden ab, bevor die nächste Frage des Blocks gestellt wird.

- Geben Sie eine Begründung für die Fragen!
  Eine Begründung für die Fragestellung könnte so aussehen: „Sie erhalten von uns eine individuelle Auswertung, die Ihnen optimale Vorteile verschafft. Um diese Auswertung zu erarbeiten, benötige ich einige Informationen. Sind Sie damit einverstanden, wenn ich Ihnen deshalb gleich fünf Fragen zum Thema ... stelle?" Sie

vermitteln damit dem Kunden ein Gefühl der Sicherheit und bestätigen ihn, da Sie mit seinem ausdrücklichen Einverständnis fragen. Nur sehr selten habe ich erlebt, daß hierauf keine Zustimmung erfolgte.

- Lassen Sie den Kunden nach jedem Block zu Worte kommen! Nachdem ein Fragenblock abgeklärt ist, wird dem Kunden die Möglichkeit gegeben, etwas aus seiner Sicht zu sagen, indem ihm der Ball mit einer offenen Frage zurückgegeben wird. Das lockert das Gespräch auf, und die Fragen klingen für den Kunden nicht bohrend.

Geschlossene Fragen sind Entscheidungshilfen für den Kunden.

Die offenen Fragen

Diese Fragen sind viel wichtiger. Sie beginnen fast immer mit einem W-Fragewort und sind meistens nicht mit einem Wort, sondern mit einem oder mehreren Sätzen zu beantworten.

W-Fragewörter sind wer, wie, was, wodurch ... usw. Vielen werden diese Fragewörter auch noch als Sesamstraße-Fragewörter bekannt sein.

Einige Beispiele zu dieser Frageart:

- „Wie denken Sie darüber?“
- „Was halten Sie davon?“
- „Wann wollen Sie einziehen?“
- „Wo sollen Ihre Möbel stehen?“

Offene Fragen öffnen den Gesprächspartner!

Meiden Sie aber das Fragewort „warum“, da diese Fragestellung bei vielen Menschen durch prägende Kindheitserlebnisse negativ belastet ist. Außerdem empfindet der Kunde eine mit „warum“ eingeleitete Frage als bohrend, löchernd.

Darüber hinaus gibt es noch eine Fülle von weiteren Fragearten. Im folgenden sind die wichtigeren von ihnen beschrieben:

- *Die rhetorische Frage*
  Auf diese Frage wird keine Antwort erwartet, z.B.: „Liegt nicht das eigentliche Problem darin, daß Sie ein sehr kleines Lager haben? Dies berücksichtigen unsere Lieferbedingungen, da Sie auch kleinere Mengen aus einer größeren Bestellung auf Abruf erhalten können!"

Der Kunde hat das Gefühl, daß man Rücksicht auf ihn nimmt.

- *Die Alternativfrage*
  Zwei mögliche Alternativen werden dem Gesprächspartner zur Auswahl gestellt. „Hätten Sie gerne sechs (1) oder lieber gleich zwölf (2) Kartons?"

Der Kunde fühlt sich nicht bedrängt.

- *Die Informationsfrage*
  Die Antwort auf diese Frage liefert uns auf direktem Weg eine gesuchte Information, z.B.: „Erfüllte unser xyz Ihre Erwartungen?" oder „Hatten Sie bei der letzten Lieferung Beanstandungen?"

Der Kunde spürt Interesse.

- *Die Ja-Frage*
  Diese Frage hat zum Ziel, ein eindeutiges „Ja" des Kunden zu erhalten, z.B.: „Wenn alle von Ihnen genannten Voraussetzungen erfüllt werden, würden wir uns dann heute noch einig werden?" Früher wurde einmal die Ja-Straße empfohlen, die nach einer Reihe von Ja-Antworten des Kunden zur Abschlußfrage führte, in dem Glauben, der Kunde würde nun auch Ja sagen. Jeder, der heute aktiv verkauft, weiß, daß dies nicht funktionieren kann, da unsere Kunden immer aufgeklärter werden und die Mehrzahl der Kunden solche Verkaufstricks durchschauen.

Der Kunde fühlt sich verstanden.

- *Die Motivationsfrage*
  Ihr Gesprächspartner wird mit dieser Frage gelobt, anerkannt oder umschmeichelt. Der Kunde fühlt sich akzeptiert und geht bereitwilliger und geöffneter auf das Gespräch ein. Beispielsweise: „Wie würden Sie als erfahrener Bankkaufmann die derzeitige Zinssituation beurteilen?“

Der Kunde fühlt sich durch Motivationsfragen bestätigt.

In manchen Fragen kann aber auch die Gefahr der Übertreibung liegen. Wird die Übertreibung vom Kunden erkannt, dann hat die Frage in jedem Fall einen gegenteiligen Effekt. Deshalb sollten die folgenden Fragearten intuitiv und mit Fingerspitzengefühl formuliert werden.

- *Die Suggestivfrage*
  Hier wird versucht, den Antwortenden zu manipulieren. Die Gesprächspartner sind aber zunehmend aufgeklärt, so daß dieser Frageart – mit dem Versuch, den Gesprächspartner zu beeinflussen – schon in den achtziger Jahren kein großer Erfolg mehr beschieden war. Suggestivfragen sind deshalb grundsätzlich zu vermeiden. In dieser Frageart werden Wörter verwendet wie z.B. etwa, sicher, doch, wohl, auch. „Sind Sie nicht auch der Meinung, daß … ?“

- *Die Entlastungsfrage*
  Auf eine Frage des Kunden erfolgt keine Antwort, sondern wiederum eine Frage Ihrerseits. Meistens werden solche Fragen angewandt, um Zeit zum Nachdenken zu gewinnen. Sie werden deshalb auch Rettungsfragen genannt, weil sie die notwendige Zeit verschaffen, um Antworten zu finden. Beispielsweise: „Wie meinen Sie das?“ Fehlerhaft wäre jedoch, die Rettungsfrage so zu stellen: „Was haben Sie damit auszudrücken versucht?“ Im letzten Fall könnte der Gesprächspartner heraushören, daß er sich nicht gescheit ausgedrückt hat.

- *Die Fangfrage*
  Wir suchen nach einer Information, können diese aber aus bestimmten Gründen, z.B. aus Höflichkeit, nicht direkt durch eine

Informationsfrage erhalten. Jetzt wird eine Frage so formuliert, daß die Antwort Rückschlüsse auf die gesuchte Information zuläßt. Wenn wir beispielsweise wissen wollen, ob der Gesprächspartner noch seinen Führerschein hat, kann man die direkte Frage so umgehen: „Haben Sie leicht einen Parkplatz finden können?" „Mit welchem Verkehrsmittel sind Sie gekommen ?"

- *Die provozierende Frage*
  Sie wird dann gestellt, wenn die Kommunikation etwas ins Stocken geraten ist und Sie einen neuen Schwung hineinbringen wollen. „Wollen Sie sich wirklich das Billigste leisten?"

- *Die Korkenzieher-Frage*
  Um die Ernsthaftigkeit, die Hintergründe und die Motive des Interessenten zu erfragen wird diese Methode verwendet. „Wir wollen uns bei Ihnen ganz besonders Mühe geben. Können Sie mir noch einige Details geben, damit unsere Chancen für den Auftrag steigen?" oder „Worauf legen Sie besonders Wert?" oder „Was müßten wir zusätzlich unternehmen, um den Auftrag zu erhalten?" oder „Wer ist in die Entscheidungen noch mit einbezogen?"

Die richtige Fragestellung verlangt Intuition und Fingerspitzengefühl.

In der Bedarfsanalyse geht es in erster Linie darum, die Motive des Kunden, die Zweckbestimmung des Produkts, die Wünsche und Bedürfnisse herauszufinden. Erst wenn das geschehen ist, besteht die Möglichkeit, ein passendes Angebot zu unterbreiten.

Waltraud G., 32, ist eine gute Verkäuferin. Als sie ihrem Verkaufsleiter erzählte, daß sie dem Kunden einen Kauf bei einem Wettbewerber nahegelegt hatte, war tatsächlich ihr Arbeitsverhältnis in Gefahr.

Was hatte sie gemacht?

Sie hat eine Bedarfsanalyse angefertigt und festgestellt, daß keines der Produkte ihres Unternehmens die Erwartungen und Vorstellungen des Kunden befriedigen konnte. Sie kannte aber den Wettbewerber und hat auf ein Produkt verwiesen, das sie für diesen Fall als geeignet einschätzte. Alle waren der Meinung, dieser Kunde sei nun für immer verloren. Wie erstaunt waren jedoch der

Verkaufsleiter und die Kollegen, als nur knapp zwei Monate später von dieser Verkäuferin ein großer Auftrag genau dieses Kunden eingereicht wurde.

Ehrlichkeit schafft Vertrauen.

Die Begründung des Kunden war einleuchtend. Er sagte:

„Ich möchte gut beraten werden. Daß Sie mir neulich zu xy geraten haben, habe ich nicht vergessen. Ich weiß jetzt, daß ich Ihnen vertrauen kann, und wenn Sie mir heute Ihr Produkt empfehlen, dann weiß ich ganz genau, daß ich damit keine Enttäuschung erleben werde."

Auch wenn dieses Vorgehen sicher ungewöhnlich ist, so zeigt es doch auf, wie wichtig eine Bedarfsermittlung ist. Sie schafft erst die Grundlage für das spätere Angebot. Und dieses Angebot muß exakt die erkannten Bedürfnisse des Kunden treffen oder die formulierten Probleme lösen können.

Nur ein zufriedener Kunde bleibt auch Kunde.

Die kundenorientierte Argumentation

Zunächst einmal wird die Überlegung angestellt, welches der eigenen Produkte die Wünsche und Bedürfnisse des Kunden optimal erfüllen kann. Dies ist eine der wesentlichen Grundlagen für die spätere Kundenzufriedenheit und damit die Basis für weitere Geschäfte mit ihm, aber auch für Referenzen. In der Phase der Angebotspräsentation werden überwiegend die Einwandbehandlung, die Argumentationsstrategien und die Kunst der Überzeugung eine wesentliche Rolle spielen.

Jedes Produkt, jede Dienstleistung, die verkauft werden soll, hat einen ganz spezifischen Nutzen für den Interessenten.

Beachten Sie für Ihre Argumentation folgende Punkte:

- Drücken Sie sich einfach und knapp, aber präzise aus.
  Verwenden Sie nur dann Fachausdrücke oder Abkürzungen, wenn Sie sicher sind, daß Ihre Gesprächspartner Sie auch richtig verstehen können. Benutzen Sie eine Sprache, die auch ein Laie verstehen kann. Die KUSS-Regel sagt: Kurz Und Sehr Simpel Sprechen.

- Sprechen Sie nicht aus Ihrer Sicht, sondern aus der Sicht des Kunden. Statt „Ich zeige Ihnen hier … " sagen Sie besser: „Sie sehen hier … "

- Stellen Sie Ihre Argumentation möglichst anschaulich dar.
  Beispiele, Vergleiche, Wirtschaftlichkeitsberechnungen und grafische Darstellungen bleiben viel länger im Gedächtnis.

Ein Bild sagt mehr als tausend Worte.

Wenn Sie etwas mit Bildern, Grafiken oder auch nur Strichzeichnungen visualisieren, dann berücksichtigen Sie:

- Kennzeichnen Sie jedes Blatt mit einer Orientierungsüberschrift.
- Verwenden Sie eine ausreichende Schriftgröße, damit auch der etwas entfernter am Tisch sitzende Geschäftspartner erkennen kann, was Sie schreiben.
- Schreiben Sie nicht ganze Sätze, sondern nur Stichworte auf.
- Benutzen Sie farbige Stifte oder Farbgrafiken, die auflockern.

Solche Bilder oder Illustrationen der Verkaufsgesprächsführung können das Gefühl ansprechen und sind in jeder Phase des Gesprächs, von der Firmenpräsentation bis zur Nutzenargumentation, und als Abschlußhilfe zu verwenden.

Stellen Sie Ihren Nutzenargumenten immer die in der Bedarfsanalyse erfahrenen Probleme und Wünsche des Kunden voran. Auf diese Weise erinnern Sie Ihren Gesprächspartner an Mängel und Probleme, die er im günstigsten Fall schon durch Ihre Fragetechnik erkannt hat.

Wichtig ist, daß unser Kunde oder Gesprächspartner seinen ureigensten persönlichen Vorteil erkennt. Aus diesem Grund wird eine besondere Art der Formulierung gewählt. Sie besteht aus drei Elementen und kann durchaus mit einer weiteren Schleife wiederholt werden, um den Nutzen für den Kunden gezielt auf den Punkt zu bringen:

- *Ein Merkmal des Produkts*
  Ein Produktmerkmal finden Sie in der Antwort auf die Frage: Was ist das? Es kann das Produkt oder einen Teil davon darstellen. Für andere Bereiche lassen sich ebenfalls Merkmale finden. Beispielsweise Unternehmens- oder Dienstleistungsmerkmale.

- *Der Produktnutzen*
  Ihn finden Sie mit der Frage: „Was macht das?"

- *Der konkrete Nutzen für den Gesprächspartner*
  Der Nutzen eines Produkts, eines Unternehmens oder einer Dienstleistung für den Kunden ergibt sich aus der Frage: „Was hat der Kunde davon?"

Mit dem Nutzen wird regelmäßig ein mögliches Kaufmotiv des Kunden angesprochen. Er liefert dem Kunden die Gründe, die für den Kauf sprechen.

Um die Stärke mit dem Nutzen zu verbinden, wird eine Umsetzungsformel verwendet. Je mehr dieser Formeln dem Verkäufer zur Verfügung stehen, desto spontaner und abwechslungreicher ist seine Argumentation. Nun fällt es nicht jedem leicht, diese Formulierungen für sein Unternehmen oder sein Produkt zu finden. Empfehlenswert ist deshalb, mindestens zehn solcher Stärken-Nutzen-Beziehungen mittels verschiedener Übersetzungsformeln für jedes Produkt herzustellen.

Einige Beispiele für Übersetzungsformeln:

- … damit erreichen Sie …
- … damit gewinnen Sie …
- … dadurch erzielen Sie …
- … dadurch vermeiden Sie …
- … dadurch sparen Sie …
- … das steigert Ihren …
- … das bedeutet für Sie …
- … das erhöht Ihren …
- … das senkt Ihre …

- … das zeigt Ihnen …
- … das gibt Ihnen …
- … das gewährleistet Ihnen …
- … das garantiert Ihnen …
- … daraus erkennen Sie …
- … davon haben Sie …

Zwei konkrete Anwendungen:

- „Die für diesen Fahrstuhl verwendeten Teile sind besonders sorgfältig und mit hoher Präzision hergestellt. Sie gewährleisten Ihnen einen langen, störungsfreien Betrieb."
- „Der störungsfreie Betrieb bedeutet für Sie eine Einsparung an Reparatur- und Ausfallkosten in Höhe von rund xxxx DM schon für die nächsten fünf Jahre."

Diese beiden Beispiele können durchaus auch hintereinandergeschaltet werden, um den Vorteil aus der Sicht des Kunden für ihn deutlich zu machen. Das ist der wesentliche Vorteil dieser im normalen Sprachgebrauch sehr ungewöhnlichen Formulierung. Sie zeichnet aber den besseren Verkäufer aus, da er mit diesen Formulierungen den konkreten Nutzen in das Käuferbewußtsein bringt.

Nur wenn der Käufer alle Vorteile für sich erkennen kann, ist er auch für eine positive Kaufentscheidung bereit.

Für die Argumentation sind besondere Techniken gebräuchlich. Eine davon ist die Verkleinerungs-/Vergrößerungsmethode. Sie dient nicht dazu, Tatsachen zu verschleiern, sondern vielmehr, sie ins rechte Licht zu rücken. Bei einem Training on the job erlebte ich folgenden Fall in der Praxis:

Die Kundin hatte schon vor dem Verkaufsgespräch die Idee, daß ein Scanner bei der täglichen Arbeit im Schreibbüro nützlich sein könnte. Die Arbeit bestand überwiegend aus der Überarbeitung von technischen Beschreibungen. Im Verkaufssortiment war ein Flachbettscanner mit ausgezeichneter OCR-Software (Optical Character Recognition). Zu Beginn des Gesprächs wurden vom Verkäufer richtigerweise die Bedarfsfragen abgeklärt. Er fragte:

„Welche Aufgaben könnte aus Ihrer Sicht der Scanner zukünftig übernehmen?“ Die Antwort: „Wir müssen täglich die Seiten aus Bedienunganleitungen abschreiben bzw. überarbeiten und technische Details bzw. Explosionszeichnungen anfertigen.“

Die nächste Frage war: „Wie viele Seiten sind das etwa täglich?“

Darauf kam die Antwort: „Ich habe mir gedacht, daß ein Scanner mich von etwa drei Seiten täglich entlasten könnte.“

Die nächste Frage lautete: „Welchen Betrag müßte man etwa für die Erstellung einer Seite veranschlagen?“ Geantwortet wurde: „Ich rechne mit rund 20,– DM pro Seite und bei den Zeichnungen entsprechend mehr.“

Das Gespräch ging noch ein wenig hin und her, aber mit diesen Fragen hatte der Verkäufer die wesentlichen Punkte für sein Angebot und seine Argumentation erfaßt. Jetzt begann er damit, die gewonnenen Informationen zu ordnen:

heute	**morgen**
Die Aufgabe:	*Die Lösung:*
Texte abschreiben	Ein Flachbettscanner
Zeichnungen einfügen	Vorteile: schnelles, problem-
Etwa 3 Seiten täglich	loses Scannen, feststehende
Die jährlichen Kosten dafür :	Objektauflage
3 Seiten x 20,– x 22 Arbeitstage	99% Texterkennung, wenig
entspricht 1320,– DM monatlich	Nacharbeit
oder 15840,– DM jährlich	Ihre Investition einmalig:
	DM 5400,–

Die Zunahme der täglichen Kosten, nunmehr bezogen auf einen Jahreszeitraum, läßt hier Handlungsbedarf erkennen. Nach einer Erläuterung der Zahlen unter Anwendung der Umsetzungsformeln setzte der Verkäufer die Argumentation fort:

„Die hohe Texterkennung der Software bedeutet für Sie eine erhebliche Zeitersparnis, da aufwendige Nacharbeiten entfallen.“

„Das schnelle und problemlose Scannen senkt Ihre Kosten.“

„Diese Investition gewährleistet Ihnen eine höhere Rentabilität.“

„Das gute Verhältnis zwischen Kosteneinsparung und Investition bedeutet für Sie, daß sich der Scanner schon innerhalb des ersten halben Jahres bezahlt macht."

Bitte beachten Sie, daß für die spätere Argumentation wesentliche Informationen bereits in der Bedarfsermittlungsphase erfragt wurden!

Identifizieren Sie sich immer mit Ihren Argumenten.

Ihr Gesprächspartner merkt sofort an Ihrer Unsicherheit, wenn Sie gegen Ihre Überzeugung argumentieren. Selbst das beste rationale Argument bedarf zusätzlich einer überzeugenden Verkäuferpersönlichkeit, um den Gesprächspartner über dessen Gefühl zu erreichen. Das ist emotional intelligent!

Der angesprochene und formulierte Nutzen zielt auf die Kaufmotive.

Welchen Nutzen können Sie konkret ansprechen? Hier einige Ideen dafür:

- die Motivation der Mitarbeiter
- Wettbewerbsvorteile
- einwandfreier Betriebsablauf
- individuelle Problemlösung
- Sicherheit
- kein Reparaturärger
- Wirtschaftlichkeit
- Imagegewinn
- Leistungsgewinn
- Sicherung der Zukunftschancen
- Risikoverringerung
- Rationalisierungseffekte
- Lösungsoptimierung
- schnellerer Warenumschlag
- Informationsbefriedigung
- Zeitgewinn
- Zufriedenheit
- bequeme Handhabung
- Kosten niedrig halten
- etwas erleben
- neue Kunden gewinnen
- kürzere Standzeiten usw.

Der Kunde – und hier ist es vollkommen gleich, ob es sich um einen Hersteller, einen Handelskunden oder einen Endverbraucher handelt – ist ausschließlich daran interessiert, was sein Geschäft verbessert, den

Umschlag der Ware erhöht oder was ihm sonstwie einen Nutzen verschaffen kann. Deshalb begleitet das gesamte Verkaufsgespräch die oftmals unausgesprochene Kundenfrage: „Was nützt es mir … ?“ oder „Welchen Vorteil habe ich, wenn … ?“

Nennen Sie in Ihrer Argumentation aber nicht ausschließlich die Vorteile. Je kritischer Ihr Verhandlungspartner ist, desto weniger wird er sich durch ausschließlich günstige Argumente überzeugen lassen. Er wird sich immer fragen, wo der Haken an Ihrem Angebot ist.

Er erwartet ganz einfach, daß Sie auch die Nachteile Ihres Produkts ansprechen. Diese „zweiseitige Argumentation“ hilft Ihnen, Ihren Gesprächspartner gegen die unter Umständen nachfolgenden Behauptungen anderer, beispielsweise des Mitbewerbers, zu schützen.

Der Preis für Ihr Angebot gehört aus der Sicht des Kunden auch zu den Nachteilen. Deshalb gilt: Sprechen Sie über den Preis möglichst erst dann, wenn Ihr Angebot beim Kunden „angekommen“ ist. Diese Möglichkeit ist bei Einkäufern des Handels allerdings nicht anwendbar, da hier der Preis fast ausschließliches Entscheidungskriterium ist.

Motive sind Beweggründe, also etwas, das uns bewegt, Bestimmtes zu tun oder zu unterlassen.

Abraham Maslow hat eine mehrstufige Bedürfnispyramide zur Darstellung der einzelnen Bedürfnisse entwickelt. Die Stufen bauen sich aufeinander auf. Höhere Bedürfnisse entstehen nach seiner Theorie immer dann, wenn die niedrigere Stufe befriedigt ist.

Die unterste Stufe der Pyramide besteht aus den Grundbedürfnissen wie Hunger, Durst, Wärme, Schlaf, Sexualität, Aktivitäten, Gesundheit und Selbsterhaltung. Motive, die hier eine Rolle für unsere Handlungen sein können, sind z.B. gesund werden oder sich vor Unheil sichern.

Die zweite Stufe spricht die Sicherheitsbedürfnisse an, z.B. das Bedürfnis nach Geborgenheit, Schutz, Angstfreiheit, Gesundheit, Ordnung, Strukturen und Grenzen. Motive aus diesem Bereich sind z.B.:

- Besitz und Wohlstand mehren
- gesund bleiben
- Geld sparen

- Zeit gewinnen
- Mühe vermeiden – Arbeit erleichtern

Die nächste Stufe hat soziale Bedürfnisse zum Inhalt, z.B. das Bedürfnis nach Anlehnung, Lob, Anerkennung, Wertschätzung, Informationen, Prestige und Zugehörigkeit. Die uns bewegenden Motive könnten folgende sein:

- etwas besonders Schönes besitzen
- für den Nächsten sorgen
- vor anderen gut dastehen
- beliebt sein, angesehen sein
- anerkannten Erfolg haben in Liebe, Beruf, Gesellschaft
- Freuden erleben

Ganz an der Spitze der Pyramide ist der Wunsch nach Selbstverwirklichung und Kreativität, nach Verwirklichung eigener Ideen. Auf dieser Stufe wollen wir:

- ein gesteigertes Lebensgefühl erhalten
- die Zukunft positiv beeinflussen und steuern
- künstlerisch tätig sein

Ganze Branchen leben von den Motiven anderer. Denken Sie nur einmal an die Banken und Versicherungen, die von dem Sicherheitsbedürfnis der Menschen leben. Hersteller von Vitaminen und anderen Nahrungsergänzungsmitteln erleben derzeit einen richtigen Boom.

Sind die Beweggründe des Kunden bekannt, dann ist es sehr viel leichter, das passende Angebot für ihn zu finden. Auch die Argumentation für dieses Angebot läßt sich dann sehr viel besser und für den Kunden einsehbarer darstellen. Er fühlt sich direkt angesprochen, wenn Sie seine Motive in die Argumentation einbauen.

Der Kunde kauft nicht die Ware oder Dienstleistung, sondern den für ihn damit verbundenen Nutzen!

Während und am Ende der Präsentation Ihres Angebots fassen Sie gelegentlich zusammen. Bieten Sie eine Schlußfolgerung aus dem Gesagten in bezug auf den Kundennutzen, und fragen Sie den

Gesprächspartner nach seiner Meinung dazu. Diese Meinungsabfrage gibt Ihnen immer wieder die Möglichkeit, festzustellen, ob Sie mit dem Kunden noch auf einer Wellenlänge liegen oder ob sich seine Gedanken in eine andere Richtung bewegen.

Die Einwände des Kunden

Wenn Sie ein Angebot präsentiert haben, dann können Befürchtungen, aber auch Ängste im Kunden entstehen, die zu Einwänden führen. Stellt der Kunde eine direkte Frage nach Funktionen oder Prozeßabläufen, dann besteht aus seiner Sicht noch ein Informationsbedürfnis, er ist aber grundsätzlich nicht abgeneigt oder negativ gegen das Produkt eingestellt. Für die Beantwortung lassen sich allerdings auch die nachfolgend besprochenen Methoden zur Einwandbehandlung verwenden. Ängste des Kunden sind dagegen schwerer zu behandeln, da wir uns in solchen Fällen auf die emotionale Ebene begeben müssen.

Der Kunde kann beispielsweise denken: „Ich bin schon so oft auf Produkte dieser Art hereingefallen. Alle haben bisher nicht das gehalten, was vorher versprochen wurde. Sicher wird mir das hiermit genauso gehen."

Solange solche Einwände bestehen, wird der Kauf nicht vollzogen. Deshalb ist es in dieser Phase unumgänglich, das Vertrauen in das Unternehmen, das Produkt und in Sie als Berater zu stärken.

Von den Einwänden zu unterscheiden sind die Vorwände. Diese hören sich zwar wie Einwände an, sind tatsächlich aber nur vorgeschobene oder konstruierte Gründe. Dahinter stecken oftmals sehr ernst zu nehmende Verkaufshindernisse. Diese zu erfahren ist das wichtigste Unterfangen. Nur wenn Sie den wahren Grund für eine Ablehnung kennen, haben Sie auch die Möglichkeit, für den Kunden eine Lösung des Problems zu finden. Sie haben damit eine Chance zur richtigen Argumentation.

Der Kunde kann beispielsweise denken:

„Das mir angebotene Produkt sprengt absolut meinen finanziellen Rahmen. Das mag ich dem Verkäufer jetzt aber nicht sagen. Wie kann ich mich denn vor einer Entscheidung drücken? Am besten ist wohl, ich sage: ‚Ich werde es mir noch einmal überlegen und melde mich dann bei Ihnen', dann wird er schon Ruhe geben, und ich bin fein raus."

Sind Ihnen diese Überlegungen des potentiellen Kunden nicht bekannt, werden Sie mit Sicherheit eine falsche Argumentations- und Überzeugungsstrategie wählen.

Die Vorwände werden vom Kunden dann vorgebracht, wenn er aus Gründen, die er in der Regel nicht nennen möchte, Ihr Angebot nicht annehmen will. Es werden von der Kundenseite entweder allgemeine Formulierungen verwendet oder aber vorgeschobene Ablehnungsgründe: „Daran habe ich kein Interesse!“

Die Unterscheidung, ob jeweils ein Einwand oder ein Vorwand vorliegt, kann nur durch intensives Nachfragen festgestellt werden.

Wenn also der Verdacht besteht, es könne sich um einen Vorwand handeln, dann wenden Sie die Fragetechnik an, um den wahren Grund festzustellen.

Einwände, die unser Gesprächspartner während des Verkaufsgesprächs vorbringt, sind grundsätzlich Chancen, das Gespräch positiv weiterzuführen! Es gibt verschiedene Techniken, einen vorgebrachten Einwand zu behandeln. Diese gehören zum Werkzeug des Verkäufers wie der Hammer zum Hufschmied. Hier einige Beispiele:

- *Der vorweggenommene Einwand*
  Einwände, die mit Sicherheit vorhersehbar sind, weil sie regelmäßig von den Kunden vorgebracht werden, können bereits entkräftet werden, bevor sie vom Gesprächspartner kommen. Die Formulierungen werden eingeleitet mit: „Hin und wieder höre ich, daß ... “ „Man könnte nun denken, daß ... “
  Diese Form der Einwandbehandlung wird ebenfalls dann verwendet, wenn durch Medien oder Wettbewerber gezielte Falschinformationen über das Produkt oder das Unternehmen in die Welt gesetzt wurden. Selbst wenn der Kunde zum Zeitpunkt des Gesprächs noch nicht davon gehört hat und dadurch diesen Einwand nicht vorbringen wird, können Sie ziemlich sicher sein, daß irgend jemand aus dem Umfeld des Kunden ihm diese Information zuträgt und damit zumindest eine Verunsicherung herbeiführt. Mit

der Vorwegnahme stärken Sie dem Kunden den Rücken für seine Entscheidung zum Kauf.

- *Die Rückfrage*
  Sie verschafft einerseits Zeit zum Nachdenken, andererseits kann sie auch zusätzliche Hintergrundinformationen über den Standpunkt unseres Gesprächspartners aufzeigen. Fragen dieser Art sind beispielsweise: „Wie meinen Sie das?“ „Was verstehen Sie darunter?“ „Womit vergleichen Sie unseren Vorschlag?“
  Die Mimik drückt in diesen Fällen ein Lächeln und Verständnis für den Kunden aus.

- *Die positive Reaktion*
  Es wird gesagt: „Das ist nicht das richtige für mich!“ Das kann heißen, daß die angebotene Leistung zwar gefällt, aber wichtige Teilleistungen, auf die unser Gesprächspartner besonders Wert legt, noch fehlen. Hier könnte eine Rückfrage Sicherheit verschaffen: „Was wäre im Zusammenhang mit ... das richtige für Sie?“ „Wie müßte ... aussehen, damit es das richtige für Sie wäre ?“
  Mit den jetzt erhaltenen Informationen läßt sich das Angebot gegebenenfalls so korrigieren, daß es wieder exakt die Kundenbedürfnisse trifft.

- *Das Umwandeln des Einwands*
  Ein vorgebrachter Einwand wird in eine Frage umgewandelt und dabei leicht verändert. Durch die Umwandlung soll allerdings der Einwand nicht total entfremdet werden, sondern sie soll den vom Kunden vorgebrachten Inhalt sinngemäß widerspiegeln! Diese Fragen sind z.B.: „Hier ist also die Frage zu klären, ob ... ?“ „Das heißt, Sie fragen sich, ob ... ?“ „Sie wollen damit sagen, daß ... ?“

- *Der andere Gesichtspunkt*
  Es werden mit dem Einwand nicht widerlegbare Tatsachen vorgebracht. Dann bringen wir mit dem „anderen Gesichtspunkt“ einen anderen, aber für den Gesprächspartner ebenfalls wichtigen, neuen Punkt ins Gespräch. Die Formulierungen beginnen zumeist mit „Andererseits ... “ oder „Andererseits ist es so, daß ... “

- *Der Bumerang*
  So wie ein Bumerang zu dem Werfer zurückkehrt, so kommt bei dieser Methode auch der Einwand zurück. Die hier gebräuchli-

chen Formulierungen beginnen beispielsweise mit „Gerade dann … " „Aber gerade das ist der besondere Vorteil … " Der Kunde eines Vertreters für Dachfolien sagt: „Wir haben derzeit kein Geld zur Dacherneuerung!" Die mögliche Anwort: „Gerade wenn kein Geld vorhanden ist, wird diese vorbeugende Maßnahme für Sie besonders sinnvoll, da Sie die sonst in Kürze auftretenden Schäden an den hier stehenden Maschinen schon jetzt vermeiden können!"

- *Den Einwand auf Eis legen*
  Der vorgebrachte Einwand wird nicht sofort behandelt, sondern mit einer Bitte an den Gesprächspartner, diesen Einwand später behandeln zu dürfen, zeitlich verschoben. Nur mit der Zustimmung sollte der Einwand verschoben werden, sonst denkt unser Gesprächspartner während des Gesprächs nur noch an diesen Punkt.
  Hierbei wird der Einwand notiert. Das schafft Vertrauen, der Kunde fühlt sich ernst genommen. Es hat aber auch einen praktischen Grund. Sie notieren den Einwand, damit er später auch tatsächlich behandelt wird und nicht versehentlich in Vergessenheit gerät.

Es gibt nach einem getätigten Kauf keinen besseren Grund für eine Kaufreue als die Erinnerung an den ausgesprochenen, aber vom Verkäufer nicht beantworteten Einwand.

Eine solche Formulierung könnte so aussehen: „Gestatten Sie mir, daß ich auf diesen Punkt in fünf Minuten noch einmal zurückkomme?"
Nach spätestens fünf Minuten sollte der erhobene Einwand des potentiellen Kunden besprochen werden. Schauen Sie deshalb auf die Uhr.

- *Die Analogie*
  Hier wird ein Verhalten angesprochen, das unser Gesprächspartner in anderen Situationen annimmt und eine Analogie zu seinem jetzigen Verhalten bildet. Sie hören beispielsweise: „Ihr Kundenservice ist zu teuer", dann kann die mögliche Analogie lauten: „Was helfen Ihnen billige Schuhe, wenn beim Tragen die Füße schmerzen?"

- *Die Übereinstimmung*
  Den Aussagen unseres Gesprächspartners stimmen wir in einigen Punkten zu. Dadurch wird dem Gespräch und der Meinung des Kunden eine besondere Aufmerksamkeit geschenkt. Danach jedoch wird die Aussage eingeschränkt oder eine andere Meinung dagegengestellt. Auch ein bisher noch nicht verbalisierter zusätzlicher Aspekt kann dann eingebracht werden: „Sie sprechen damit sicher einen wichtigen Punkt an. Wir sollten dabei aber nicht unberücksichtigt lassen, daß … !" „Sie haben vollkommen Recht, wenn Sie meinen, daß … , andererseits sollten wir aber auch bedenken, daß … "

Wenn Sie solche Formulierungen wie oben beschrieben verwenden, dann sollten sie niemals wie auswendig gelernt klingen. Sie ergeben sich regelmäßig ganz natürlich auf die vorgebrachten Einwände, wenn Sie sich alle in Frage kommenden Einwände und Ihre besten Antworten auf kleinen Kärtchen notieren, die Sie immer mal wieder anschauen. Auf der Vorderseite steht der zu erwartende Einwand, und auf der Rückseite haben Sie eine oder mehrere gute Antworten notiert. Sobald Sie alle Karten beherrschen, wird ein Einwand kein Anlaß für irgendeine Form von Beunruhigung mehr sein.

Die Einwände des Kunden sind Ihre Chancen!

Spezifizierte Einwände des Gesprächspartners können Interesse signalisieren und bedeuten nicht unbedingt die Ablehnung des Angebotes. Zu unterscheiden sind die Einwände allerdings von den Vorwänden. Ein Beispiel für einen spezifizierten Einwand: „Der Rahmen des … ist mir aber zu groß!" Mit diesem Einwand läßt sich nun leicht ein kleinerer und passenderer Rahmen finden, um den Kunden zufriedenzustellen.

Die Zahl der Einwände, die der Kunde vorbringen kann, ist begrenzt, und es wird meistens genügen, die 10 häufigsten Einwände des Kunden zu kennen und sich darauf vorzubereiten. Trotzdem muß man auf alle Eventualitäten vorbereitet sein, denn das erhöht die Abschlußchance. Und das bedeutet in diesem Fall: Alle Einwendungen des Kunden sollten im Gespräch entkräftet werden können, wenn brauchbare Argumente zur Verfügung stehen.

Wie geht es nach der Antwort auf einen Einwand weiter?

Im direkten Anschluß an die Einwandbehandlung geben Sie das Wort wieder an den Gesprächspartner zurück. Das kann durch eine Verständnisfrage geschehen, mit der Sie feststellen, ob der Kunde das gerade von Ihnen Gesagte verstanden hat. Sie können aber auch eine Zustimmungsfrage oder eine Meinungsfrage verwenden. Nach der Einwandbehandlung und anschließenden Argumentation könnte die Frage gestellt werden: „Wie sehen Sie das … jetzt unter diesem Aspekt?"

Wir sollten uns aber darüber im klaren sein, daß auch die ausgefeilteste Einwandbehandlung und Verkaufsargumentation nicht jeden Interessenten überzeugen kann. Sie kann uns aber in der Überzeugung stärken, alles getan zu haben, um einen Verkauf zu tätigen, und das verbessert unsere Chancen für einen Abschluß erheblich.

Eine exzellente Argumentation und professionelle Einwandbehandlung gehören zum täglichen Brot des Verkäufers.

Hier einige Beispiele für die Argumentation und Einwandbehandlung aus dem Immobilienbereich, weil die Systematik hier besonders deutlich wird. In allen anderen Verkaufsbereichen wie Investitionsgüter, Konsumgüter oder Dienstleistungen können Sie aber mit gleicher Systematik vorgehen:

- Der Interessent für eine Eigentumswohnung sagt: „Dieses Objekt hat mir zu viele Wohnungen." Zunächst fragen wir uns nach so einem Einwand, der dem konkreten Kauf einer Eigentumswohnung durchaus im Wege stehen könnte, welches die Ängste oder die Befürchtungen des Interessenten sind, die dahinterstehen.
  Falsch wäre es, nur auf eine Vermutung hin sofort mit der Argumentation zu beginnen. Das wäre so, als würden Sie versuchen, durch einen ungezielten Schuß in den Wald hinein den Hasen zu treffen. Können wir uns aufgrund des bisher Gesprochenen noch kein genaues Bild von den dahinterstehenden Befürchtungen des Kunden machen, dann ist zur Klärung die Frage notwendig: „Welches sind genau Ihre Bedenken?" oder „Welche Bedenken haben Sie dabei?"

Aus der hierauf folgenden Antwort ergibt sich die Argumentationsstrategie. Äußert der Interessent z.B. Bedenken hinsichtlich der Anzahl der Nachbarn, dann gibt es die Möglichkeit der Argumentation genau auf diesen Punkt hin. „In jedem Haus mit mehr als einer Wohneinheit werden Sie Nachbarn haben, unabhängig von der Größe des Gesamtobjekts." Eine Rückfrage: „Sehen Sie das auch so?" – Nach der wohl kaum anders zu erwartenden positiven Antwort: „Bei diesem Objekt ist besonders Wert darauf gelegt worden, daß die Zahl der Wohneinheiten pro Eingang klein ist. Wie denken Sie jetzt darüber?"
Die abschließende Frage dient dem Zweck, den Standpunkt des Interessenten nach der Argumentation zu erfahren. Hat er nach wie vor die gleiche Befürchtung, könnten jetzt besondere Vorteile aufgezeigt werden, z.B. Kostensenkung beim einzelnen durch günstigere Aufteilung der Gesamtkosten. Ist der Einwand ausgeräumt, so könnten noch andere Einwände vorhanden sein: „Bestehen aus Ihrer Sicht noch andere Bedenken?"

- Der Interessent sagt beispielsweise: „Die Fliesen und der Teppichboden haben nicht die von mir erwartete Qualität." Unterstellen wir dem Interessenten, daß er recht hat und der Teppichboden schon stark strapaziert aussieht. Dieser offensichtliche Nachteil kann in der Argumentationsphase möglicherweise in einen Vorteil umgewandelt werden. Aber auch hier gilt: Sind die Hintergründe seines Einwandes nicht hundertprozentig klar, dann hilft eine Frage weiter: „Wie meinen Sie das?" Antwortet er mit „Genauso, wie ich sagte, alles sieht sehr billig aus!", dann können wir mit der Argumentation beginnen. z.B.: „Ich verstehe, daß Sie sich eine hochwertige Ausstattung wünschen. Wäre sie in diesem Objekt aber jetzt schon vorhanden, so würde sich das deutlich im Kaufpreis bemerkbar machen – und vielleicht würde Ihnen nicht einmal das Muster oder die Farbe gefallen. Sie haben jetzt die Möglichkeit, sich das Objekt genauso auszustatten, wie Sie es sich wünschen! Wie gefällt Ihnen das?" Danach läuft das Gespräch regelmäßig sehr verzweigt weiter.

- Der Interessent sagt: „Ein vergleichbares Objekt habe ich zu einem besseren Preis gesehen." Hier ist die Überlegung angebracht, ob es sich wirklich um einen Einwand handelt oder ob der Interessent hierdurch seine Verhandlungsposition für die Preisverhandlung verbessern möchte. Ist letzteres der Fall, dann können wir die Argumentation aufschieben, bis auch positive Aspekte vom Interessenten anerkannt werden oder bis andere Einwände „vom Tisch“ sind. „Die Preiswürdigkeit ist für Sie sicher ein ganz wichtiger Punkt. Wir werden darauf noch zurückkommen. Bestehen noch andere Bedenken?“

Der Verkäufer möchte einen möglichst hohen Preis erzielen, der Käufer möchte möglichst wenig bezahlen.

Steht fest, daß es tatsächlich um die Höhe des Kaufpreises geht, dann geht der Einwand auf die gegensätzlichen Interessen des Verkäufers und des Käufers zurück. Auch hier ist zunächst genaue Klärung angebracht, was der Kaufinteressent mit diesem Einwand verbindet. Bewährt haben sich hier konkrete Rückfragen, weil die Antworten des Interessenten dann in der Argumentation weiterhelfen können.

Bitte überlegen Sie einmal, warum der Kunde überhaupt um den Preis feilscht. Einer seiner Gründe könnte sein, daß er Prestigegewinn und Anerkennung braucht. Geben Sie ihm Prestigegewinn und ist der Kunde damit zufriedengestellt, dann läßt sich sehr viel entspannter über den Preis reden. So können Sie beispielsweise antworten: „Ich muß schon sagen, Sie sind ein besonders hartnäckiger Verhandlungspartner …“ Dies wird in einem anerkennenden Tonfall vorgetragen.

Einige weitere gut verwendbare Formulierungen auf den Einwand „Sie sind zu teuer!“ oder „Das kann ich bei xy billiger bekommen“ sind:

- „Sie würden nicht mit mir sprechen, wenn Sie nicht überzeugt wären, daß wir Ihnen einiges bieten können.“
- „Der billigste Preis ist nicht immer der beste. Ist Ihnen aber nicht tatsächlich nur mit dem besten Preis gedient?“
- „Richtig, das … ist teuer, es interessiert Sie sicher auch, warum, ist es nicht so?“
- Nach dem Einwurf des Kunden „zu teuer“, können Sie auch ganz unschuldig lächelnd zurückfragen: „Warum?“ oder „Zu teuer?“ oder „Soo?“

Die dargestellte Einwandbehandlung, die Techniken und Argumentationen lassen sich kreativ noch beliebig erweitern. Bevor das Gespräch mit dem Kunden beginnt, sollten alle für Sie in Frage kommenden Möglichkeiten bekannt und gekonnt sein. Dies gehört zur Vorbereitung auf ein Verkaufsgespräch und erhöht die Chancen für einen Abschluß erheblich.

Viele Verkäufer scheitern bei Preisgesprächen, in denen sie eine Erhöhung ihrer Preise gegenüber dem Einkäufer oder dem Endkunden durchsetzen wollen. Diese Verkäufer verstehen den Preis nicht als etwas ganz Normales. Sie versuchen, auf die langfristigen Geschäftsbeziehungen hinzuweisen oder auf die guten Beziehungen, die sich im Laufe der Zeit eingestellt haben. Das kann bei Preiserhöhungen aber nur ein Zusatzargument sein, niemals die Hauptsache.

Der Preis ist ein rationales Argument. Deshalb lassen sich Preiserhöhungen durchaus als logische Konsequenz einer Entwicklung darstellen. In der Unternehmenspolitik und -organisation müssen dafür allerdings Voraussetzungen geschaffen werden:

- Der Verkäufer benötigt Informationen über die Maßnahmen zur Qualitätssicherung sowie deren Auswirkung auf die Preise.
- Die Preiserhöhungen müssen langfristig geplant werden.
- Die Preiserhöhung muß verständlich und nachvollziehbar sein.
- Der Verkäufer benötigt Informationen über die Zusammensetzung des Preises.
- Preisnachlässe werden nur nach einem allen Beteiligten bekannten System gegeben.
- Alle Kunden werden gleich behandelt, auch von der Führung.

Darüber hinaus sollte jeder Verkäufer das Preisgefüge der wichtigsten Wettbewerber kennen.

Alle Verkaufstechniken können aber nicht darüber hinwegtäuschen, daß sowohl bei der Anwendung als auch bei der spontanen Auswahl aus Ihrem Repertoire Ihre Intuition und damit auch Ihre emotionale Intelligenz gefordert ist.

Der krönende Abschluß

Der Verkaufsabschluß ist die Krönung einer langen Beratung und Verkaufsverhandlung. Wann aber beginnt der Abschluß? Ich meine, daß der Abschluß bereits beim ersten Kontakt mit dem potentiellen Kunden beginnt und sich dann über das ganze Gespräch hinweg kontinuierlich aufbaut, bis die Entscheidung des Kunden gefallen ist. Auf diesem Weg ist der Verkäufer Entscheidungshelfer und hat nur ein Ziel:

Nicht nur einen Kunden gewinnen, sondern einen zufriedenen Kunden gewinnen!

Jeder gute Verkäufer kann verbale Äußerungen und nonverbale Signale interpretieren und erkennen, wann er am Ziel angekommen ist.

Beispielsweise ist die Frage „Wie kann ich die Lieferung bezahlen?“ oder ein nonverbales Signal, wie ein Nicken des Kunden zu seinem Geschäfts- oder Lebenspartner ein positives Zeichen.

Es kündigt an, daß der Entscheidungsprozeß des Kunden zugunsten des Verkäufers abgeschlossen ist. Sind solche Zeichen nicht erkennbar, kann der Entscheidungsprozeß durch Abschlußfragen forciert werden.

Wenn aber die Entscheidung beim Kunden innerlich bereits gefallen ist, ist jedes weitere Wort des Verkäufers vertragsgefährdend.

Keineswegs sollten Sie, nachdem die notwendigen Bestell- oder Antragsformulare ausgefüllt sind, den Kunden so schnell wie möglich verlassen. Das wäre Beweis für einen starken Mangel an Empathie. Versetzen Sie sich in die Lage des Kunden. Er fühlt sich auf keinen Fall in seiner Entscheidung und Person bestätigt. Er fühlt sich abgeschoben nach dem Motto „Der Mohr hat seine Schuldigkeit getan“. Es ist sogar möglich, daß er aufgrund Ihres Verhaltens doch noch unsicher wird und seinen Entschluß in Frage stellt. Gerade jetzt ist für den Kunden eine Kaufbestätigung wichtig. Er möchte bestätigt haben, daß seine Entscheidung richtig war, und sich sicher fühlen.

Bestätigen Sie die Entscheidung des Kunden, und vermitteln Sie Ihm das Gefühl der Sicherheit.

Bringen Sie noch einmal die wesentlichen Vorteile des Produkts in einen Bezug zu den Bedürfnissen des Kunden. Versichern Sie ihm, daß das Produkt seinen tatsächlichen Bedürfnissen entspricht und ein bisher bestehendes Problem gelöst ist. Geben Sie auch Ihrer Freude über den Abschluß Ausdruck.

Die innere Einstellung zum Interessenten und zum Produkt ist hier ganz besonders wichtig. Dem Interessenten sollte deshalb von Anfang an so begegnet werden, als wäre es ganz sicher, daß er auch kaufen wird.

Selbstverständlich gelingt es nicht immer, den Kunden zu einem erfolgreichen Abschluß der Verkaufsverhandlungen zu bringen. Dagegen könnte z.B. stehen, daß das gewünschte Produkt aufgrund eines überhöhten Preises gar nicht zu verkaufen ist. Es kann auch sein, daß der Zeitpunkt für eine Entscheidung falsch gewählt ist.

Ein Verkaufsabschluß ist dann ins Auge zu fassen, wenn offensichtlich ist, daß der Kunde das Produkt wirklich benötigt und es jetzt und auch zu diesem Preis haben will.

Die Entscheidung trifft der Kunde, der Verkäufer ist nur Entscheidungshelfer.

Es gibt Abschlußhilfen oder Abschlußtechniken, die ein guter Verkäufer kennen sollte.

Hier ist in erster Linie das Erkennen der Kaufsignale notwendig. Kaufsignale deuten an, daß der Kunde seine Kaufentscheidung innerlich bereits getroffen hat. Es ist in jedem Fall schädlich für den Abschluß, in diesem Augenblick noch weiterzureden. Der deutsche Sprachgebrauch kennt die Formulierung „einen Vertrag zerschweigen" nicht. Durch leidvolle eigene Erfahrungen dürfte jedem Verkäufer bekannt sein, daß ein Vertrag aber sehr wohl „zerredet" werden kann.

Kaufsignale sind möglicherweise ein genannter Einzugstermin, eine vorbereitete fertige Baufinanzierung, das gedankliche Einrichten des Objekts mit Möbeln, Wünsche seitens des Kunden hinsichtlich der Zahlungstermine und -höhen.

Der Versuch, das Verkaufsgespräch zum Abschluß zu bringen, sollte nach Erkennen von Kaufsignalen eher zu früh als zu spät und lieber einmal öfter als einmal zuwenig erfolgen. Die entscheidende Frage könnte sein: „Soll ich den Vertrag so, wie wir ihn besprochen haben, beim Notar vorbereiten lassen?"

Teilentscheidungen führen Schritt für Schritt zum Abschluß.

Die Vorbereitung des Abschlusses läßt sich in Teilschritten vollziehen. Vom Kunden wird eine Teilentscheidung verlangt. Eine mögliche Kaufentscheidung kann vom Kunden durch seine Antworten signalisiert werden.

Ein Beispiel für diese Technik ist die Klärung von Nutzungszeitpunkten: „Wollen Sie und Ihre Familie schon zum Sommer oder erst zu Weihnachten einziehen?" Oder die Festlegung des Liefertermins: „Bei sofortiger Bestellung könnten wir die Ware schon in der 45. Kalenderwoche liefern!" Die Konsequenz ist, daß er zwar noch nicht kauft, aber sich zum Kauf entschließt.

Eine Zusammenfassung mit abschließender Frage an den Kunden kann die Verbalisierung der Entscheidung durch den Kunden provozieren.

Eine weitere Technik ist die Zusammenfassung der spezifischen Merkmale und der vom Kunden erkannten Vorteile des Angebots, z. B.: „Die Lage am Stadtrand entspricht Ihren Vorstellungen, die Aufteilung gefällt Ihnen, und über die Finanzierung haben Sie in Ihrem Gespräch mit der Bank Klarheit gewonnen. Dieses Angebot erscheint mir wie für Sie maßgeschneidert. Wie denken Sie darüber?"

An dieser Stelle können noch einmal verdeckte Einwände des Kunden hervortreten, die es auszuräumen gilt, bevor der Abschluß noch einmal ins Auge gefaßt werden kann. Der Kunde möchte bei seiner Entscheidung ein sicheres Gefühl haben.

Die Technik der Angebotsverknappung kann die Entscheidungswilligkeit forcieren.

Sehr häufig wird die Technik der Angebotsverknappung angewendet. Der Kunde ist um so eher bereit, sich zu entscheiden, je knapper das Angebot ist oder andere ihn belastende Faktoren kurzfristig eintreten könnten. Es ist bekannt, daß beispielsweise eine Immobilie sich bei steigenden Zinsen leichter verkaufen läßt als bei fallenden Zinsen. Steigende Zinsen bedeuten einen gewissen Druck auf den Kunden, sich rechtzeitig zu entscheiden, bevor noch höhere Zinsen für ihn eine höhere Belastung bedeuten.

Ein anderes Beispiel für die Verknappung: Ein preisgünstiger Sonderposten steht in wenigen Tranchen zur Verfügung, ein Angebot, das dem Händler gute Margen bietet und entsprechend gefragt ist. Dem Kunden wird gesagt: „Die von Ihnen gewünschte Großmenge können wir sicher nicht mehr liefern, ein anderer Interessent hat sich bereits letzte Woche für eine Großlieferung entschieden. Damit Sie sich aber eine Lieferung von 200 Stück sichern können, ist eine baldige Entscheidung erforderlich. Wann glauben Sie, können Sie sich entscheiden?“ Der Kunde gerät in ein zwiespältiges Gefühl, aus dem er sich befreien will. Demzufolge wird er eine Entscheidung treffen.

Zugeständnisse verlangen eine Entscheidung.

Gleich nachdem die Preisfrage einer Dienstleistung geklärt ist und der Verkäufer gegebenenfalls Zugeständnisse machen mußte, wobei Sachzugeständnisse allemal ein besserer Weg sind als reine Preiszugeständnisse, muß auch eine Gegenforderung vorgebracht werden. Dies heißt, Zug um Zug gegen die Forderung nach Zugeständnissen vom Kunden die Entscheidung zu verlangen: „Wenn wir Ihnen ..., würden Sie sich dann zum Kauf von ... entschließen?“

Eine andere Möglichkeit ist, mit dem Kunden Fakten abzuklären, die die Abwicklung oder alles, was nach dem Kaufzeitpunkt Fragen aufwerfen kann, betreffen, wie z. B.: „Wollen Sie mit Scheck oder Überweisung bezahlen?“ Also Fakten, die einen Abschluß bereits voraussetzen.

Nur ein zufriedener Kunde ist eine Referenz und damit eine gute Basis für weitere Geschäfte.

Wie schon erwähnt, soll der vorher so stark umworbene Interessent nach dem erfolgreichen Ende der Verkaufsverhandlungen nicht nur ein „Herr Irgendwer“ sein. Ganz im Gegenteil! Gerade zu diesem Zeitpunkt fängt für den erfolgreichen Verkäufer die Nachmotivation des Kunden an, um Kaufreue zu vermeiden und um dem Kunden bestehende Unsicherheiten zu nehmen.

Gerade die Betreuung des Kunden über den Abschluß hinaus wird sich in dieser Hinsicht als besonders wertvoll erweisen. Für nicht richtig halte ich es aber, den Kunden sofort nach Vertragsabschluß um Adressen und Kontakte aus seinem Freundes- und Verwandtenkreis anzugehen, die ebenfalls für mein Angebot in Frage kommen könnten. Zu diesem Zeitpunkt hat der Kunde selbst noch keine eigene Erfahrung mit der Dienstleistung und der Abwicklung. Er kann sich momentan nur auf die bisher erfolgte Beratung stützen. Hier ist es aus meiner Sicht jedoch sinnvoll, sich die vertrauensvolle und zufriedenstellende Beratungsleistung, das Vorgehen Ihrerseits und das Umgehen miteinander usw. bestätigen zu lassen. Das wird nicht nur dem Kunden, sondern auch Ihnen ein gutes Gefühl vermitteln. Es trägt zu Ihrer eigenen Motivation bei und läßt Sie die in Aussicht stehenden Gespräche zuversichtlich angehen.

Verläuft die Abwicklung auch noch zur vollen Zufriedenheit des Kunden, dann ist es leicht, entsprechende Empfehlungen von ihm zu erhalten.

Der Schlüssel für den Erfolg ist Empathie.

Die Kaufbereitschaft des Kunden entsteht nicht urplötzlich, sondern ist das Ergebnis aller vorherigen Überzeugungsmaßnahmen. Diese beginnen bei der ersten Kontaktaufnahme und enden lange nach dem Abschluß.

Vergessen Sie bei der Anwendung all der Ihnen bekannten Maßnahmen aber nicht, daß der Interessent nicht nur überzeugt, sondern auch verstanden sein will. Das Erreichen des Ziels ist nicht nur durch die geschickte Anwendung von Techniken bestimmt, sondern hängt auch von Ihrem Einfühlungsvermögen ab. Empathie hilft Ihnen, den Kunden zu öffnen und seine Bereitschaft zu fördern, eine „Beziehung“ mit Ihnen einzugehen. Sie hilft, sein Vertrauen zu erwerben und ihn aufgrund des Vertrauens zu überzeugen.

Einen Kunden, der sich, aus welchen Gründen auch immer, nicht für einen Kauf entscheiden will, wird keine noch so ausgefeilte Technik zum Kauf bewegen. Zeigen Sie Verständnis und nerven Sie ihn nicht. Es kann ja sein, daß er zu einem späteren Zeitpunkt doch noch ein Kunde von Ihnen wird, da er sich gerne an Sie erinnert.

Wenn sich der Interessent aber einmal entschlossen hat zu kaufen, dann gilt es auch zu handeln, um alles Notwendige, wie beispielsweise Unterschriften, zu erhalten. Denken Sie daran, daß jedes zusätzliche Argument, und mag es noch so reizvoll sein, nicht nur überflüssig ist, sondern oftmals vernichtende Wirkung auf den beschlossenen Kauf hat. Zu diesem Zeitpunkt bringt alles weitere Reden nur neue Unsicherheit ins Spiel. Der Kunde sagt dann: „Es eilt ja nicht so, ich will mir das noch einmal in Ruhe überlegen!“

Voraussetzung für einen Abschluß ist, den Zeitpunkt zu erkennen, an dem der Interessent abschlußbereit ist.

Achten Sie auf verbale und nonverbale Signale! Hier ist wieder Ihr Einfühlungsvermögen gefragt.

Ebenfalls hinderlich für den Abschluß sind Formulierungen in der Möglichkeitsform wie z. B.: „Könnten wir dann den Kaufvertrag eventuell vorbereiten?“ Vermeiden Sie den Konjunktiv. Er drückt Unsicherheit aus, die auch der Interessent spürt. Er wird deshalb ausweichend reagieren. Wir müssen dem Interessenten manchmal nur eine kleine Entscheidungshilfe geben, um sein „Ja“ zu bekommen.

Verwenden Sie Alternativfragen, um Entscheidungen herbeizuführen, z. B.: „Wollen Sie schon vor den Osterferien über die Ware verfügen oder erst danach?“ oder „Soll der Kaufvertrag auf Ihren Namen laufen, oder soll er auf Ehepaar … lauten?“

Oder Sie holen sich einfach die Zustimmung zum Ergebnis der bisherigen Verhandlungen: „Soll es dann so sein, wie wir es besprochen haben?“ Alternativ können Sie auch die entscheidenden Stellen Ihres Angebots wiederholen: „Wir haben besprochen: 20 Kisten, Lieferzeit 14 Tage, 3 % Skonto bei Zahlung innerhalb acht Tagen – in Ordnung, Sie erhalten das!“

Die Betreuung nach dem Kauf ist die erste Maßnahme für das Folgegeschäft.

Nach dem Kauf kann innerhalb der ersten vierundzwanzig bis achtundvierzig Stunden eine Kaufreue eintreten. Dies trifft besonders auf Kunden zu, die sich sehr schnell entschließen. Bei diesen Kunden habe ich schon erlebt, daß sie genauso schnell, wie sie Ja gesagt haben, kurze Zeit später einen Rücktritt vom Vertrag verlangten.

Um dies schon im Ansatz zu verhindern, sollte jeder Kunde nach einem Abschluß unbedingt vom Verkäufer eine Bestätigung des hohen Nutzens oder der gelungenen Problemlösung durch seinen Abschluß erhalten. Weiterhin kann der Verkäufer bei der nächsten Gelegenheit den Kunden telefonisch kontaktieren, um zu erfahren, ob sich bei ihm zwischenzeitlich noch Fragen ergeben haben, die er als Verkäufer gerne beantworten wird.

Der Verkauf lebt von Empfehlungen. Aber nur ein zufriedener Kunde gibt Empfehlungen für Sie, Ihre Produkte oder Ihr Unternehmen ab. Aus diesem Grund muß von Anfang an ein großes Ziel alle Schritte im Verkauf bestimmen: der zufriedene Kunde!

In welcher Branche die Neukundengewinnung auch betrieben wird, immer wieder zeigt sich, daß eine der erfolgversprechendsten Methoden der Neukundengewinnung die Empfehlungsnahme ist.

Umstritten ist, welcher Zeitpunkt zur Empfehlungsnahme der richtige ist. In vielen Verkaufsgesprächen hat sich bei mir folgendes herauskristallisiert: Unmittelbar nach Vertragsabschluß hat der Kunde noch keine Übersicht über Abwicklung, Service, und er kennt gegebenenfalls das Produkt noch nicht. Deshalb frage ich den Kunden, ob er mit meiner Beratung zufrieden war. Dies kann er problemlos bestätigen.

Anschließend spreche ich über das Problem, für das wir während des Verkaufsgesprächs eine Lösung gefunden haben, bestätige noch einmal, daß der Abschluß für ihn genau das richtige war, und frage, bei wem er sich eine ebensolche Problemlösung vorstellen kann.

Wenn er das Produkt und den Service kennengelernt hat, ist das zweite Mal die Möglichkeit gegeben, ihn auf Empfehlungen anzusprechen. Das gleiche gilt bei erbrachten Garantieleistungen oder ganz besonders bei Kulanzregelungen. Hier ist es fast zwingend, den durch die kulante und zügige Abwicklung besonders zufriedenen Kunden auf Empfehlungen anzusprechen.

In einigen Unternehmen haben die Abschlüsse auf Grund von Empfehlungen einen Anteil von rund 35% vom Neugeschäft. Selbst wenn die Werte von Branche zu Branche recht unterschiedlich ausfallen, so geht es hier immer um recht beträchtliche Größenordnungen, die ohne großen Werbeaufwand zu erzielen sind.

Der intensive Einsatz aller persönlichen Ressourcen lohnt sich, um einen in jeder Hinsicht zufriedenen Kunden zu erhalten.

Die größten Fehler im Verkauf

Selbst den besten Spitzenverkäufern gelingt es nur selten, ein Verkaufsgespräch nach allen Regeln der Kunst absolut fehlerfrei zu absolvieren. Der Grund hierfür liegt in der Vielzahl der Reaktionsmöglichkeiten und der Kürze der zur Verfügung stehenden Reaktionszeit. Wichtig ist daher, daß sich keine so gravierenden Fehler in das Verkaufsgespräch einschleichen, daß es einen negativen Verlauf nimmt.

Es ist immer schwerer, die selbst in den Weg gerollten Steine wieder zu entfernen, als sie gar nicht dorthin gelangen zu lassen.

Es lohnt sich, nach Beendigung jedes Verkaufsgesprächs eine kurze Bilanz zu ziehen.

Dies kann in Form einer Checkliste geschehen, die nach dem Gespräch ausgefüllt wird und alle Elemente des Verkaufsgesprächs in zeitlicher Reihenfolge aufführt.

Wesentliche Fragestellungen sind:

- *Warum hat der Kunde nicht gekauft?*
  Diese Frage stellt sich der Verkäufer, um festzustellen, ob und welche Mängel in seinem Verkaufswissen bestehen. Mit der Zusatzfrage „An wen haben wir den Kunden verloren?“ werden Marktbewegungen und Tendenzen erspürt.

- *Warum hat der Kunde (bei mir) gekauft?*
  Auch diese Frage stellt sich der Verkäufer, um Marktbewegungen festzustellen, aber auch, um für spätere Gespräche Argumente zu sammeln. Sich bewußtzumachen, warum der Kunde so entschieden hat, hilft außerdem bei der Eigenmotivation.

- *Wie habe ich die Eröffnungssituation empfunden?*
  Diese Überlegungen führen Sie auf die Spur der häufigsten Fehler in Verkaufsgesprächen. Sie sind zwar im Rahmen dieses Buches alle behandelt, werden Ihnen aber zum Abschluß noch einmal in Form einer Übersicht dargeboten, an der Sie sich orientieren können.

- *An welche Fehler im Verlauf des Gespächs kann ich mich erinnern?*
  - die Sympathie des Kunden während der Gesprächseröffnung nicht gewonnen
  - zuwenig Blickkontakt gehalten
  - das Gespräch nach Schema F geführt
  - zuviel geredet
  - zuwenig Fragen gestellt
  - die emotionalen Aspekte des Kunden nicht berücksichtigt
  - nicht ausreichend zugehört
  - den Bedarf nicht ausreichend abgeklärt
  - Probleme und Aufgabenstellungen wurden nicht durch den Kunden formuliert, sondern von mir in das Gespräch gebracht
  - keine anschaulichen Zeichnungen oder Bilder verwendet
  - eine lasche Präsentation des Angebots ohne Begeisterung und Dynamik
  - den Kundennutzen nicht ausreichend formuliert
  - fehlende Ansprache der Motive
  - nach Abschlußbereitschaft weitergeredet oder -gefragt
  - nicht nach Empfehlungen gefragt
  - dem Kunden keine Bestätigung für seinen Kauf gegeben

– keine Maßnahmen getroffen, um der Kaufreue entgegenzuwirken

Von Kunden und Unternehmen wird am häufigsten beklagt, daß Verkäufer zu schnell Preiszugeständnisse machen und Schwächen in der Darstellung des Kundennutzens vorhanden sind. Bei diesen Punkten gibt es sicher noch viel zu tun.

Reklamationen

Das Verhalten eines Verkäufers kann aus der Sicht des Kunden zu einem Ärgernis werden, wenn der Kunde reklamiert. Wenn ein Kunde bemerkt oder auch nur glaubt, daß sein vertraglicher Anspruch auf eine mängelfreie Lieferung nicht vollständig erfüllt wurde, reklamiert er.

Die meisten Fälle von Reklamationen ergeben sich aus Leistungen, die nicht oder unvollständig, zu spät oder fehlerhaft erbracht wurden. Häufig kommt es auch zu Beschwerden von Kunden, die das Kleingedruckte nicht richtig gelesen haben und unberechtigterweise reklamieren.

Wenn ein Kunde sich beschwert, besteht schon eine Konfliktsituation. Kunden können sich in Emotionen hineinsteigern, die es jedem Verkäufer schwer machen, ruhig zu bleiben. Auf jeden Fall ist es für den Verkäufer nicht einfach, dem Kunden gegenüber Verständnis zu zeigen und zu verhindern, daß er zu einem Wettbewerber abwandert. Andererseits darf er die Interessen seines Unternehmens nicht aus den Augen verlieren.

Manche Kunden werden sogar aggressiv. Diese Aggressionen sind die Hauptursache für Kommunikationsstörungen. Um Aggressionen abzubauen, müssen deren Ursachen gefunden werden. Oftmals stehen im wahrsten Sinne des Wortes „bewegende" Motive hinter dem Verhalten des Kunden.

Falsch ist es, in einem solchen Fall selbst emotional zu reagieren oder das Vorgetragene als persönliche Diffamierung zu betrachten.

Solange der Beschwerdeführer sich noch in der emotionalen Phase aufheizt, helfen keine kühlen Argumente.

Ihre Argumente gehen einfach am Ohr des Kunden vorbei. Deshalb ist das oberste Gebot in dieser Situation: zuhören und dem Kunden volle Aufmerksamkeit schenken!

Wenn eine Pause eintritt, können Sie Reaktionen zeigen, indem Sie beispielsweise in ruhigem Tonfall sagen: „Mit dem, was Sie gerade über unsere Firma gesagt haben, machen Sie mich sehr betroffen." Kunden, die reklamieren, wollen eine Reaktion erreichen, die sie hiermit erhalten. Oft ist das dann für den Kunden der Auslöser, sich darauf zu besinnen, was er gerade gesagt hat. Nicht selten folgt eine Entschuldigung für sein ausfallendes Verhalten, nachdem er sich beruhigt hat.

Mit einem aufgeregten Kunden läßt sich nicht sachlich reden.

Versetzen Sie sich immer in die Situation des reklamierenden Käufers, wenn Sie ihn verstehen wollen. Für die Behandlung von Reklamationen lassen sich folgende Regeln aufstellen:

- Nehmen Sie die Reklamationen immer ernst. Ob sie berechtigt sind oder nicht, ist in dieser ersten Phase unerheblich. Auch unberechtigte Reklamationen haben einen emotionalen Hintergrund, der den Kunden dazu gebracht hat, seine Beschwerde vorzubringen. Gerade unberechtigte Reklamationen verlangen Einfühlungsvermögen, damit der Kunde sein Gesicht nicht verliert. Hier sollten Sie besondere Mühe aufwenden, um eine vom Kunden akzeptierte Lösung zu finden.
- Hören Sie zu. Auch wenn der Kunde aggressiv wird – schweigen Sie! Machen Sie sich Notizen, um Wichtiges nicht zu vergessen. Sie zeigen dem anderen dadurch, daß Sie ihm zuhören. Ermöglichen Sie dem verärgerten Kunden erst einmal „Dampf abzulassen".
- Fragen Sie weitere Hintergrundinformationen ab, die zur Klärung oder zur Lösung beitragen können. Vorschnelles Urteilen kann den Vorfall verschärfen.
- Fassen Sie das vom Kunden Gesagte zusammen, um zu vermeiden, daß sich noch zusätzlich belastende Mißverständnisse auftun.
- Schieben Sie nicht die Schuld auf andere Beteiligte oder Kollegen.

- Entschuldigen Sie sich, geben Sie aber kein Schuldanerkenntnis. Sie können sagen: „Entschuldigung, daß es in diesem Punkt für Sie Ärger gegeben hat.“ Die Entschuldigung wirkt auf der emotionalen Ebene und reicht dem anderen gewissermaßen die Hand.
- Eine Reklamation ist ein Problem. Lösen Sie es gemeinsam mit dem Kunden. Seine Beteiligung an dem Lösungsprozeß kann mit Fragen eingeleitet werden: „Was schlagen Sie vor?“ oder „Wie kann das Problem aus Ihrer Sicht gelöst werden?“ Der Kunde hat ein ebenso großes Interesse an der Lösung wie Sie. Durch seine Einbeziehung kann er sich leichter mit einem Kompromiß oder dem Lösungsweg identifizieren.
- Legen Sie einen Zeitplan zur Durchführung der Lösung fest. Sollte sich das Problem nicht sofort lösen lassen, dann versprechen Sie dem Kunden eine schnelle Lösung und halten dieses Versprechen auch ein. Sobald eine Lösung gefunden ist, benachrichtigen Sie den Kunden.
- Ihr Verhalten gegenüber dem Kunden ist stets positiv und strahlt Konsensbereitschaft aus.

Regeln Sie genau, welche Maßnahmen ergriffen werden.

Kunden zurückgewinnen

Ein weiterer Fehler ist die mangelnde Bereitschaft, einen einmal verlorenen Kunden wiederzugewinnen. Dabei ist das Wiedergewinnen eines abgewanderten Kunden oftmals leichter und mit weniger Aufwand verbunden, als neue Kunden an das Unternehmen zu binden. Schließlich war dieser Kunde schon einmal von seiner Entscheidung zugunsten dieses Unternehmens überzeugt.

Hinweise auf sein Abwandern hat es vielleicht schon frühzeitig gegeben, sie sind aber unbeachtet geblieben. Die Kundenhistorie gibt häufig darüber Auskunft. Welcher Grund auch immer dazu geführt hat, daß er zum Wettbewerber abgewandert ist, er ist es wert, analysiert zu werden. Oft ergeben sich daraus Anstöße zu Veränderungen im Unternehmen.

Möglichkeiten, solche Kunden anzusprechen, gibt es immer wieder. Dies können ein besonders günstiger Aktionspreis, Vorzugskonditionen, Exklusivangebote oder Produktinnovationen sein. Aber auch Erfolgsberichte über das eigene Unternehmen oder Produkt können Sie beim Kunden wieder interessant machen.

Nehmen Sie deshalb eine entstehende Kundenunzufriedenheit frühzeitig wahr, um rechtzeitig gegenzusteuern. Dies ist der einfachste Weg, sich ansonsten treue Kunden zu erhalten.

Wenn ein Kunde abgewandert ist, sind zwar erhöhte Anstrengungen erforderlich, um ihn zurückzugewinnen, Sie können aber sicher sein, es lohnt sich.

Die Zurückgewinnung von Kunden ist aber auch eine Situation, in der Ihre emotionale Intelligenz in besonderem Maße ins Spiel kommt. Die Gründe für einen Kauf liegen zum Großteil im emotionalen Bereich Ihres Kunden, genauso wie eine Entscheidung zugunsten des Wettbewerbers.

Zeigen Sie Verständnis für den Kauf beim Wettbewerber. Falls ein Fehlverhalten in Ihrem Hause vorlag, das zu einer Verärgerung des Kunden geführt hat, ist es selbstverständlich, sich dafür zu entschuldigen und im eigenen Hause darauf hinwirken, daß ein derartiges Fehlverhalten zukünftig vermieden wird.

Finden Sie durch Gespräche heraus, welches die Gründe hierfür sind, dann haben Sie damit gleichzeitig eine gute Chance, ihn zurückzugewinnen. Manchmal reicht schon eine einzige Frage an den Kunden aus, um die Geschäftsbeziehung wieder zu normalisieren: „Was muß ich tun, damit wir wieder mit Ihnen ins Geschäft kommen?“

Teil III

Übungen

Mental fit sein, hilfreiche Suggestionen

Diese Übungen sind als Einstieg zu verstehen. Machen Sie sich damit ein wenig vertraut – Sie werden dann leicht feststellen, daß Ihnen die eine oder andere Übung besser gefällt.

Die in diesem Abschnitt vorgestellten Möglichkeiten für mentale Fitness sind nur als Vorschläge zu verstehen. Es gibt keine Garantie für die Wirksamkeit bei jedem Menschen. Da jeder Mensch unterschiedliche Bedürfnisse und Ansprüche hat, sollte jeder sein eigenes Programm, das individuell auf seine Person und seine Möglichkeiten zugeschnitten ist, entwickeln. Andererseits handelt es sich um erprobte Techniken, die schon vielen Verkäufern geholfen haben, mental fit zu bleiben und psychisch die vielen „Nein" der Kunden zu verkraften oder sie zumindest nicht als persönliche Ablehnung zu empfinden.

Die folgenden Vorschläge sollten aber für jeden Menschen Lebensprinzip sein oder werden. Nehmen Sie sich jeden Tag ein paar Minuten Zeit dafür! Der Effekt liegt in der regelmäßigen konsequenten Durchführung. Eine höhere Effektivität erreichen Sie, wenn Sie sich zu jedem Punkt – zumindest anfangs – schriftliche Notizen machen.

1. *Behandeln Sie sich selbst gut!*
   Die meisten Menschen behandeln sich aus den verschiedensten Gründen schlecht. Entsprechend reagiert ihr emotionales und rationales Gehirn. Hemmen oder blockieren Sie Ihr Denken nicht durch negative Gedanken über sich selbst. Sprechen Sie sich selbst ein Lob aus: „Das habe ich gut gemacht." Seien Sie sich selbst gegenüber nachsichtig, und gehen Sie liebevoll mit sich um!

2. *Richten Sie Ihre Aufmerksamkeit auf das Positive!*
   Sie können sich psychologisch verstärken, wenn Sie Ihr Augenmerk auf das Postive, z.B. Erfolgserlebnisse, richten. Kosten Sie sie richtig aus, und lernen Sie daraus! Mißerfolge und Fehler, die Ihnen unterlaufen, betrachten Sie sachlich und rational. Bedarf es einer Rechtfertigung, lassen Sie die Gefühle weitestgehend außen vor, stellen Sie Ihre Fehler nur sachlich richtig.

3. *Achten Sie auf die Sprach- und Denkdisziplin!*
   Bösartige und abwertende Worte und Gedanken wirken sich auf Sie und Ihr Gegenüber sowie den jeweiligen Gefühlszustand

negativ aus. Denken Sie daran, was Gedanken allein bewirken können! Denken Sie an Ihr Gegenüber, auf das sich Ihr Gefühlszustand überträgt. Falls Sie es für erforderlich halten, einmal richtig Ihre Meinung zu äußern, dann tun Sie es, jedoch ohne Erregung. Sie allein haben es in der Hand, wohin Sie Ihre Gefühle lenken.

3. *Behandeln Sie die Menschen, wie sie sein sollen, und nicht so, wie sie sind!*
   Halten Sie sich an diesen, von Goethe geprägten Ausspruch. Konzentrieren Sie sich auf die Stärken und die angenehmen Seiten eines Menschen. Die Konsequenz wird sein, daß auch Ihr Gefühlszustand nicht ins Negative abgleiten wird. Heben Sie notfalls die Stärken des anderen hervor, dann werden sich die Schwächen vielleicht sogar zum Positiven kehren. Romano Guardini drückte dies folgendermaßen aus: „Wer einen Menschen bessern will, muß ihn erst einmal respektieren."

4. *Trainieren Sie Gelassenheit!*
   In heiterer Gelassenheit können Sie mit Menschen, Dingen und Situationen besser umgehen. Erinnerungssymbole im Auto, in der Hosentasche, auf dem Schreibtisch oder auf dem Telefon helfen Ihnen dabei.

5. *Schaffen Sie sich keine Feindbilder!*
   Ein Psychologe sagte mir einmal: „Es gibt nur Freunde und Trainer. Die einen machen mir Freude, die anderen machen mich weiser, reifer und stabiler." Auch negative Menschen haben, so gesehen, etwas Gutes. Fragen Sie sich „ Was hat er mir gezeigt?" und „Was lerne ich daraus?"

6. *Motivieren Sie sich täglich aufs neue!*
   Überdenken Sie abends den Tag!
   Erinnern Sie sich an angenehme Erlebnisse und speichern Sie schöne Gefühle! Das Aufschreiben hilft hier sehr!
   Bei unangenehmen Situationen und Mißerfolgen fragen Sie sich: „Was kann ich daraus lernen?" „Was macht mich gescheiter und stabiler? "
   Seien sie dankbar! Beziehen Sie bei Ihren Überlegungen auch die negativen Ereignisse mit ein.

7. *Beschließen Sie den Tag positiv!*
   Formulieren Sie einen Leitsatz für den kommenden Tag bzw. die kommende Woche! Zum Beispiel: „Ich begegne jedem Menschen mit Freundlichkeit! Ich gebe mein Bestes! Ich konzentriere mich ganz auf die Aufgabe (nicht auf den Erfolg!), die vor mir liegt."
   Falls Ihnen das für den Anfang zu schwer sein sollte, hilft Ihnen vielleicht erst einmal folgender Ausspruch:

Wenn du interessant sein möchtest, sei interessiert; wenn du Freunde haben möchtest, erfreue; wenn du geliebt werden möchtest, sei liebenswert; wenn dir geholfen werden soll, sei selbst hilfreich.

Das Magazin EGO berichtete vor kurzem über eine an der Universität von British Columbia in Vancouver, Canada, entwickelte Methode, die das Selbstbewußtsein wirksamer verbessert als Medikamente, Gespächs- oder sogar Verhaltenstherapien. Es ging im wesentlichen darum, den alten Satz „Eigenlob stinkt" zu vergessen und sich selbst – im stillen Kämmerlein – zu loben.

Sagen Sie sich selbst, während Sie in den Spiegel schauen: „Toll hast du das heute gemacht!" oder „Dem … werde ich heute mal zeigen, was ich tatsächlich kann!" oder „Ich habe Charme." Sie können sich selbst auch für die kleinste gelungene Tat loben.

Suchen Sie sich einen anspornenden Satz aus, den Sie sich jeden Tag morgens vor dem Spiegel dreimal laut ins Gesicht sagen.

Diese täglichen Übungen zeigen schon nach wenigen Tagen Wirkung und sind im Ergebnis verblüffend. Sie tragen enorm zu Ihrer mentalen Fitneß bei.

Hier ein Test aus dem EGO-Gesundheitsmagazin, das wir mit freundlicher Genehmigung des Verlages verwenden:

Niemand kann Sie so fertig machen, wie Sie sich selbst. Sie kennen sich am besten und wissen genau, wo Ihre wunden Punkte sind. Und Sie sind ständig mit sich zusammen. Das eröffnet Ihnen fast unbegrenzte Möglichkeiten, im positiven wie im negativen Sinn. Sie können sich Tag und Nacht mit Vorwürfen bombardieren

– oder auch nicht. Der folgende Test zeigt, ob Sie sich selbst zur Schnecke machen.

Geben Sie sich
2 Punkte, wenn Sie das unten beschriebene Verhalten oft an sich bemerken,
1 Punkt, wenn Sie es manchmal an sich bemerken und
0 Punkte, wenn es überhaupt nicht auf Sie zutrifft.

- Wenn etwas nicht hundertprozentig perfekt ist, halte ich es gleich für einen völligen Mißerfolg.
- Wenn nicht alles so läuft wie geplant, male ich mir sofort die katastrophalsten Folgen aus.
- Sobald ich etwas Schönes erlebe, muß ich daran denken, daß es bald wieder vorbei sein wird, daß es schlecht für die Gesundheit ist oder dick macht.
- Lobeshymnen machen mich eher mißtrauisch und nervös.
- Wenn jemand meine Arbeit gut findet oder mich für attraktiv hält, dabei aber kleine Einschränkungen macht, dann merke ich mir eher diese Kritik als die Anerkennung.
- Ich komme in ein Zimmer, und die anderen hören auf zu reden. Sofort denke ich, sie haben etwas Schlechtes über mich gesagt.
- Ich fühle mich manchmal einsam. Aber ich bin selbst daran schuld, daß mich keiner leiden kann.
- Wenn ich gegen meine Prinzipien verstoße, habe ich noch tagelang Schuldgefühle.

Auswertung:

0 – 5 Punkte: Herzlichen Glückwunsch! Um Ihr Selbstwertgefühl kann man Sie nur beneiden.
6 – 10 Punkte: Sie zweifeln manchmal an sich, aber nicht übermäßig. Ein paar mehr Streicheleinheiten fürs Ego könnten Sie sich allerdings schon gönnen.
10 – 16 Punkte: Sie sind viel zu hart zu sich selbst! Lesen Sie die obigen Tips. Ihr Selbstbewußtsein braucht dringend Verstärkung!

Die emotionale Entspannung

Sie können im folgenden zunächst einmal einen Überblick über Ihren eigenen emotionalen Status erhalten. Stellen Sie fest, welchen emotionalen Zustand Sie derzeit haben und wie es um Ihre persönliche Zielsetzung in bezug auf Ihre Emotionen bestellt ist.

Gehen Sie in sich. Lassen Sie sich dabei Zeit, und antworten Sie ganz ehrlich:

1. Das habe ich in den letzten (   ) Tagen/Wochen an schönen und positiven Situationen erlebt:

   ____

   ____

   ____

2. Das speziell hat mir an diesen Situationen Freude bereitet:

   ____

   ____

   ____

3. Welches Gefühl, außer Freude, habe ich noch dabei empfunden?

   ____

   ____

   ____

4. Das habe ich in den letzten (   ) Tagen/Wochen an Mißerfolgen und unangenehmen Situationen erlebt:

   ____

   ____

   ____

5. Welches Gefühl habe ich dabei empfunden?

   ____

   ____

6. Was lerne ich daraus?

___

___

___

7. Was werde ich zukünftig ändern?

___

___

___

Hier einige Maßnahmen zum Ausgleichen ihres emotionalen Zustandes, die fast zu jedem Zeitpunkt, überall und ohne großen Zeitaufwand durchführbar sind.

Finden Sie im Laufe der Zeit die für Sie ganz persönlich geeigneten Bewältigungsstrategien heraus.

- Verschaffen Sie Ihrem Hirn die nötige Portion Sauerstoff zum Denken!
- Atmen Sie mindestens fünfmal tief durch!
- Verschaffen Sie sich ausgleichende, entspannende und positive Gedanken!
  - Denken Sie an ein schönes Erlebnis!
  - Rufen Sie sich eine nette Begegnung vom letzten Wochenende ins Gedächtnis!
  - Denken Sie an eine Verabredung für das nächste Wochenende!
  - Denken sie an den bevorstehenden Urlaub!
  - Denken Sie an einen besonders lieben Menschen!
  - Denken Sie an eine leidenschaftliche Nacht!
  - Erinnern Sie sich an Ihren letzten Erfolg!

Verschaffen Sie sich Klarheit über Ihren momentanen Gefühlszustand:

- Wer oder was treibt mich eigentlich?
- Warum fahre ich so hektisch?

- Warum habe ich vorhin meine Frau, den Kollegen etc. angebrüllt?
- Was wollte ich heute erreichen?
- Was hat mich dabei gestört?
- Verschaffen Sie sich körperliche und geistige Ruhe!
  - Nehmen Sie den Fuß vom Gas!
  - Laufen Sie mit Absicht langsamer!
  - Eine langsame und bewußt bedächtige Ausführung der augenblicklichen Tätigkeit verhilft ebenfalls, geistig ruhiger zu werden.

Denken Sie positiv, und geben Sie sich innere Befehle:

- Sei ganz ruhig!
- Das schaffe ich!
- Ich gebe mein Bestes!
- Sprechen Sie zu sich selbst! Falls Sie alleine sind, sagen Sie laut: „Ich lasse mich nicht unter Druck setzen!" Einmal, zweimal, so oft Sie wollen. Wenn es hilft, schreien Sie es heraus!
- Legen Sie sich eine Kassette mit ihrer Lieblingsmusik ein!
- Schauen Sie in den Spiegel und lächeln oder lachen Sie sich an!
- Entspannen Sie bewußt Ihre Gesichtszüge: Entfalten Sie die Stirn! Reißen Sie die Augen auf, um Ihr „Blickfeld" wieder zu vergrößern!
- Gähnen Sie gewollt, laut und übertrieben, denn Gähnen verschafft Wohlbefinden.

Diese Ratschläge hören sich vielleicht sehr einfach an, auch zur Durchführung bedarf es keiner besonderen Fähigkeiten. Gleichwohl sind es gerade die einfachen Dinge, die besonders praktikabel und wirkungsvoll sind.

Es kommt nur darauf an, sich zu überwinden und den ersten Schritt zu tun, es mit Überzeugung und regelmäßig zu tun. Erwarten Sie anfangs nicht zuviel. Mit der Zeit werden Sie aber die Erfahrung machen, mit welch einfachen Tricks man seine Gedanken steuern und seinen Gefühlszustand beeinflussen kann.

Progressive Muskelentspannung

Sie ist eine der einfachsten und trotzdem eine sehr effektive Entspannungsmaßnahme, die Sie auch allerorts und jederzeit durchführen können.

Sie übernehmen dabei die Kontrolle über bestimmte Muskelgruppen, indem Sie willkürlich die einzelnen Muskelpartien des Oberkörpers, der Bauchmuskulatur, der Beine und der Füße anspannen und wieder lockern.

Beginnen Sie bei den Füßen!
Jeweils mehrmals rechten Fuß anspannen, lockern,
linken Fuß anspannen, lockern,
beide Füße gleichzeitig anspannen und lockern.
Machen Sie genauso weiter mit den Unterschenkeln
und den Oberschenkeln.
Danach mit der Bauchmuskulatur,
dem Brustkorb,
Ober- und Unterarmen,
Schultern,
Nacken,
Hals,
Stirn,
Wangen,
Mund
und Kiefer.

Die entspannende Wirkung solcher Übungen ist millionenfach erprobt. Die Entspannung des Körpers überträgt sich auf den zerebralen Bereich. Ihr Geist wird ruhiger, die Gedanken laufen in geordneten Bahnen, die Emotionen beruhigen sich. Dadurch wird dem denkenden Hirn die Chance gegeben, überlegte Reaktionen einzuleiten und kreative Entscheidungen zu treffen.

Die getroffenen Entscheidungen, auch schon die damit verbundenen Gedankenabläufe, bewirken wiederum entspannungspositive Emotionen.

Ihr Gefühlszustand ist nach den Übungen ausgewogen.

Die Kooperation beider Gehirnhälften

Nutzen Sie bereits bei der Vorbereitung Ihrer Arbeit Ihr ganzes Potential an Intelligenzen, über das Sie verfügen. Es wird Ihnen am Anfang noch schwerfallen, doch je öfter Sie es tun, desto leichter fällt es Ihnen. Der positive Nebeneffekt dabei ist, daß Sie Ihre nicht so gut ausgebildeten Fähigkeiten dabei trainieren und stärken.

- *Musikalisch*
  Lassen Sie während der Arbeit eine ruhige, keine aufpeitschende, Musik laufen. Die Musik verschafft Ihnen Entspannung und dient zugleich als Gedächtnisstütze.

- *Logisch-mathematisch*
  Planen Sie genauestens, indem Sie Ihr Vorhaben in kleine Einzelschritte unterteilen und eine Reihenfolge festlegen. Vergessen Sie auch nicht die Zeitplanung für die Einzelschritte. Nehmen Sie sich nicht zuviel auf einmal vor. Mehrere kleine Schritte bringen uns oftmals weiter als ein zu großer.

- *Körperlich-kinästhetisch*
  Sie müssen dabei nicht an Ihrem Stuhl festkleben, bewegen Sie sich zwischendurch, indem Sie im Zimmer hin- und hermarschieren, durch das Haus gehen oder einen Spaziergang machen. Schwenken Sie dabei auch die Arme hin und her. Die Überkreuzbewegung von Armen und Beinen bringt linke und rechte Gehirnhälfte in Einklang.

- *Sprachlich*
  Formulieren Sie zu jedem Ihrer Teilschritte Stichpunkte, und schreiben Sie sie in jedem Fall auf. Erweitern Sie beständig Ihren emotionalen Wortschatz.
  Einige Beispiele, die sich auf die eigene Person beziehen:
  - Ich fühle mich hier wohl …
  - Ich fühle mich aufgehoben …
  - Die Atmosphäre gefällt mir …
  - Es freut mich insbesonders …
  - Es ist mir eine große Freude …
  - Ich war begeistert, als …
  - Ich habe ein angenehmes Gefühl …
  - Ich bin zuversichtlich …
  - Hinsichtlich unserer … bin ich optimistisch
  - Ich sehe … hoffnungsvoll entgegen

  Einige Beispiele auf den Gesprächspartner bezogen:
  - Sie werden viel Freude … haben

- … wird Ihre Lebensfreude steigern
- … erhöht Ihre Vitalität
- … Sie können mit Zuversicht nach vorne blicken
- … gibt Ihnen Sicherheit
- … trägt zur inneren Zufriedenheit bei

• *Räumlich*
Zeichnen Sie zu jedem Ihrer Teilschritte ein Bild. Das muß kein Kunstwerk sein. Sie können auch einfach nur ein Zeichen oder ein Symbol verwenden.
Die Symbole helfen Ihnen als Gedächtnisstütze und bei der Visualisierung. Ihrem Kunden werden Aussagen verständlicher, wenn sie mit Bildern untermalt werden.

• *Intrapersonal*
Sorgen Sie für Motivation. Denken Sie daran, welchen Nutzen Ihnen die Arbeit bei Gelingen bringt. Denken Sie auch an das Gefühl, das Sie haben werden, wenn Sie Ihr Ziel erreichen. Vergegenwärtigen Sie sich eine positive Erfahrung und genießen Sie noch einmal das Gefühl von damals.

• *Interpersonal*
Diskutieren Sie Ihr Vorhaben mit einem kompetenten Menschen. Stellen Sie sich vor, Sie haben eine neue Idee, wie Sie Kunden akquirieren und gewinnen können. Legen Sie dar, wie und in welchem zeitlichen Rahmen Sie Ihr Vorhaben bzw. Ihre Einzelschritte in die Tat umsetzen wollen, was Sie dazu benötigen, welche Kosten entstehen und wann ein Überprüfungszeitraum vorgesehen ist. Werden Sie nicht mißmutig, wenn auf der anderen Seite Zweifel auftauchen. Dies hilft Ihnen, sich auf Ihre Aufgabe zu konzentrieren, sich gründlichst mit Ihren Plänen auseinanderzusetzen und in Erfahrung zu bringen, ob sie tatsächlich realisierbar sind.

Das Gedächtnis

Das Gedächtnis eines Verkäufers sollte überdurchschnittlich sein. Er muß sich die Namen von Kunden und die dazugehörigen Gesichter merken, sich Adressen und Telefonnummern einprägen und sich an frühere Begebenheiten mit dem Kunden erinnern können.

Ein gutes Gedächtnis des Verkäufers verbessert die Beziehung des Kunden zu ihm.

Nicht wenige Verkäufer schätzen ihr Gedächtnis trotzdem eher als schlecht ein. Hier gibt es also noch etwas zu tun.

Der Verkäufer mit dem guten Gedächtnis trifft einen Kunden zufällig auf der Straße und kann sich an den Namen, die Kinder und alle anderen Zusammenhänge erinnern. Der Kunde wird mit seinem Namen angesprochen und freut sich, daß der Verkäufer ihm soviel Aufmerksamkeit geschenkt hat.

Der Verkäufer mit einem schlechten Gedächtnis begegnet dem Kunden und sagt „Irgenwoher kennen wir uns doch, können Sie mir mal helfen?“ Es erübrigt sich, zu fragen wer hier den besseren Eindruck auf den Kunden macht.

Kürzlich hörte ich von einem im übrigen sehr guten Verkäufer wie er sein schlechtes Namensgedächtnis überspielt: Er spricht den zufällig getroffenen Kunden mit einem grübelnden Gesichtsausdruck an: „Guten Tag, Herr … “ und macht einen kleinen Augenblick Pause, in der regelmäßig der Kunde seinen Namen nennt. Daraufhin sagt er: „Das weiß ich doch, ich meinte den Vornamen!“ Auf diese Weise hat er sein schlechtes Gedächtnis verschleiert. Besser ist es jedoch, an der Verbesserung des Gedächtnisses zu arbeiten. Um sich Namen zu merken, ist eine wichtige Voraussetzung, den Namen mehrmals ausgesprochen zu haben.

Wir haben kein schlechtes Gedächtnis, sondern nur ein ungeübtes.

Wie schnell Sie mit einiger Übung Ihre Gedächtnisleistung zu steigern vermögen, wird Ihnen erstaunlich vorkommen.

Vergessen können ist eine gute Eigenschaft des Gehirns. Die Entscheidung, was vergessen werden soll und welche Informationen zur Verfügung stehen müssen, trifft unser Gehirn eigenständig. Um sich Informationen und Gesichter einzuprägen, muß das Gedächtnis zunächst einmal wissen, daß es sich etwas merken soll. Das bedeutet, sich auf die Dinge, die im Gedächtnis bleiben sollen, zu konzentrieren. Denken Sie ganz bewußt daran, daß Sie sich etwas merken wollen.

Natürlich geht es nicht ganz ohne Tricks. Es gibt Gedächtnishilfen in Form von Eselsbrücken. „Unten geht ein Mann vorbei, vier Drittel Pi mal r hoch drei.“ Diese Formel für das Volumen der Kugel in Verbindung mit der Geste der über einen großen gewölbten Bauch streichenden Hände habe ich seither nicht mehr vergessen.

Zahlen lassen sich durch die Mnemotechnik gut einprägen. Dafür wird jede Zahl von eins bis zehn durch einen Gegenstand ersetzt, der ein Bild dieser Zahl darstellt. Die eins kann ein Bleistift sein oder der Eiffelturm. Die zwei kann durch einen Schwan dargestellt werden usw. Hier ist Ihre Kreativität und Phantasie gefragt. Wenn Sie sich nun eine Telefonnummer merken müssen, dann werden die einzelnen durch Bilder ersetzten Zahlen miteinander durch eine phantasievolle Geschichte verbunden. Diese Geschichte ist nun viel leichter zu merken als Zahlen, da beide Gehirnhälften bei dem Gedächtnisvorgang beteiligt waren.

Will man sich Gesichter und Namen merken, ist die Methode der Assoziation wohl am besten geeignet. Jedes Gesicht hat anatomisch eindeutige Formen. Es gibt große und kleine Ohren, lange und kurze Nasen, buschige Augenbrauen, dicke und dünne Lippen usw. Das Vorgehen ist ganz einfach: Sie merken sich den Namen, indem Sie als Hilfe den Namen zunächst aussprechen und am besten auch noch aufschreiben. Dann bilden Sie eine kurze Geschichte im Zusammenhang mit diesem Namen. Lassen Sie hierbei Ihrer Phantasie freien Lauf. Je lustiger die Geschichte ist, um so länger wird sie Ihnen im Gedächtnis bleiben und natürlich auch der Name.

In diese Geschichte binden Sie dann gedanklich das Gesicht mit seinen besonderen Merkmalen ein. Der Name Goldmann läßt sich leicht merken, wenn Sie sich den Mann ganz und gar mit Gold bedeckt vorstellen. Aber auch Assoziationen zu anderen Bereichen, die für Sie von besonderem Interesse sind, wie z.B. Hobbys, sind denkbar. Hier findet ebenfalls durch die Verbindung des Namens mit Geschichten eine besonders intensive Speicherung statt.

Zwischenzeitlich gibt es eine Fülle von Literatur zu dem Thema Gedächtnis. Die Bücher alleine bringen aber noch kein gutes Erinnerungsvermögen. Dazu ist Ihr Wille zur Verbesserung und ein aktives Tun erforderlich.

Um aber erst einmal festzustellen, wie gut Ihr Gedächtnis überhaupt ist, haben wir eine kleine Übung vorbereitet, die Ihnen ein Gradmesser für die Gedächtnisleistung sein kann.

Schauen Sie sich die abgebildeten Piktogramme exakt zwei Minuten konzentriert an, und merken Sie sich so viele Einzelheiten wie möglich.

Dann decken Sie die Piktogramme mit einem Stück Papier ab.

1. Ihre Aufgabe besteht darin, alle Gegenstände zu notieren, die Ihnen noch einfallen, ohne die Abdeckung zu entfernen. Für jeden richtig behaltenen Gegenstand geben Sie sich einen Punkt.

2. Danach schreiben Sie zu dem erinnerten Gegenstand, wo er sich befindet. Zum Beipiel in der rechten unteren Ecke war … – natürlich aus dem Gedächtnis heraus. Überprüfen Sie dies aber erst, wenn alle Aufgaben bewältigt sind. Für jeden richtig lokalisierten Gegenstand erhalten Sie zwei Punkte.

3. Jetzt schreiben Sie bitte auf, welcher Gegenstand sich über oder unter dem bereits lokalisierten befindet. Für jeden richtig erkannten Gegenstand erhalten Sie zwei Punkte. Schauen Sie aber erst nach Beendigung der vierten Aufgabe nach.
4. Zum Abschluß prüfen Sie Ihr Gedächtnis für Details. Schreiben Sie die Antworten auf.
   a) Befanden sich an dem Apfel ein, zwei oder drei Blätter?
   b) Bestand die Leiter aus vier, fünf oder sechs Sprossen?
   c) Waren auf dem Hauptteil der Bohrmaschine Quer- oder Längsstreifen?
   d) War die Zahl der Regentropfen auf dem Schirm drei, vier oder fünf?
   e) War der Stiel des Pokals glatt oder verziert?

Für jede richtige Antwort erhalten Sie zwei Punkte.

Wenn Sie alle Fragen beantwortet haben, überprüfen Sie Ihre Antworten anhand der Piktogramme und zählen Ihre Punkte zusammen.

Die Auswertung:

- Sie haben mehr als 50 Punkte erreicht: Ihr Gedächtnis ist sehr gut!
- Sie haben 20 bis 50 Punkte: Ihr Gedächtnis ist normal, aber Üben schadet nicht.
- Sie haben 0 bis 20 Punkte: Sie müssen dringend Maßnahmen ergreifen, um Ihre Gedächtnisleistung zu steigern.

Literatur- und Quellenverzeichnis

Angermeier, W. F.: Psychologie für den Alltag, Düsseldorf 1983

Beattie, M.: Die Sucht gebraucht zu werden, München 1995

Birkenbihl, V. F.: Trotz Schule lernen, Landsberg am Lech 1995

Blakeslee, T. R.: Das rechte Gehirn, Freiburg im Breisgau 1982

Brockhaus Enzyklopädie, Wiesbaden

Cooper, C. L.: Streßbewältigung, München 1987

Czypionka, S.: Umgang mit schwierigen Partnern, Wien 1993

Diamond, J.: Die heilende Kraft der Emotionen, Freiburg im Breisgau 1993

Domagk, G. F./Zech, R.: Das zentrale System, Frankfurt

Domagk, G. F./Zech, R.: Synapsen und Neurotransmitter, Frankfurt

Raabe, H. J.: Selbstbewußt durch Selbstgespräche, in: EGO Gesundheitsmagazin, München, Heft 4/96

Ernst, H.: Intelligenz, in: Psychologie heute 1981/08, S. 22-25

Eysenck, H. J.: Erkenntnisgrenzen der Psychologie, München 1983

Franck, W./Schmalen, B.: Teleworking, Ihr Arbeitsplatz zu Hause, Landsberg am Lech 1996

Gardner, H.: Abschied vom IQ, Stuttgart 1991

Gardner, H.: Dem Denken auf der Spur, Stuttgart 1989

Gardner, H./Ernst H.: Unsere sieben Intelligenzen, in: Psychologie heute 1985/02, S. 20-31

Goldmann, H.: Wie Sie Menschen überzeugen, Düsseldorf 1990

Goleman, D.: Die Entdeckung der emotionalen Intelligenz, München 1996

Gordon, T.: Managerkonferenz, München 1991

Holzheu, H.: Aktiv zuhören, besser verkaufen, Landsberg 1985

Holzheu, H.: Natürliche Rhetorik, Düsseldorf 1994

Hooper, J./Teresi, D.: Das Drei-Pfund Universum, Düsseldorf 1988

Hudson, D.: The Sale, Harrisburg 1992

Juli, D./Engelbrecht-Greve, M.: Streßverhalten ändern lernen, Reinbek 1990

Konrad, S./Claudia H.: Stark durch Gefühle, Augsburg 1997

Ladensack, K.: Kreativität im Management, Heidelberg 1992

Lauster, P.: Intelligenz, Düsseldorf 1994

Lauster, P.: So stärken Sie Ihr Selbstbewußtsein, Düsseldorf 1996

Lay, R.: Kommunikation für Manager, Düsseldorf 1991

Leibold, G.: Eignungs- und Persönlichkeitstests, München 1987

Märtin, D.: Gefühle auf dem Vormarsch, München 1996

Meyer-Lohmann, J./Schomburg, E. D.: Aspekte cerebraler und spinaler Mechanismen der Motorik, Frankfurt

Neisser, U.: Intelligenz, gibt's die?, in: Psychologie heute 1983/08

o. V.: Lernen wie Geist funktioniert, in: Der Spiegel 1992/10, S. 218-236

Peale, N. V.: Die Kraft des positiven Denkens, Zürich 1988

Peters, R.: Praktische Intelligenz, München 1991

Pickens, J. W.: Closing, Wiesbaden 1989

Restak, R. M.: Geheimnisse des menschlichen Gehirns, Landsberg am Lech 1989

Robbins, A.: Das Robbins Power Prinzip, Bonn 1995

Scheerer, H.: Den Kunden gewinnen, München 1990

Schröder, H.: Probleme der Intelligenzuntersuchung, Donauwörth 1964

Schulz von Thun, F.: Miteinander reden: Störungen und Klärungen, Hamburg 1988

Schulz von Thun, F.: Miteinander reden (2), Hamburg 1991

Shafiroff/Shook, M. D.: Successful Telephone Selling in the 90's, New York 1990

Spillane, J. D.: Atlas der klinischen Neurologie, Stuttgart 1981

Stemme, F.: Die Entdeckung der emotionalen Intelligenz, München 1997

Urban, D.: Chancen für Querdenker, Zürich 1996

Waldeyer A./Mayet, A.: Anatomie des Menschen, Berlin 1979

Walther, G. R.: Phonepower, New York 1987

Weis, H. C.: Verkaufsgesprächsführung, Ludwigshafen 1994

Weis, H. C.: Verkauf, Ludwigshafen 1988

Whittlesey, M.: Stress, München 1989

Willingham, R.: Hey, I'm the Customer, Englewood Cliffs 1992

Stichwortverzeichnis

M

N

O

P

R

S